# A PÉROLA
# NEGRA

# BEZERRA DE MENEZES

SOB O PSEUDÔNIMO MAX

Publicado originalmente
em *Reformador*
(1901-1905)

# A PÉROLA NEGRA

FEB

*Copyright* © 2009 *by*
FEDERAÇÃO ESPÍRITA BRASILEIRA – FEB

1ª edição – Impressão pequenas tiragens – 8/2024

ISBN 978-85-7328-685-4

Todos os direitos reservados. Nenhuma parte desta publicação pode ser reproduzida, armazenada ou transmitida, total ou parcialmente, por quaisquer métodos ou processos, sem autorização do detentor do *copyright*.

FEDERAÇÃO ESPÍRITA BRASILEIRA – FEB
SGAN 603 – Conjunto F – Avenida L2 Norte
70830-106 – Brasília (DF) – Brasil
www.febeditora.com.br
editorial@febnet.org.br
+55 61 2101 6161

Pedidos de livros à FEB
Comercial
Tel.: (61) 2101 6161 – comercial@febnet.org.br

Adquirindo esta obra, você está colaborando com as ações de assistência e promoção social da FEB e com o Movimento Espírita na divulgação do Evangelho de Jesus à luz do Espiritismo.

Dados Internacionais de Catalogação na Publicação (CIP)
(Federação Espírita Brasileira – Biblioteca de Obras Raras)

---

M543p   Menezes, Adolfo Bezerra de, 1831-1900

A pérola negra / Bezerra de Menezes sob o pseudômino Max; [organizado por Geraldo Campetti Sobrinho]. – 1. ed. – Impressão pequenas tiragens – Brasília: FEB, 2024.

396 p.; 21 cm – (Coleção Bezerra de Menezes; 4)

"Publicado originalmente em *Reformador* (1901-1905)"

Inclui Apontamentos biobibliográficos, Bibliografia e Nota explicativa

ISBN 978-85-7328-685-4

1. Romance espírita. 2. Espiritismo. I. Federação Espírita Brasileira. II. Título. III. Coleção.

CDD 133.9
CDU 133.7
CDE 80.02.00

---

## Coleção Bezerra de Menezes

1 *Evangelho do futuro* • ROMANCE
2 *A casa assombrada* • ROMANCE
3 *Lázaro, o leproso* • ROMANCE
4 *A Pérola Negra* • ROMANCE
5 *História de um sonho* • ROMANCE
6 *Casamento e mortalha* • ROMANCE INACABADO
7 *Os carneiros de Panúrgio* • ROMANCE
8 *Uma carta de Bezerra de Menezes* • ESTUDO
9 *A loucura sob novo prisma* • ESTUDO
10 *Espiritismo: estudos filosóficos*, 3 volumes • ESTUDO[1]

SUPERVISÃO: Geraldo Campetti
COORDENAÇÃO EDITORIAL: Jorge Brito

COLABORADORES
Ariane Emílio Kloth
Beatriz Lopes de Andrade
Délio Nunes dos Santos
Luciana Araújo Reis
Marta Dolabela de Lima
Odélia França Noleto
Raphael Spode
Renato Cunha
Rubem Amaral Júnior
Wilde Batista Valério

---

[1] Esta edição terá 168 novos estudos não incluídos na edição da FEB de 1907. O material dos três volumes, localizado por meio de pesquisa na Biblioteca da FEB e em jornais da época, totaliza 484 estudos.

# SUMÁRIO

A *Pérola Negra* ............................................................. 11

Capítulo I ...................................................................... 13

Capítulo II ..................................................................... 20

Capítulo III .................................................................... 25

Capítulo IV .................................................................... 31

Capítulo V ..................................................................... 38

Capítulo VI .................................................................... 42

Capítulo VII ................................................................... 46

Capítulo VIII .................................................................. 51

Capítulo IX .................................................................... 55

Capítulo X ..................................................................... 62

Capítulo XI .................................................................... 70

Capítulo XII ................................................................... 77

Capítulo XIII .................................................................. 83

Capítulo XIV .................................................................. 90

Capítulo XV ................................................................... 97

Capítulo XVI ................................................................ 103

Capítulo XVII ............................................................... 109

Capítulo XVIII .............................................................. 114

Capítulo XIX ................................................................ 120

Capítulo XX .................................................................................................. 126

Capítulo XXI ................................................................................................ 131

Capítulo XXII ...............................................................................................138

Capítulo XXIII..............................................................................................146

Capítulo XXIV .............................................................................................155

Capítulo XXV ...............................................................................................163

Capítulo XXVI ............................................................................................. 168

Capítulo XXVII ............................................................................................178

Capítulo XXVIII .......................................................................................... 186

Capítulo XXIX.............................................................................................194

Capítulo XXX ............................................................................................. 202

Capítulo XXXI ............................................................................................. 211

Capítulo XXXII ...........................................................................................219

Capítulo XXXIII.......................................................................................... 224

Capítulo XXXIV ......................................................................................... 228

Capítulo XXXV ........................................................................................... 236

Capítulo XXXVI ......................................................................................... 245

Capítulo XXXVII .........................................................................................251

Capítulo XXXVIII ....................................................................................... 256

Capítulo XXXIX ......................................................................................... 263

Capítulo XL ................................................................................................ 270

Capítulo XLI ............................................................................................... 278

Capítulo XLII .............................................................................................. 285

Capítulo XLIII ............................................................................................ 294

Capítulo XLIV ............................................................................................300

Capítulo XLV .............................................................................................306

Capítulo XLVI .............................................................................................312

Capítulo XLVII ......... 321
Capítulo XLVIII ......... 327
Capítulo XLIX ......... 333
Capítulo L ......... 339
Capítulo LI ......... 349
Capítulo LII ......... 355
Capítulo LIII ......... 367
*Apontamentos biobibliográficos* — Adolfo Bezerra de Menezes.... 375
*Bibliografia* — Ordem cronológica crescente .........381
*Nota explicativa* ......... 389

# A PÉROLA NEGRA

Fruto da imaginação fecunda do Dr. Adolfo Bezerra de Menezes, sob o pseudônimo Max, este magnífico romance de caráter abolicionista e repleto de ensinamentos doutrinários narra a saga de Honorina, conhecida como a Pérola Negra, escrava evoluída, reencarnacionista e resignada com sua dura expiação.

Ambientado em grande parte no território cearense, mas também no Amazonas e no Pará, a história tem ainda como personagens, José Gomes, sua esposa D. Felícia e o filho Tancredo, além de José Faustino de Queiroz, sua mulher D. Tereza, sua filha Nhazinha e o namorado Francisco Correia, o Chiquinho, envolvidos em aventuras entre os indígenas do Pará, fugas e rebeliões de escravos, desajustes de ordem financeira, separações em família, problemas conjugais etc.

Em todo o livro, estão presentes assuntos como vida após a morte, vingança, perdão, amor, egoísmo, causas anteriores do sofrimento, valor da prece, leis de causa e efeito e outros.

No enredo, a ficção se funde à realidade: ao final, o autor oferece um resumo do Brasil abolicionista, citando importantes figuras do movimento que culminou com o episódio de 13 de maio de 1888.

Bezerra, participante ativo da campanha do abolicionismo, já havia tratado do assunto em jornais do Rio de Janeiro, e especialmente no opúsculo *A Escravidão no Brasil e as medidas que convém tomar para extingui-la sem dano para a nação,* publicado em 1869 no Rio de Janeiro pela Tip-Progresso.

O manuscrito de *A Pérola Negra,* entregue à Federação Espírita Brasileira (FEB) pela família do Dr. Bezerra de Menezes, foi impresso originalmente em *Reformador* nos anos de 1901 a 1905, em folhetins, totalizando 53 capítulos.

CAPÍTULO

# I

Às margens do rio Banabuiú,[2] no sertão do Ceará, e no ponto em que o cruza a estrada do Riacho do Sangue,[3] em Quixeramobim, via-se, no alto de uma colina, que domina toda a planície até o rio, uma casa rebocada de barro por dentro e por fora, como é de uso naquelas paragens.

Um bosque de paus brancos, dos quais se elevavam gigantescas aroeiras, formava, em torno daquela habitação, uma cortina em forma de semicírculo, cuja corda era o Banabuiú.

Ruído das cachoeiras pela frente, harmoniosos cantos de miríades de passarinhos pelos fundos.

Era uma noite de inverno, em que a natureza, cansada de uma esterilidade de seis meses, parecia querer desforrar-se, alagando os campos com as águas retidas em seu infinito seio.

Roncava medonha trovoada — umas após outras rompiam as trevas do espaço serpes de luz suspensas entre o céu e a terra.

---

[2] De acordo com o historiador cearense Tomáz Pompeu de Souza Brasil, banabuiú significa "Rio que tem muitas voltas": "bana" — que torce, volteia; "bui"— muito, com excesso; e "u"— água, rio. Outra definição, diz que banabuiú é o pantanal ou vale das borboletas.

[3] N.E.: Riacho do Sangue, terra natal do autor, atual Jaguaretama, município cearense fundado em 1879.

Quadro sublime, que enchia de pavor e entusiasmo a alma de quantos o contemplavam!

Naquela região do Brasil, frequentemente batida pelas secas, a chuva é verdadeiro maná do céu, que dá vida e garante a fortuna, consistente em gado de criação.

É, com efeito, de compungir os mais empedernidos corações, o quadro lutuoso de uma seca, que força a emigração em massa dos habitantes dos sertões, reduzidos à falta absoluta de alimentos.

Felizmente, no ano a que se refere esta sucinta narração, Deus poupou à boa gente tão duras aflições, enviando-lhe, sob a forma de chuva, o que já designamos pelo nome de maná do céu.

A chuva, pois, comove a alma do sertanejo, não só por lhe ser a condição de felicidade, como por ser quase uma novidade, em razão de não cair gota d'água do céu durante seis, sete a oito meses por ano.

Aqui, onde reina uma eterna primavera, onde chove, quase constantemente, de janeiro a dezembro, ninguém presta atenção ao esplêndido fenômeno, porque o hábito embota a sensação.

Lá, porém, a primeira nuvem carregada de vapores que assoma no horizonte fala tão vivamente ao coração que de rocha será a alma que negue ações de graças e hinos de reconhecimento ao Pai de misericórdia.

É, pois, bem verdade que, no campo, a criatura vive em mais estreitas relações com o Criador!

Se, porém, a chuva desperta as mais gratas emoções, as convulsões da natureza, que a acompanham, conturbam a alma e fazem-na crer na cólera do Senhor.

Roncava, pois, medonha trovoada, e os relâmpagos, como fitas de fogo, dissipavam a escuridão, permitindo intercadentemente ver ao longe, cerca de duzentas braças,

## Capítulo I

a branca espuma que, em sua raiva, por não poder sair do fundo leito, produzia o Banabuiú.

Na casa do alto da colina dava-se, àquela hora, duplo e oposto espetáculo.

Uma mulher e um homem, envoltos em cobertores de lã, oravam no salão, a julgar pelo constante movimento de lábios.

Sempre que o estampido dos trovões reboava-lhes aos ouvidos, ouvia-se o mesmo grito, arrancado pelo terror:

— Santa Bárbara!

Na cozinha, porém, os escravos regalavam-se de liberdade por saberem que seus senhores não tinham àquela hora nem olhos, nem ouvidos; estavam semimortos.

Riam e folgavam desenfreadamente!

Dir-se-ia que aquelas criaturas não percebiam as terríveis convulsões da natureza, ou que não tinham sentimentos humanos, nem mesmo animais.

É que o homem, misto de matéria e de espírito, é mais matéria ou mais espírito segundo sua posição na escala do progresso — o meio em que vive — a educação que recebeu — e as circunstâncias que atuam sobre ele.

Ao branco de certa ordem tudo favorece no sentido de desmaterializar-se.

Ao preto, especialmente se é escravo, tudo se opõe ao desenvolvimento do espírito, moral e intelectualmente.[4]

Na casa onde nos achamos encontraremos exemplos de que há exceções a esta regra, de que há brancos que são

---

[4] Ideia vigente na época, que o próprio autor contesta a seguir: "há brancos que são puros animais, e há pretos que não se chafurdam no meio crapuloso".

puros animais, e há pretos que não se chafurdam no meio crapuloso de sua raça.

O capitão José Bento[5] e a D. Maria Felícia, donos da casa, podiam fazer liga por serem gênios completamente desiguais.

A mulher, apesar de sofrivelmente feia, era toda espinhosa para quem se lhe aproximava; tratava os escravos pior que a cães, e ao próprio marido, se não o maltratava, como lhe pedia o coração, era porque subjugava-a a superioridade moral daquele homem, mas assim mesmo fingia faniquitos para incomodá-lo.

Era feia e má, dupla exceção à regra de serem sempre amáveis as mulheres pouco favorecidas pela natureza.

O marido sofria todos os seus arrebites com evangélica resignação, porque era naturalmente paciente e porque, apesar de tudo, amava-a muito.

Tinha-a na conta de infeliz; e eis por que votava amor a uma víbora.

Como prendeu-se aquele bom coração a tão ruim criatura, é o que diremos em poucas palavras.

Em primeiro lugar, a moça solteira possui a ciência de apresentar-se, física e moralmente, muito diversa do que realmente é.

Não tem dentes? Arma-se de uma dentadura postiça que mete inveja a quem a tem natural.

Não tem cabelos? Arranja uns crescentes que lhe dão bastas tranças de lhe caírem pelas costas.

É sardenta? Recorre no leite antifélico de Gandu, que possui a sublime propriedade de apagar-lhe a mazela.

É coxa? Faz público que sofre de reumatismo, e por esse modo bem simples engana até a médicos.

---

[5] José Gomes é o nome correto do personagem e é escrito desta forma, durante todo o romance.

CAPÍTULO I

O dentista, o cabeleireiro, o perfumista e o médico são seus padroeiros para o arranjo do casamento, que lhe é — que é para todas as moças — a suprema aspiração nesta vida.

Quem poderá escapar a tão sutil ciência, por mais esperto que presuma ser?

Uma qualquer destas — e seja dito em abono ao sexo: nem todas são cultoras da mirífica ciência —, uma destas encontra um rapaz, desprevenido e ignorante da coisa, faz-se de alfenim para ele, e por aí chega ao ponto final da história de todos os tempos e de todos os lugares.

Na luta subterrânea entre a boa-fé e o ardil, fácil é prever qual vencerá.

O melro cai desastradamente na armadilha e, quando abre os olhos, acha-se como um manequim de carne e osso, belo enquanto está armado, mas hediondo desde que se apresenta sem artifícios.

O que fazer senão empregar também a ciência da simulação: fingir-se contente, para evitar a zombaria?

Desde que é seu aquele traste, seu amor-próprio obriga-o a encobrir-lhe as avarias.

Todos procedem assim, e, pois, triunfa sempre o ardil.

Houvesse um, um só, que castigasse a protérvia, obrigando a ardilosa a apresentar-se ao natural e "livre seria o mundo e os séculos vingados".

Moralmente, temos a reprodução da cena.

Só um Champollion será capaz de decifrar os hieróglifos do coração de uma moça, candidata ao casamento.

A orgulhosa apresenta-se grave com dignidade, simulando elevação de espírito.

A avarenta aparenta liberalidade, para se lhe atribuir grandeza da alma.

A colérica, meu Deus! Tem um coração de pomba.

A gulosa é, em público, um passarinho, mas desforra-se na despensa e na cozinha.

A preguiçosa acorda com os passarinhos, trabalha a morrer, pensando sempre em vingar-se quando tiver sua casa.

Em segundo lugar, a borboleta que esvoaça em torno dessas flores tem a cabeça incendiada: só vê graças e encantos.

"Credulidade em nós — astúcia nelas."

Foi por um daqueles desfiladeiros que rolou José Gomes.

Num baile, em Quixeramobim, encontrou D. Maria Felícia, e achou-a tão bela que não perdeu tempo em procurar conhecer-lhe as qualidades.

Era ele um moço criterioso, mas são esses os que caem mais facilmente.

Quantos são os que encaram o casamento com a prudência que requer o laço que prende por toda a vida!

Escolhe-se o companheiro de viagem, mas o que sê-lo-á por toda a vida, o *alter ego*[6] do lar, o que tem de ser o esteio, o anjo da família, bem poucos escolhem com o preciso critério.

Também as raparigas tiveram a habilidade de incutir, como verdade absoluta, no ânimo dos rapazes o rifão, a que deram o valor de axioma: *quem pensa não casa*.

E os néscios acreditaram mesmo que é preciso não pensar para se poder casar!

Cada um adorna a dama de seus amores com as qualidades do seu ideal, e atira-se para o pé do altar como a mariposa para as chamas.

Quantas vezes pagam caro semelhante obcecação!

Quantos encontram o fel onde contavam encontrar o favo de dulcíssimo mel!

---

[6] Literalmente, "meu outro eu", pessoa que é exatamente o mesmo que eu.

## Capítulo I

Moços, o casamento não é somente a união de dois corpos, para satisfação dos instintos da matéria, mas sim, e principalmente, a ligação de dois espíritos, em puro amor, como se combinam, no íris, as cores naturais.

Moças, o casamento é a pedra angular do edifício em que Deus depositou o germe da única felicidade que nos é dada fruir na Terra: o doce aconchego do lar.

Se há um passo, na vida, que requeira prudência e estudo atento, é este, que decide o futuro do casal.

A felicidade dos cônjuges depende da uniformidade de seus sentimentos, que devem ser previamente conhecidos.

CAPÍTULO

II

José Gomes, já o dissemos, sempre criterioso em todos os seus atos, só deixou de ser tal no que mais precisamente devera ser.

Viu a que é hoje sua mulher, e, atribuindo-lhe, de amor em graça, todas as elevadas qualidades que seu espírito exigia da que devia ser a vida de sua vida, entregou-se-lhe, rendido, de fazer-lhe imediata declaração de amor e de não levar a pedi-la mais de 48 horas.

D. Maria Felícia nem gostou nem desgostou do seu apaixonado e, à laia de grande número de suas iguais, que não procuram senão um marido, pouco ou nada lhes importando qual ele seja, acolheu a declaração do desventurado moço e deu-lhe a mão, mas não o coração, que era insensível.

O essencial era casar, era mostrar às outras que mais depressa do que elas achara marido; quanto ao mais, "seja o que a Deus for servido", pensava ela, e pensam as que têm tanto juízo como ela.

Fez-se o casamento, houve grande festa, mas, quando passou o deslumbramento, José Gomes achou-se com uma mulher indolente, estúpida, orgulhosa e de más entranhas.

Foi uma cruel decepção, para o moço, comparar a realidade com o seu ideal, acordar, desenganado, do sonho delicioso que o embalara!

## Capítulo II

Aquele amor ardente, que lhe dourara os horizontes da existência, transformou-se, sem se extinguir, em doloroso sentimento de tristeza, que nunca mais deixou de anuviar-lhe o semblante, sem que a mulher sequer notasse tão profunda alteração.

A alma amorosa do moço, que aspirava à permuta dos mais puros afetos, como o colibri aspira ao mel das flores, achou-se, como Prometeu, acorrentado a duro e pesado rochedo, onde negro abutre lhe roía o coração.

Nem um afago — nem uma palavra afetuosa!

Sempre, e invariavelmente, modos ríspidos e cara de fastio; era tudo o que lhe dava aquela que o enfeitiçara e ainda lhe era cara!

Fez mil tentativas por domar aquele espírito selvagem, mas em todas foi rechaçado.

Por fim resignou-se e, para não dar a estranhos o triste e vergonhoso espetáculo do seu viver, resolveu retirar-se para a fazenda, para aí sepultar as suas dores.

D. Maria Felícia levantou oposição formal contra tal resolução, mas o moço foi inflexível.

A fera bramiu; mas que remédio senão render-se à jaula, em vista da energia inquebrantável daquele que julgara flexível como a cera?

Recolheram-se, pois, à fazenda da Conceição, onde D. Maria Felícia levava os dias encerrada em casa, sem dignar-se, ao menos, visitar o pequeno jardim, que seu marido plantou e cultivava com esmero.

A esplêndida natureza daquele sítio não tinha o poder de fazê-la mover-se para chegar à janela.

Se o bosque cobria-se de alvas flores que matizavam a verde folhagem, dando-lhe o aspecto de uma mata coberta de neve, ela olhava para o lindo quadro com a maior indiferença.

Se o campo tapetava-se de verde relva, esmaltada de variadíssimas flores, que se confundiam com as nuvens de volúveis borboletas, sempre prestes a beijá-las, ela olhava com indiferença.

Era indiferente a tudo o que a natureza campestre tem de mais belo — mais belo do que tudo quanto a arte cria para adorno das cidades.

O rio rolava suas águas murmurejantes, no extremo da campina, sem que ela olhasse para ele ou prestasse ouvidos a seus rumores.

Nuvens de passarinhos, ocultos no bosque vizinho, enchiam os ares com seus melodiosos cantos, sem que ela ouvisse a maviosa orquestra.

Parecia uma estátua, e só não podia ser tomada por tal, ou por idiota, porque dentro de casa imaginava todos os expedientes para molestar quantos a cercavam.

Naturalmente eram vítimas de sua sanha os pobres escravos indefesos.

Sobre todos, duas raparigas, exclusivamente ocupadas em seu serviço pessoal, eram-lhe o pasto delicioso de todo momento.

José Gomes, nas poucas horas que passava na casa, constrangia-se horrorosamente à vista das crueldades que a via praticar com aquelas duas desgraçadas; tinha, porém, feito propósito de não contrariá-la, e o mais que podia fazer, para livrar-se daquele constrangimento, era demorar-se o menos possível no antro, onde deixava livre a terrível fera.

Só havia um motivo de quebrar aquele propósito e de demorar-se mais do que desejava naquele lugar fatídico: — era a brutalidade com que o demônio martirizava, à sua vista, um inocente que se gerara de sentimentos tão opostos.

## Capítulo II

O pobre pai, que concentrara naquela criança todo amor que lhe enchia o coração, perdia a calma diante do monstruoso espetáculo de uma mãe maltratar o fruto de seu próprio seio.

Mais de uma vez arrancou-lhe das garras a criança, e nessas ocasiões davam-se terríveis cenas, que magoavam profundamente o sensível coração de José Gomes.

E, no entanto, a pobre criança tinha apenas 5 anos!

Corriam os dias sem a mínima alteração no viver daquelas almas, que era o dos condenados, quando tinham todos os elementos para que fosse o dos felizes: mocidade e fortuna mais que mediana.

José Gomes saía habitualmente ao romper do dia e só voltava depois que as acauãs começavam seus lamentosos cantos, do alto das aroeiras.

Aquela tristonha saudação à noite, que já despontava, despertava na alma do moço tanta melancolia que nunca chegava a casa sem trazer os olhos vermelhos de chorar.

— Não foi esta, meu Deus, a vida que sonhei! Vós, porém, que ma destes, é porque assim é que devia ser.

Como se vê, o desgraçado tinha no fundo do coração potente égide contra os rigores da sorte!

Também, na cozinha daquela casa maldita, havia dores que tocavam ao desespero; eram, porém, dores físicas — efeito dos castigos materiais que D. Maria Felícia infligia pela mínima falta, e até para distrair-se.

Mais desgraçados seriam os que as sofriam, se o seu atraso não lhes embotasse a sensibilidade moral.

Sofriam, pois, e riam os escravos de José Gomes — e levavam uma vida quase feliz, tendo por coisa natural tudo que lhes faziam sofrer.

É de fazer cismar este fato, de viverem contentes os homens materiais, enquanto são sempre acicatados por cuidados e aflições os da maior elevação espiritual!

Faz crer na superioridade da vida do selvagem. Se a condição do homem é isto que vemos na Terra, não haverá quem não prefira a do homem material, por cujo espírito resvalam as dores morais, que são as que mais fazem sofrer o homem espiritual.

O materialista não pode vacilar na escolha!

É, porém, aceitável que a condição humana seja isto que vemos na Terra? Não — nunca — impossível!

É, pois, intuitivo que o homem aspira a alguma coisa fora disto, e que isto a que ele aspira não pode ser senão a desmaterialização do seu ser — donde a superioridade do homem espiritual, apesar dos sofrimentos que lhe acarreta sua sensibilidade mais apurada.

Para quem se desse seriamente ao estudo desta importantíssima questão, haveria na maior ou menor sensibilidade dos homens um meio seguro de aquilatar seu maior ou menor progresso na ordem dos espíritos.

Aquele que de uma bofetada não sente senão a dor do golpe tem um espírito rudimentar, tanto como o tem superior o que mais sente nela a ofensa à sua dignidade.

A educação vale tudo para o andamento moral e intelectual dos espíritos, e é por isso que os míseros escravos, a quem ninguém se cansa a ensinar, quanto mais a educar, nascem, vivem e morrem sem compreender nem sentir senão o que compreendem e sentem os animais.

CAPÍTULO

# III

Definiu perfeitamente a natureza do escravo o imortal José de Alencar, quando chamou-o "demônio familiar".

Aparecem, porém, *rari nantes*,[7] exceções à regra geral. Do meio da massa negra destacam-se, de longe em longe, pontos luminosos, de surpreenderem.

Na casa do capitão José Gomes estavam representadas a regra e a exceção.

A maior parte dos escravos, ou antes, a totalidade deles, era gente para quem a vida consiste em gozar materialmente.

Noção desse mundo moral que atrai os espíritos, mas que os onera de pesadíssimos encargos; noção de responsabilidade, esse característico do ser racional e livre, nenhum tinha, que nunca encontraram quem lhes desse uma palavra de ensino sobre sua condição humana e sobre seu destino superior ao dos animais.

José Gomes era um bom homem, mas quem faz a família é a mulher, e D. Maria Felícia, embora tivesse recebido ensino religioso, nem de leve se incomodava com os deveres que lhe impunham os mandamentos do Senhor.

---

[7] Virgílio, *Eneida*, Livro I, v. 118: *Apparent rari nantes in gurgite vasto* ("Aparecem *raros navegadores* no vasto abismo").

Considerava o escravo, o negro, como os brâmanes consideravam o pária, e pois não se deu jamais ao trabalho de ensinar às crias de casa a lei da salvação.

"Se há Deus", pensava ela, "é só para os brancos, porque do contrário seriam iguais, perante Ele, o branco e o preto", coisa que repugnava a sua razão obscurecida.

E, pensando assim, deixava que os escravos vivessem como as bestas, à lei da natureza, convivendo livremente os de ambos os sexos, sem que houvesse, no homem, o respeito; na mulher, o pudor.

Só Honorina, uma crioulinha de 16 anos, vivia fora da comunhão daquela gente dissoluta.

Essa miraculosa exceção merece bem ser conhecida pelos que estudam a natureza humana.

Aquela rapariga era fisicamente o que se pode chamar uma mulher bonita.

Alta, esguia, flexível e de formas arredondadas, tinha os braços torneados de não se lhe a ver o sulco de separação dos músculos, e as mãos tão pequenas e benfeitas, como nenhum escultor imaginara.

O rosto era oval e de linhas tão regulares que pareciam obra de inspirado artista.

A testa alta e larga dava à fisionomia um ar senhoril, como os olhos negros e brilhantes davam-lhe um toque admirável de candura e bondade infantis.

A boca era pequena como um botão de rosa, tendo lábios ligeiramente espessos a ocultarem duas fieiras de dentes, tão pequenos e tão alvos que pareciam pingos de estalactites.

Sob as roupas grosseiras e mal alinhavadas, sentiam-se as ondulações de um corpo de fada.

Dessem àquele conjunto de beleza física a cor branca — simplesmente isto, que lhe faltava — e ela seria a heroína

## Capítulo III

de algum romance de amor desses que fazem nobres cavalheiros se baterem por uma preferência.

É singular! Um simples acidente pode alterar as mais perfeitas manifestações do belo! A mulher, a mais linda, fica de ninguém a querer olhar se lhe mudarem a cor da pele! E aquela, para quem ninguém se digna olhar, ficará de arrebatar corações se lhe mudarem a cor da pele!

É que o belo absoluto escapa à apreciação do homem terrestre; e que este, apanhando-lhe apenas vagas e incompletas manifestações, julga-o segundo suas vistas estreitas, de conformidade com certos sentimentos predominantes em seu espírito.

Um destes é a repulsão pela raça preta; mas qual a razão de semelhante prevenção?

O romancista não pode sair de sua esfera para desenvolver teses de cosmogonia; visto, porém, que encontramos esta em nosso caminho, diremos: — só há uma razão para as vantagens e superioridade que se arroga a raça branca: é ter sido ela que primeiro recebeu a luz da civilização, com a revelação das verdades eternas.[8]

As outras raças receberam, porém, o mesmo dom; e, pois, a questão de precedência, como a da primogenitura, não pode estabelecer, entre irmãos, diferenças essenciais.

O destino do branco, como do malaio, como do americano, como do cafre, é o mesmo: são todos filhos de Deus, têm todos os mesmos meios de progredirem.[9]

---

[8] Bezerra de Menezes expõe a teoria de ter sido "a raça branca a primeira a ser civilizada", para contestá-la largamente no final da obra, quando enaltece o negro, valorizando todas suas qualidades.

[9] Considerações sobre o cafre e sobre o índio características da época. O autor cita, mas contradiz a ideia de inferioridade em toda a obra. Registra a necessidade de educação, escolar e religiosa, a que escravos e índios não tinham acesso. Referências semelhantes são encontradas em outros romancistas da época, como, por exemplo, Aluísio de Azevedo em *O mulato*.

Donde, então, essa diferença tão profunda, que torna o preto repulsivo ao branco, a ponto de ser insensível à sua maior beleza?

Não. O branco e o preto são membros da mesma família, e, portanto, qualquer que seja sua cor, devem se amar, segundo seu merecimento moral e intelectual.

Uma preta bela, na forma e na essência, vale tanto quanto uma branca que tenha os mesmos predicados.

Honorina não sabia se era bela, coisa de que pouco cabedal fazia; o que sabia é que era de uma raça repudiada por todos, e disso, sim, fazia grande caso.

Ela não podia compreender como a cor determina naturezas opostas, quando o mesmo fenômeno, nas espécies animais, nada influía sobre o seu valor.

Tão boa é a ovelha branca como a preta. Como, pois, a mulher branca há de valer tudo e a mulher preta há de ser sempre repudiada?

Honorina, desde que teve razão, era um coração amante e uma alma dedicada ao bem.

Doía-lhe um mau trato da senhora, menos pela dor física, que por amor de certo sentimento, a que não podia furtar-se, e que, entretanto, perturbava-lhe a paz do espírito. Queria amar e ser amada.

Vendo o que faziam os seus parceiros, sentia instintivamente que aquilo não era bom e procurava encontrar, no meio em que se achava, um exemplo, uma coisa que lhe desse uma ideia clara do bem.

Tinha, pois, dois pensamentos fixos: saber a razão da vil natureza do preto e conhecer a distinção prática do bem e do mal.

Para o que não sabia, nem poderia dizer. Era uma disposição espontânea, dir-se-ia melhor, inata do seu espírito.

## Capítulo III

Observava com atenção tudo o que se passava em torno de si, e se desse estudo, sem guia e sem luz, pouco ou nada colheu para esse fim, logrou, contudo, a vantagem de tornar-se grave e refletida, no meio da horda de vãos e desregrados que a cercavam.

Era, portanto, mais bela pelas disposições naturais de sua alma do que pelos dotes encantadores de seu corpo.

Quando chegou à idade em que todo animal sente despertar em seu seio um sentimento novo, que lhe descobre a diferença dos sexos, ela não pôde, sem repugnância invencível, assistir às cenas repulsivas da cozinha.

Evitava-as sem o dar a perceber, obedecendo a um impulso íntimo, que a afastava dali.

Nenhum dos escravos suspeitou jamais que ela abominava suas torpezas; pois que, em vez dos que amam a traição e aborrecem os traidores, aborrecia suas más obras e amava-os a despeito delas.

Como poderão os sábios filósofos explicar essa anomalia: de uma pessoa, criada no lupanar, repelir o vício e procurar, além, normas opostas para seus pensamentos e sentimentos?

Nem se diga que este tipo é imaginário, pois que não é raro encontrá-lo na vida real.

Quem escreve estas linhas tem diante dos olhos um quadro que lhe foi o modelo desta descrição.

É uma moça, respeitável por suas virtudes, sendo, entretanto, filha de uma mulher transviada, que a criou até a puberdade, sem o menor recato, dando-lhe a cada hora exemplos de todos os desregramentos da vida livre, que escolheu para si.

A educação da pobre criança foi dirigida para a perdição, mas ela tinha em si um *quê*, uma força, que a impeliu para as condições opostas.

Como explicar semelhantes fatos?

Um romance, já o dissemos, não dá para estas discussões; mas, ainda que de passagem, é preciso dizer alguma coisa, visto que fomos obrigados a enfrentar com um daqueles fatos.

A noção que nos dá a Igreja romana sobre a evolução e o destino dos espíritos não esclarece o grande mistério, salvo se admitirmos no Criador preferências e exclusões.

Se os espíritos são criados por Deus, e criados para esta *vida única*, é óbvio que as disposições inatas, quer para o bem, quer para o mal, são obras do seu Criador.

Nesse caso, Honorina era refratária ao vírus da corrupção em que vivia mergulhada, porque Deus lhe fizera a graça da inapreciável virtude.

Mas, nesse caso, os parceiros de Honorina, que se deixaram embeber daquele vírus, procurando-o até, assim o faziam porque Deus os criara fracos e propensos ao mal.

Até onde iremos contra Deus, se formos a favor da Igreja romana?!

É preciso, portanto, que a filosofia procure além a grande lei que rege a natureza humana.

Esta deve partir do ponto de ter Deus criado todos os espíritos em identidade de condições e dotado a todos dos mesmos meios de fazerem seu progresso.

A não ser assim, Deus é parcial, o que não se compadece com suas infinitas perfeições.

Se o princípio é o mesmo, e se os meios são os mesmos, aos homens, e não a Deus, cabe a responsabilidade dessas variedades de condições com que se apresentam na vida terrestre.

Como se dá esse fato? É de rigor que pelo vário modo por que cada um emprega aqueles meios.

Assim se explica o fato, sem ofender ao Senhor.

# CAPÍTULO IV

Honorina fazia perfeito contraste com seus parceiros, gente sem princípios morais e malcontida pelo medo dos castigos.

Na noite em que começa o drama que tentamos esboçar, enquanto na sala reina o mais completo silêncio, faz-se na cozinha toda espécie de descomedimentos de senzala, seguros como estavam os escravos da casa de que a tempestade os isolava completamente dos senhores, presos lá bem longe e surdos ao ruído de suas orgias.

Nem o rubro fuzilar dos relâmpagos, nem o atroador estampido dos trovões perturbavam o brutal gozo daquelas infelizes criaturas.

Parece que Deus fecha os olhos e cerra os ouvidos às torpezas e blasfêmias dos míseros degradados por força das circunstâncias, que não depende de sua vontade remover.

Se aquela folia infernal, em vez de ser na cozinha, fosse na sala, em vez de ser obra de quem nunca recebeu um raio da luz celeste, fosse de quem tem o poder, que implica o dever de procurar aquela luz, talvez não passasse a tempestade sem cair sobre os iníquos o castigo que arrasou Sodoma e suas irmãs.

Nada, porém, se deu que perturbasse as disposições dos que estavam na sala e dos que estavam na cozinha.

Fora desses dois círculos, havia naquela casa um terceiro, composto de elementos dos dois: Honorina e Tancredo — a escrava e o filho dos senhores.

A crioula passou o tempo da tormenta junto ao berço do menino.

Era ela enjeitada de ambos os círculos em que se dividia a família: do branco e do preto, ou antes, de Maria Felícia e de seus parceiros.

A senhora não a poupava, apesar de sua diligência por adivinhar-lhe os pensamentos e, talvez, mesmo por isso.

A pobrezinha recebia todos aqueles maus-tratos sem se revoltar, porque tinha lá umas ideias de que é pelo sofrimento que se purifica a alma, e porque via que seu próprio senhor, o dono da casa, sofria, com paciência, talvez coisas mais insuportáveis.

Aquele exemplo do alto calava em seu espírito e lhe emprestava uma têmpera, que bem procurava ela fazer de aço, para não sentir os golpes da perversidade.

Seu senhor lhe era um modelo, que julgava infalível e que procurava imitar.

É para se ver como as palavras e obras dos que têm a suprema autoridade influem sobre os que lhes são subordinados, beneficamente quando boas, maleficamente quando más.

E não é somente o que tem mando que pode influir por seus exemplos, senão todo o homem no círculo em que vive.

Resulta daí grande responsabilidade para o que manifesta maus sentimentos, por palavras ou por obras, sendo maior a dos que o fazem com autoridade — e tanto maior quanto mais alta for esta.

O rifão que diz: *chega-te aos bons e serás um deles* baseia-se na influência formidável do exemplo, contra a qual não há propósito que subsista.

Se tiverdes horror a um vício, não vos aproximeis, confiado em vossa energia moral, dos que o praticam, porque insensivelmente o vírus contaminará vossa alma e, quando mal o perceberdes, sereis arrastado ao abismo.

## Capítulo IV

Começareis por sentir tolerância, passareis a justificá-lo como distração e, de grau em grau, tereis o declínio da repulsão e a ascensão da onda devastadora.

É que, assim como, em um vaso, líquidos de diversas densidades vão, pouco a pouco, perdendo ou ganhando até estabelecerem um equilíbrio de densidade, assim as pessoas que convivem trocam insensivelmente seus sentimentos, até estabelecer um equilíbrio moral.

Por lei de nossa natureza, ainda muito material, podemos ter por certo que o nível de sentimentos formar-se-á quase sempre no plano dos mais atrasados.

Se conviverem bons e maus, o nível será no plano dos maus; e é por isso que não cansaremos de condenar a prática da prisão em comum, para onde entram uns tantos que praticaram o mal por fraqueza, e saem preparados para praticá-lo por gosto.

Honorina, pela lei que vimos de expender, devia procurar nivelar-se com os parceiros, e nunca subir a procurar modelo na maior altura da família.

É simples a explicação de tal fato, contra aquela lei.

Assim como vêm à Terra os gênios, vêm os *santos*, isto é, Espíritos superiores, não porque Deus os tenha criado tais, o que seria predileção inconciliável com a justiça indefectível; são superiores porque das forças que Deus deu a todos igualmente eles fizeram melhor uso do que os outros.

Esses espíritos são como os gases; só se conservam na baixa, presos; desde que se soltam, procuram as alturas.

Honorina nasceu no Quixadá, onde viveu com sua mãe, ambas escravas de uma família que tinha bem vivo o culto da doutrina de Jesus Cristo.

A crioulinha criou-se assim em seu bom meio, até a idade de 14 anos, sem sofrer e sem gozar, vivendo a vida do escravo privilegiado, a quem só se dá o trabalho compatível com suas forças.

A filha única da família, que tinha sido criada pela mãe de Honorina, queria esta como irmã, e ensinou-lhe a doutrina cristã, de cor, como a sabem *noventa e nove por cento dos cristãos*.

A crioula, porém, procurava o sentido das palavras, e, por mais de uma vez, torturou a mestra com perguntas a que ela não sabia dar resposta.

Custou-lhe alguns puxões de orelhas aquela mania de devassar o mundo das ideias, não se contentando com a fieira de palavras; porque gastava o tempo em cismar e deixava, por isso, de fazer suas obrigações.

Ela, porém, dava-se por satisfeita com aqueles castigos, logrando penetrar além do que a moça lhe ensinava.

Por exemplo: foi lhe ensinado que, depois da morte, as almas passam por um julgamento e vão para o Céu ou para o inferno, segundo fizeram o bem ou o mal.

Meditando sobre o Credo, no qual se diz que Jesus há de vir a julgar os vivos e os mortos, encontrou flagrante antagonismo entre isto e aquilo — entre o juízo final e o depois da morte.

— Como! Deus julga a todos desde que morrem — e volta a julgá-los no fim do mundo! De duas uma: ou o juízo final não reforma o primitivo, e em tal caso Deus pratica uma ociosidade, coisa impossível à Perfeição infinita; ou o juízo final reforma o primitivo, e nesse caso os que foram condenados, que viveram no inferno, até ali, subirão ao Céu — e os que foram glorificados e viveram no Céu, até ali, descerão para o inferno!

A negrinha levou dias e noites sem achar como conciliar aqueles dois artigos de fé ensinados pela Igreja; e foi esta uma das questões que mais puxões de orelha lhe custaram.

## Capítulo IV

Levou-a à senhora moça, pedindo-lhe a solução; mas como achar luz onde reinam trevas?

Honorina foi obrigada a procurar por si mesma a solução do problema que lhe ocupava o pensamento e absorvia-lhe todas as faculdades da alma.

— A ressurreição da carne! — exclamou ela, quando rezava o Credo. — A ressurreição da carne! Como se entende isto? No dia do juízo, as almas se unirão aos corpos e com eles subirão ao Céu ou descerão ao inferno. Então a parte mais distinta do homem não é o espírito, é o corpo, que ressuscita! E tanto o espírito como o corpo viverão por toda a eternidade! Se é assim, para que a morte temporária do corpo? As Leis de Deus são tão simples que repugnam a esta tão complexa: de morrer para ressuscitar o que tem de viver por toda a vida! Aqui há interpretação errônea.

Se Deus quisesse a carne no Céu ligada ao espírito, não a separava para depois uni-la. Isto significa outra coisa que nós não compreendemos.

E pensou tanto neste segundo problema que, sem conhecer a razão, julgava ligado ao primeiro, que teve a ideia de aprender a ler para estudar a Escritura.

Em um ano o demoninho lia que admirava!

Com essa poderosa arma, foi aos Evangelhos, que sua senhora moça tinha tirado da estante de um tio padre — manuseou-os com sede devoradora de conhecer a verdade e encontrar aí esta sentença do divino Mestre, que fê-la estacar: *"não entrará no reino do Céu senão quem renascer da água e do espírito".*

— Renascer! Não é certamente ser lavado pelo batismo; porque então todos os batizados iriam para o Céu. Renascer não pode ser senão ressuscitar na carne. É a tal ressurreição da carne!

Honorina sentiu, a esta conclusão, um sentimento íntimo, qual se sente quando se faz o bem.

Para ela não havia mais dúvida de que descobrira a verdade, como o que faz bem conhece que cumpriu um dever.

"Tenho o fio", pensou — e foi discutir com a mestra, que não a compreendeu.

— Morremos e revivemos, ou ressuscitamos na carne! Mas para o quê?

De pensamento em pensamento, de conclusão em conclusão, aquela criança chegou ao dogma espírita das *reencarnações* — para nos limparmos, numa vida, das manchas de passadas existências, para fazermos merecimento, ao mesmo tempo que expiamos as faltas passadas, para desse modo subirmos a escada de Jacó.

Por aí chegou à conclusão de que há, com efeito, um julgamento *post mortem*,[10] mas somente para imposição de penas coercitivas e para a distribuição de prêmios de animação, segundo se fez mal ou se fez bem na vida.

Por aí chegou à conclusão de que, após variado número de existências, cada uma das quais já foi julgada, temos de passar por um juízo final para saber se já estamos no caso de subir a melhor mundo.

E assim aquela negrinha arrancou a luz das trevas que a envolviam e foi senhora de secretas verdades, que nem o vigário desconfiava que existissem!

\*
\* \*

Não se tomem estas linhas por miragem de poeta, visto tratar-se, não de um literato, mas de um ignorante e de uma criança.

---

[10] Depois da morte.

## Capítulo IV

Os espíritos, quando encarnam, embora percam a consciência do que foram, guardam o sagrado patrimônio do saber e das virtudes que conquistaram nas passadas existências, o qual neles fica latente.

Se Platão foi um espírito tão superior à massa geral da humanidade do seu tempo, é porque foi o mais adiantado espírito que, naqueles tempos, reencarnou.

E, se hoje viesse à vida corporal em um dos nossos sertões, assombraria a gente rude com os prodígios de sua inteligência.

Honorina era um desses espíritos que chamamos luminares, e que só precisou voltar a Terra para expiar, pela humildade, o orgulho que tisnou a grande alma na existência passada.

Seu espírito não era, pois, criança, era de séculos de idade.

Acompanhemo-lo e admiremo-lo.

A história de um bom coração, através das vicissitudes de uma vida tempestuosa, edifica e instrui mais do que se pode fazer ideia.

O bem tem o poder mágico de impor, senão à estima, ao menos ao respeito dos próprios que cultivam o mal.

Quem lê exemplos de serenidade, em meio de transes angustiosos, admira aquele heroísmo e aprende o caminho, para segui-lo com confiança, no caso de achar-se nas mesmas condições.

## CAPÍTULO V

Estava Honorina desfrutando a doce paz, que é o dom dessa quadra feliz, em que a natureza só tem flores e a alma só tem risos, quando, no céu azul de sua existência, assomou uma nuvem negra, que talvez a tivesse de envolver pelo resto da vida.

Se lhe fosse permitida uma vista retrospectiva, saberia que vinham, naquela nuvem, dores e tristezas, todos os instrumentos de expiação que ela mesma, ao reencarnar, pedira ao Pai de amor e de misericórdia, como meio de satisfazer sua indefectível justiça e de merecer graças e mercês, que não têm, na Terra, a que se compararem.

Aquele alevantado espírito não tinha, porém, lembrança do que fora, nem consciência do que viera fazer; e ei-lo a receber golpes, por ele mesmo solicitados com empenho, como se fossem obra do acaso ou da maldade de um ignoto poder, visto como, na vida atual — que ele supõe, como todos supomos, ser a primeira e a única vida —, nada tem feito por onde se possam explicar os sofrimentos que aí vêm a desabar sobre ele.

Honorina, vivendo sempre recolhida ao regaço de sua senhora moça e amiga, tinha sido preservada do contato impuro de seus parceiros, da perniciosa influência da senzala.

Em sua natureza predominavam dois sentimentos, qual mais essencialmente: a humildade e o amor.

## Capítulo V

Sentia afeição profunda pela mãe, pela senhora moça, que lhe era quase irmã, pelos brancos e pretos da casa, por toda a humanidade.

Seu coração era magnânimo e compassivo.

Naquela idade, em que não se conhecem distinções de classes e de raças, ela tinha, bem viva, a consciência de sua inferioridade, sem se revoltar contra a lei humana, de que era vítima inocente.

A esse traço característico de sublime conformidade, ela acrescentava o de sua compaixão pelos que choravam, pelos que gemiam, pelos desfavorecidos da sorte.

Quantas vezes derramou lágrimas, que os anjos do Senhor colhiam em seu regaço, vendo os filhos de sua raça serem forçados a romper os laços do coração, seguindo pais para o norte e filhos para o sul — e todos sem poderem nutrir a doce esperança de um dia se encontrar!

"Desgraçados!", pensava aquela criaturinha. "Desgraçados, que passam pela Terra sem terem o direito de amar, porque sua condição é como a das folhas que o vento arranca da árvore em que se geraram e as leva, por montes e vales, para nunca mais restituí-las ao caro tronco!"

E quantas vezes ela, que chorou a sorte daqueles desgraçados, derramou lágrimas, ainda mais ardentes, pela sorte dos algozes, sem dúvida mais dignos de compaixão!

Pungia-lhe a desgraça onde quer que a visse, sem cogitar se era bem ou mal merecida.

O malvado, estorcendo-se em dores, tinha sua compaixão tanto como o melhor dos homens que visse sofrer!

Para ela, todo o homem era membro da humanidade, e a humanidade era sua família!

"Felizmente", pensava um dia em que vira passar um libambo de escravos que ia ser vendido para o Rio de Janeiro; "felizmente Deus me preservou de tão cruel infelicidade. Meu senhor é rico, Nhazinha jamais consentirá que a separem de mim."

Havia nesse pensamento mais aparência do que realidade de egoísmo.

Dava-se o parabém por não ter a sorte dos que partiam para nunca mais verem a terra de seu nascimento; mas, se lhe fosse dado remi-los daquela desgraça, sofrendo-a ela, nem um instante vacilaria.

Apesar, porém, da confiança que tinha em seu destino, chegou-lhe o dia do desengano.

Todos os homens têm sua missão na vida, e quase nunca começam a exercê-la logo após o nascimento.

Em geral levam mais ou menos tempo antes que entrem na expiação que vieram fazer, e é por isso que vemos ir um tal perfeitamente bem em tudo o que empreende, até que um dia *desanda a roda*, e daí não há mais nada que lhe saia bem.

O acaso não pode explicar essa ordem harmônica dos sucessos, quer favoráveis quer desfavoráveis.

Só a explica a grande lei das existências múltiplas e expiatórias.

Há um tempo de preparo para a grande luta, durante a qual tudo corre bem, sem dúvida porque é preciso acostumar o espírito àquela ordem de coisas suaves, para provar melhor sua força de resistência à ordem oposta a que deve ser arrastado.

A roda que desanda não é senão a entrada que se faz na expiação, que se pede, para resgatar passadas faltas.

Despontou, pois, a nuvem negra, carregada de borrasca, no límpido horizonte da existência de Honorina.

A boa criança passeava com sua Nhazinha quando foram chamadas pelo dono da casa.

Sem suspeitarem mal, foram saltando por entre as flores do campo coberto de verde relva.

## Capítulo V

Entraram mesmo pela sala da frente e ficaram estupefatas! Os pretos da casa, enfileirados, eram examinados por um homem, que lhes fazia perguntas e ria gostosamente das respostas que eles davam de sofrerem, um disto, outro daquilo, cada um de uma moléstia incurável.

— Isto é o pior gado que tenho encontrado para negócio — dizia o sujeito. — Ao menos a vaca e a égua, se têm defeitos, não os dizem — e tampouco os exageram. Se eu não o conhecesse, Sr. Queiroz, palavra que acreditava ter o senhor industriado toda esta gente para fazer o que está fazendo e voltar eu daqui sem meu pagamento.

## CAPÍTULO VI

Nhazinha e Honorina viam, mas não compreendiam nada do que viam.

Era o caso que o Sr. Queiroz, homem de mediana fortuna, porém de grande coração, afiançara, na praça do Recife, a uns tantos de seus parentes e conhecidos, que não tinham meio de vida e queriam fazer carreira vendendo fazendas a retalho, pelos sertões.

Poucos destes deram boa conta de si, perdendo quase todos tudo quanto Queiroz lhes dera e de que se constituíra principal pagador, até porque seus afiançados não tinham com que pagar, nem a mínima parte do crédito que lhes fora aberto.

Em consequência disto, achou-se Queiroz comprometido em sua fortuna, constante de escravos, terras e gados.

Seu credor, o dono de uma casa-forte do Recife, comunicou-lhe a falta de seus afiançados, ao que ele, como homem de bem que era, respondeu, dizendo que estaria pronto a pagar o que fiara, por seu abono, mas que só podia fazê-lo nas espécies que possuía.

Foi em razão dessa resposta que chegou inesperadamente à sua residência um procurador daquela casa-forte, com ordem de ajustar as contas, porém com a recomendação de não afligir o Sr. Queiroz, que era lá muito considerado.

O procurador, porém, fez tudo ao invés do que lhe fora recomendado, tratando o homem como a devedor remisso.

Começou por declarar que só aceitava em pagamento os escravos da casa e que, a não ser assim, levaria a cobrança a juízo.

## Capítulo VI

Queiroz, apesar de estimar seus escravos, tinha como ponto de honra não dar motivo a se falar de seu nome como de quem não paga o que deve e, por essa razão, cedeu à cruel necessidade de entregar as crias de sua casa.

Apresentou os que possuía, cujo valor excedia muito a quantia do seu débito; porém o tratante fez uma avaliação que deu em resultado faltar ainda um conto e tanto.

— Pois, meu amigo — disse Queiroz, sem impugnar a avaliação, porque não tinha consciência de si, desde que se viu na contingência de entregar seus escravos —, eu dou o que tenho e, portanto, a mais não sou obrigado; salvo se o senhor quiser receber gados.

— Para que quero eu gados? Para amolar a paciência daqui até Pernambuco?

— Então ficarei devendo esse resto, que pagarei tão depressa venda o gado.

— Também não serve, porque não trouxe poderes para fazer acordos, mas sim para cobrar esta dívida.

Falando assim, chegou à janela e viu a moça passeando com a crioulinha, que lhe atiçou a cobiça — e, voltando-se para seu interlocutor, perguntou-lhe:

— Aquela crioulinha que está lá fora não é sua?

— Tem razão — respondeu Queiroz, envergonhado por aquela falta —, tem razão, mas eu nem pensei nela, porque é irmã colaça de minha filha, e eu nunca a tive na conta de escrava.

— Mas é escrava, não é?

— É, senhor, mas antes quero morrer do que arrancá-la à minha filha.

— Pois, meu caro senhor, quem deve não tem desses luxos. Com aquela peça, entrego-lhe seu débito, mas, sem ela, só me pagarei judicialmente.

Aí veio o demônio tocar novamente no ponto fraco do pobre Queiroz, que, fulminado, mandou vir Honorina.

Foi indescritível a cena que se deu quando Nhazinha soube que Honorina e sua mãe, ambas amadas de seu coração, iam ser entregues àquele homem, iam ser-lhe arrancadas para sempre!

Honorina, abraçada à cintura de sua senhora moça, chorava como louca, pedindo-lhe em desespero que não a despedisse de sua companhia, para ser lançada por aí além, sabe Deus para que senhores.

Ao mesmo tempo que se desfazia em súplicas para ficar, lembrava-se de que sua mãe já estava no libambo dos que tinham de deixar a casa dentro de pouco tempo, e isto a colocava na mais dura contingência.

De um lado, o ninho onde nascera e emplumara, a sua adorada Nhazinha, seus bons senhores, que lhe eram quase pais — tudo, tudo o que a cercava e lhe fizera o encanto da vida; de outro lado, sua mãe, a quem amava perdidamente e que partia de seus braços para atirar-se ao desconhecido, sempre pavoroso, mas muito pior tratando-se de quem não tinha livre-arbítrio, não tinha direito, era uma vontade passiva, era coisa à disposição de quem fosse seu dono.

Oh! A pobre criança não sabia para que lado pender, tendo em toda hipótese o coração lacerado pela mais acerba dor.

Como em céu límpido e transparente, levemente colorido pelo mais encantador azul, de chofre surge no horizonte negra nuvem, carregada de tempestade, e tolda todo o firmamento e troca a cor anilada por densas trevas entrecortadas de estrias de fogo, assim, num instante, a vida suave e tranquila que levara Honorina até aquele momento se transformou em um viver duro, insuportável, impossível.

A crioulinha não podia acreditar em tão rápida mutação da felicidade na desgraça, aprazendo-se em imaginar que tudo aquilo era um pesadelo horrível, nunca, por alguém, tão desejado.

Era o início das provas que viera fazer; era a expiação que começava!

## Capítulo VI

Deus te dê, gentil e pura criança, a necessária força da alma para receberes, com a mais sincera resignação, essas dores, que são as que pedistes para lavar as manchas do teu espírito; dores que são sempre benditas, porque dão ao espírito o toque para sair deste mundo de misérias.

A pobrezinha, mal aparelhada para o duro golpe, vacilou por algum tempo, sem decidir-se por Nhazinha, que era a representação de todas as alegrias passadas, ou por sua mãe, que era a de seus temores futuros.

Por fim, dando um soluço, verdadeiro brado de desespero, arrancou-se de junto da moça, estatelada e sem consciência, e foi colocar-se ao lado de sua mãe, no meio de seus parceiros, exclamando:

— Meu lugar é ao lado dos que tiveram a minha sorte, ao lado dos que gemem, ao lado de minha mãe.

Aproveitando esta disposição, o Sr. Queiroz, que não tinha mais forças para tanto sofrer, tomou a filha nos braços e carregou-a para não ver a partida daqueles infelizes.

O Sr. Maciel, assim se chamava o perverso que representava o credor, não esperou a ordem de sair com a sua gente, e num momento tinha posto toda ela em marcha para fora do teto amigo que os abrigara em sua miserável condição, para onde sua sorte lhes deparasse novo asilo, talvez bom, talvez desgraçado.

Nenhum dos pretos deixou de pagar um doloroso tributo à terra de seu nascimento e ao bondoso senhor, que sabiam muito bem não os ter vendido senão por não ter outro remédio.

Saíram, pois, com os olhos no chão, que regavam com as lágrimas do coração, único lenitivo que é dado aos tristes escravos.

Na orla do campo, Honorina voltou-se e de lá disse chorando:

— Adeus, Nhazinha. Adeus para sempre!

CAPÍTULO

# VII

Os pobres escravos foram levados para Quixeramobim, de onde Maciel pretendia descer para Pernambuco.

Nos ranchos, reuniam-se para lembrar a mínima particularidade de sua vida passada e para falar dos receios que os assaltavam sobre o futuro.

Cada um pediu a Deus que lhe deparasse um senhor como o que acabavam de perder; porém Marta, a mãe de Honorina, não pedia senão que lhe fosse dado viver ao lado de sua filha, qualquer que fosse o senhor a quem servisse.

Custa a crer que haja homem de coração tão empedernido que olhe com indiferença para as relações naturais, que rompa, como quem quebra um palito, os laços do coração dos que se amam, que separe friamente os pais dos filhos, os maridos das mulheres, os irmãos dos irmãos!

E mais incrível parece que num século de luzes e num país cristão se tolere, e se consagre por leis, uma instituição que degrada uma raça de cerca de dois milhões de almas, até o ponto de não poder constituir família, o único meio onde é permitido na terra pousar a *avis rara*,[11] que se chama felicidade.

O escravo não pode ter senão amores passageiros, como o cão, como a besta!

---

[11] Diz-se a propósito de algo que raramente acontece ou aparece.

## Capítulo VII

A delicada e doce união das aves do céu, que nascem já ligadas por toda a vida, lhe é o pomo vedado, e ser-lhe-ia o letal veneno do coração, deserdado, como é, de pátria, de direitos, de vontade e até de alma!

Nasce, pois, um ser humano sem direito de amar, nem mesmo os autores de seus dias; porque nasce num meio em que não pode gozar os doces afagos maternos, e cria-se no meio em que os laços sagrados da união das almas lhe são vedados pela sociedade!

Mais degradado que os animais irracionais, cujos filhos sempre se aproximam das mães, embora já independentes, o escravo é atirado pelo duro senhor, às vezes na mais tenra idade, para longe do ninho, e, se iniciou um romance, que na raça branca tem por desenlace a criação de uma família, nenhuma esperança tem de chegar a esse fim.

Mesmo é raro que tais sentimentos desabrochem em corações de lama, formados por uma educação viciosa, corrompida e asfixiante de todo estímulo moral, de toda aspiração que não seja o gozo material!

Também por isso a mulher escrava não conhece o recato, e o pudor não bafeja a virgem criada na senzala.

Tendo sempre diante dos olhos exemplos corruptores, e na consciência o sentimento de sua degradação, as pobres crianças já têm a alma prostituída antes que o corpo lhes possa servir de instrumento aos instintos da matéria.

Raro, porém, aparece, no meio dessa horda de criaturas perdidas, um espírito refratário à danação de sua raça.

São exceções mais dignas da admiração do mundo — e do amor do soberano Criador, do que quantas regenerações consignam os fastos da Igreja.

Honorina era, por sua inteligência e por sua disposição moral, um desses entes, que chamamos, parvamente, privilegiados.

Parvamente, dizemos, porque Deus não seria a justiça indefectível se concedesse privilégios a um ou a alguns de seus filhos.

O privilégio que vemos em tão rara superioridade é obra exclusiva do próprio espírito, que fez das faculdades, com que todos são dotados para o alto destino humano, o melhor uso.

Mas, então, perguntar-nos-ão, como é que tão alto espírito vem encarnar em tão baixas condições?

A resposta é simples.

Suponde um espírito profusamente ilustrado e sumamente moralizado, mas grandemente orgulhoso do seu saber e de suas virtudes — Aquiles com o calcanhar vulnerável; suponde, por exemplo, Lamartine, cuja ilustração foi brilhante e cuja sensibilidade moral se manifesta em todas as suas composições; admitir que aquela grande alma tinha um fraco ainda, e que esse fraco foi o orgulho, aliás possível, pois que ele disse de si: *a alma de Lamartine era pura como o ar é transparente*. Se Lamartine volver à vida corpórea para lavar-se daquela falta, virá encarnar em um meio que lhe seja constrangimento, para exercer a humildade.

Honorina não teria sido Lamartine, mas certamente foi uma figura tão acatada como o poeta das *Meditações*.

Tinha um coração tão bem formado que sofria mais pela gente de sua raça do que por si mesma.

Se via — e felizmente nunca vira em casa dos seus senhores — o tormento de um desgraçado, atado ao tronco e aí vergastado, ficava de meter dó, parecia que ia morrer.

Na convivência com os outros pretos, não deixava passar, sem a mais severa reprimenda, qualquer ato menos conforme com os princípios morais, que ninguém lhe ensinou, mas que sua consciência adivinhava.

## Capítulo VII

Os parceiros riam da criança metida a moralizadora, mas suas considerações não eram perdidas, porque o coração humano é vaso onde a semente do bem, que se lhe confia, nunca deixa de germinar.

Embora o homem se entregue ao mal, respeita e acata o que é dado ao bem; tanto que ninguém quer passar por mau: todos procuram encobrir sob falsas aparências a ruindade de sua alma.

A negrinha era uma pérola perdida naquele esterquilínio, e os negros de casa lhe queriam muito e a chamavam mesmo "pérola" — Pérola Negra.

A mãe lhe era um ente querido, a quem faria sacrifício da própria vida, se tanto fosse preciso, para poupar-lhe qualquer mal.

Honorina, pois, quando seu senhor disse a Maciel que lha deixasse ao menos, por ser a querida da filha, ficou em estado indefinível, vendo de um lado a sua querida Nhazinha e do outro a adorada mãe.

Se lhe perguntassem o que preferia: ir com a mãe ou ficar com a Nhazinha, ficaria muda, porque sua alma estava, por igual, presa àquelas duas almas.

Na desgraçada contingência em que se viu tão inopinadamente colocada, a pobrezinha elevou os olhos ao céu e deixou que se decidisse de sua sorte como fosse da vontade do Senhor.

Vendo Maciel resolver a questão pela negativa ao pedido de Queiroz, conheceu que era mesmo assim que devia ser; porque Nhazinha ficava cercada de todos os cuidados da família, ao passo que sua desgraçada mãe ia correr os azares da vida do escravo.

Com o coração lacerado de pesares, partiu, pois, cheia de satisfação.

Se não pudesse valer à pobre mãe, ao menos estaria a seu lado para dar-lhe coragem e consolações!

Pobre criança que, apesar de tudo o que sabia das misérias da raça escrava, ignorava o que seu espírito, nem de leve, podia admitir: que houvesse coração capaz de separar o que Deus tinha unido — uma filha de sua mãe!

Saiu, pois, contente e com o coração lacerado, porque ia com a mãe, e porque deixava Nhazinha.

CAPÍTULO

# VIII

Com as boiadas têm os sertanejos o maior cuidado, procurando-lhes pastos e água; durante o dia, poupando-lhes quanto é possível as marchas forçadas, dando-lhes durante as noites cômodo descanso.

Bem felizes seriam os míseros escravos se ao menos lhes dispensassem equivalentes atenções aqueles que os conduzem, como mercadoria, dos pontos onde os tomam até os mercados onde os passarão a novos senhores!

O Sr. Maciel era o tipo do negociante daquele gênero.

Para qualquer negócio, dizem as más línguas, é preciso uma certa dose de falta de escrúpulo, porque não medra a casa onde se faz negócio igual com todos, e só medra a que tem preços diferentes, conforme trata com o que conhece a matéria, ou com o que é dela ignorante.

Para aquele gênero especial são precisos, além daquela qualidade geral, requisitos particulares: é preciso não ter alma, não ter coração, não ter consciência.

O negociante de escravos não se peja de tentar fortuna, comprando e vendendo seus semelhantes — coisa mais ignóbil do que mercadejar com prostíbulos, porque aqui ao menos não se constrange a liberdade humana!

Ao negociante de escravos não se dá de arrancar o pai ao filho — o filho à mãe — o marido à mulher, rompendo os laços do coração!

O negociante de escravos, enfim, não tem uma fibra do corpo e um sentimento da alma que se abale com as lágrimas ardentes dos desgraçados!

O leão de Florença poupou a presa: uma mulher, por ver que esta tinha estreitado ao peito um inocente filhinho!

Há, pois, no coração das feras mais doces sentimentos do que no coração de certos homens, para quem só há um deus: o bezerro de ouro!

Esses tais, e os negociantes de escravos são os primeiros, só têm um símile na série animal: é o tigre, que só aspira ao sangue, e que o derrama, até saciar a sede, onde quer que encontre um ser mais fraco que lho possa dar!

É curioso estudar a organização dessas feras humanas, para descobrir onde está a razão de sua perversa insensibilidade.

Uma autópsia revelaria as bossas da avareza desenvolvidas até a hipertrofia — e o coração reduzido até a atrofia.

As relações naturais entre o físico e o moral denunciam um indivíduo sumamente calculista e nimiamente material.

O negociante de escravos ou tem a cara chata como o fundo de um prato, com dois olhos muito pequeninos e muito acesos, ou tem a cara triangular, de maçãs salientes e nariz semelhante ao bico das aves de rapina.

São, por via de regra, concupiscentes, que é por onde se revela a materialidade do homem.

Têm maneiras adocicadas e o riso semelhante ao choro do jacaré.

Só algum ingênuo se ilude com semelhante animal.

Se Queiroz fosse de alma menos nobre e tivesse mais prática do mundo, não teria perdido tempo e sofrido humilhação, pedindo a Maciel que lhe deixasse a querida de sua filha.

O malvado tocou sua gente, sob a guarda de homens que trouxera consigo, pouco mais ou menos como os vendedores de perus tocam o bando das pesadas aves.

## Capítulo VIII

Cada esbirro, além de bem armado, trazia empunhado um pesado chicote feito de couro cru trançado.

Ai do que demorava o passo, ou saía da trilha, aproximando-se do mato!

No pouso, se não havia um quarto onde a gente dormisse trancada, o duro homem passava uma corda aos pés de cada escravo e, ligados como cambada de caranguejos, deixava-os ao relento, no terreiro, vigiados por sentinelas, que se revezavam.

De alimentação é que ele muito pouco cuidava, limitando-se a fornecer aos míseros uma única refeição diária, e essa mesma em quantidade apenas suficiente para não morrerem à fome.

Dizia sempre que negro não era porco, que melhor se vende quanto mais gordo.

Ninguém estranhava aquilo, porque aquilo era o que se via todos os dias.

E se algum coração, condoído, censurava tão bárbaro modo de tratar criaturas humanas, o Sr. Maciel, humilde como um rafeiro, articulava mil desculpas, dizendo-se, ele mesmo, contrariado por ser obrigado a seguir um gênero de vida tão contra a sua natureza.

Ouvindo-o, o interlocutor ficava mais condoído dele que de suas vítimas.

Estas sofriam tais misérias sem se queixarem, não só porque sabiam que lhes era isso inútil, como porque, em sua degradação, consideravam natural o tratamento que se lhes dava.

Maldito o homem que reduz o homem ao estado de puro animal!

Honorina era a única do lote que não se conformava com aquelas coisas, senão porque acreditava que assim lhe era preciso para cumprir a missão que trouxera à vida.

A pequena criatura era a providência de seus parceiros. Gozando, por sua idade, da faculdade de andar e dormir solta, ela trazia ao rancho água que mitigasse a sede dos tristes e, onde podia, algum alimento, que pedia aos donos das casas em que paravam.

Fazia-o, porém, com tanta cautela que ninguém era capaz de surpreendê-la no exercício de tão caridosa função.

E tinha razão: porque, se Maciel tivesse ciência do que fazia, não asseguramos, porém acreditamos que iria castigá-lá.

Ao se aproximarem de Quixeramobim, os negros combinaram, entre si, matar Maciel e fugirem.

O plano era simples.

Maciel dormia em rede no alpendre das casas onde pousava, e seus quatro agentes deitavam-se em couros no mesmo alpendre, ficando apenas um de sentinela.

No princípio da viagem, a vigilância era completa; mas, para o fim, a relaxaram, confiados na boa índole dos escravos.

Mal o senhor começava a roncar, o vigilante tratava de imitá-lo, seguro de que o bruto levava a noite de um sono só.

O plano, pois, era tomarem as armas dos seus guardas e com elas darem cabo da casta do senhor e da deles, se se metessem a pimpões.

Invertidas as posições, armados eles e desarmados seus algozes, a conjuração tinha todos os visos de bom êxito.

Era, porém, preciso obter uma faca com que cortarem a corda que os prendia — e isso era o mais difícil, porque não lhes deixavam coisa que pudesse servir de arma.

Muita vez, o que comete alta empresa vence o impossível e esbarra diante do que parece incapaz de servir de embaraço.

Os pretos, porém, não pensaram que a falta de uma faca lhes desmanchasse a combinação, por isso contavam com Honorina, para lhes obter aquele instrumento de salvação.

Chamaram, pois, a negrinha e descobriram-lhe o plano.

CAPÍTULO

# IX

Há espíritos superiores a toda tentação — privilegiadas, que mais se firmam no dever quanto mais sedutoras são as falas da serpente.

Se a mãe do gênero humano fosse dessa têmpera, que bela não seria a condição de suas filhas, habitantes do paraíso terreal — e livres de todo o sofrimento na vida, que lhes seria eterna!

Eva, porém, apesar de sentir ainda o toque das mãos de Deus, fraqueou — e toda sua geração geme hoje sob o peso de sua culpa!

Digam lá o que quiserem os pontífices da religião, nós sentimos repulsão invencível em aceitar a transmissão da culpa dos pais aos filhos, máxime lendo no livro de ouro da humanidade as palavras do Senhor, que disse: *"nem o pai responde pelas obras do filho, nem o filho responde pelas obras do pai; porém responde cada um por suas próprias obras."*

Se a razão é luz que Deus nos deu para nos servir de guia, a nossa, entre este trecho da escritura sagrada e o romance da queda de nossos primeiros pais, não pode deixar de atribuir a Deus aquele alto e justo pensamento.

Entre pagar o filho pelas faltas do pai — e só pagar pelas suas próprias, há um abismo em que se vê de um lado a obra do homem, e do outro a de Deus.

Seja como for, se a mãe dos homens não soube resistir à tentação, filhos seus há, embora muito raros, que sabem tirar de suas fraquezas de pecadores forças para não sucumbirem.

Honorina vai nos dar um sublime exemplo da virtude de certas almas refratárias ao mal.

Ouvindo a narração do que haviam concertado seus companheiros de infortúnio para conquistarem a liberdade, a negrinha foi tão escandalizada que os ameaçou de revelar tudo a Maciel se insistissem no condenável plano.

— Seria para mim — disse ela — a suprema felicidade livrar-me desse desconhecido para onde me arrastam e continuar a respirar as auras da terra onde nasci e tenho vivido. Para alcançar essa ventura daria metade de minha vida; mas por preço de um crime não quero tal felicidade, nem qualquer outra de maior quilate. Meus amigos, quem emprega o mal para obter o bem ilude-se grosseiramente. Não há bem durável quando é alcançado por tal modo — e se, nesta vida, o objeto de nossas ambições não se transforma em objeto de nossa punição, na vida em que são pesadas todas as nossas obras, pagamos em dores cada gota de prazer que tenhamos por tal arte fruído aqui. Qual é melhor: sermos escravos nesta, e condenados na outra vida — ou levarmos aqui esta vida desgraçada e recebermos à farta as compensações da vida futura? Pois eu lhes digo que não viemos, por obra do acaso, nascer escravos, mas sim que nascemos escravos porque assim era preciso para lavarmos, pelo sofrimento e humildade, grandes faltas que nos impedem de subir ao mundo dos felizes. De nós depende fazer da triste condição em que nascemos o pedestal de nossa glorificação. Em vez de agravarmos nossa ruim condição por faltas novas, suportemos com resignação essa condição, que nós mesmos criamos e que só de nós depende resgatar. Eu não os acompanharei no crime como os tenho acompanhado na miséria.

## Capítulo IX

A negrinha, externando tão elevados conceitos, tinha um ar tão majestoso que seu auditório, apesar da rude natureza, ficou dominado por sua palavra.

Ninguém lhe replicou.

Vendo a impressão que produzira, Honorina sentiu uma doce satisfação difundir-se por todo o seu ser, e, dominada por aquele sentimento, perguntou com a doçura da mãe que fala ao filho:

— Não é verdade que essa ideia que tiveram já se lhes varreu do espírito?

Os negros abaixaram a cabeça, envergonhados, e resmungaram em tom que mal se ouviu:

— É uma criatura angélica! É uma pérola negra!

Desde aquele dia Honorina só foi conhecida entre os seus por Pérola Negra — título que muito a lisonjeava, porque trazia ao pensamento o consórcio da grandeza com a miséria, que é o tipo da natureza humana: alma destinada às grandezas angélicas — corpo que há de ser reduzido às misérias do pó.

Honorina dominou sobre seus companheiros, e talvez tenha lançado em suas almas o germe, a consciência de sua superioridade sobre os animais irracionais.

No lote havia um preto, Simeão, que chorou quando viu aceito o conceito de Honorina.

Todos pensaram que era ele o que mais se embebera das puras doutrinas expendidas pela sedutora criança.

O caso, porém, era que Simeão chorou por ver perdida a última esperança, que lhe acalentava o espírito, de ainda poder apertar contra o peito o fruto querido de seus desgraçados amores.

Simeão encontrara na vida uma mulher que lhe deu alguns momentos de sua existência, e que depois passou a outros amores, tão ligeiros como o primeiro.

Foi uma mulatinha da fazenda vizinha da de Queiroz, cujo senhor não era tão humano como este, e vendeu-a, sem dó de separá-la da filhinha que teria, então, três anos de idade.

Simeão não se doeu por tal motivo, senão em razão de ficar Lucrécia, a filha de seu coração, órfã dos cuidados que ninguém pode dar como uma mãe.

Todos os domingos, furtava algumas horas para ir à senzala vizinha abraçar Lucrécia e levar-lhe uns presentinhos sem valor, mas que valem como presentes de rei quando exprimem o mais doce dos sentimentos humanos: o amor paterno.

Passava o pobre pai horas deliciosas a ensinar a filha a amá-lo — e nunca a deixava sem lhe prometer que voltaria — e não se consolava de deixá-la, senão com a esperança de em breve tornar a vê-la.

Amavam-se os dois extremosamente. Amores de escravos!

Quando tinha preparado sua mala com frutas e umas roupinhas que havia adquirido, sabe Deus com que trabalho, viu-se atirado, pelo vento da fatalidade, para esses páramos sem fim e sem luz, que se chama o destino do escravo.

O coração sangrava-lhe de dor e destilava ódio e vingança.

Chorava a filha abandonada à sorte da mulher escrava, que vai à perdição sem mais recato que a vaca — a cadela — a égua.

Tinha sonhado para a sua Lucrécia um outro futuro.

Trabalhava para fazer um pecúlio, a fim de libertá-la — de trazê-la para a casa de seu bom senhor e de confiá-la a Nhazinha, pedindo-lhe que fizesse dela o que havia feito de Honorina.

Os homens não quiseram que aquele sonho se realizasse — e Deus tinha fechado os olhos a tanta maldade!

## Capítulo IX

Odiava, pois, a Queiroz, a Nhazinha, ao Maciel e até a próprio Deus!

Pobre cego, que não via como tudo que lhe acontecia era o que fora talhado pelo Pai, a seu pedido, para lavá-lo de horríveis faltas que lhe entorpeceram a marcha em anteriores existências!

Pobre desgraçado, que falia em sua prova e acumulava sobre sua cabeça nuvens carregadas de eletricidade, que despejarão mais tarde, depois de sua morte, raios mais terríveis que esses que lhe pareciam cólera, em vez de justiça de Deus.

Quando se lhe abrirem os olhos e lhe forem presentes os quadros das suas passadas existências, conhecerá então que ninguém sofre mais do que merece, e que Deus só tem uma medida para castigar, como só tem uma para premiar, castigando e premiando sempre com justiça e misericórdia.

O triste Simeão sentiu-se abrasar em cóleras impotentes, mas simulava não sofrer senão pesares, como os outros.

Maquinava, porém — e foi ele o autor do plano que Honorina desfez e que já estava inconsideradamente aceito pelos companheiros.

O mal-aventurado negro viu desfazer-se o último raio de esperança e, em seu abatimento, apelou para quem lha tinha desfeito, como para o único que lhe merecia ainda confiança na Terra.

— Honorina, tu hás de receber o prêmio de tuas superiores qualidades; tu hás de ser livre nesta vida e bafejada pela fortuna. Diz-me isto uma voz que mal escuto e que lhe dá consolação.

"Peço-te, em nome de nossas misérias comuns, que te compadeças do mais desgraçado dos teus companheiros."

— Em que te poderei ser útil, Simeão, mesmo que se realize tua profecia?

O preto contou chorando sua triste história, e a negrinha, chorando, lhe disse:

— Desde hoje Lucrécia é minha irmã.

O desalentado pai sentiu tanta consolação ouvindo aquelas singelas palavras que em seu íntimo deu graças a Deus de não ter levado por diante o danado plano.

Era um bom ressurgimento moral daquela alma abatida pela desgraça!

No dia seguinte chegava a caravana à cidade de Quixeramobim e foi alojada em uma casa à beira-rio, em cuja vizinhança se achava José Gomes.

O capitão tinha vindo a negócio, e menos por isso que por espairecer das mágoas do lar.

Por acaso via da janela de sua casa a negrinha que chegara à porta da que lhe servia de pouso.

Viu-a, e ficou tão atraído por aquela criatura que se diria ter encontrado um ente perdido a quem dedicasse o mais sentido afeto.

Seu espírito expandia-se em alegrias como poucas vezes sentira na vida.

Seu coração dilatava-se e o impelia para aquela criaturinha.

O capitão José Gomes não compreendia nada do que se passava em seu íntimo; como que uma força oculta e misteriosa o dominava naquele momento.

Como explicar tão grande arrastamento para uma pessoa que via pela primeira vez, com quem não trocara palavra, e que, a bem dizer, nem pessoa era, pois que não passava de uma escrava!

Aquele fato impressionou profundamente o moço, cujo único defeito era não ter cultivado a inteligência que Deus lhe dera.

## Capítulo IX

Levou a mirar a crioulinha por todo o tempo que lhe foi presente, e a pensar insistentemente nela desde que a perdeu de vista.

Devia partir na tarde daquele dia para a fazenda, já tendo concluído o negócio que o trouxera ali, mas aquela força que o dominava reteve-o na cidade, sem que ele pudesse explicar a razão de tal procedimento.

Honorina, por sua parte, ou porque notasse a impressão que causava naquele homem desconhecido, ou por motivo que também ela não podia compreender e explicar, sentiu-se comovida e atraída para José Gomes.

Viera à porta da rua para ver a cidade de que muito ouvira falar — e só teve olhos para contemplação daquele busto que divulgara numa janela.

A curiosidade infantil foi substituída por outra, mas conforme com as superiores cogitações de seu espírito.

"Por que é", perguntava-se, "que tenho visto tanta gente sem me abalar — e agora, vendo este homem, experimento um prazer como se tem quando se encontra um velho amigo de quem se está separado a longos anos?"

## CAPÍTULO

# X

À noite, José Gomes deitou-se, sempre com o pensamento no mistério que lhe ocupara a mente durante o dia.

Um sono leve como a brisa matutina apagou-lhe a lembrança da vida corpórea e permitiu-lhe gozar da vida espiritual.

O bom moço teve, em sonho, uma visão.

Era uma bela moça, bela como as huris, de cor morena, esbelta de corpo e de olhos negros.

Seu espírito foi arrastado para essa moça, que sorria para ele com tanto amor que tocava ao delírio.

Não sabia José Gomes o que significava tão deslumbrante visão, que, mesmo em sonho, o comovia de quase chorar de prazer e de saudade.

Ficou estático a contemplá-la, enquanto ela, ensaiando um sorriso angélico, lhe disse, em voz repassada de harmonia:

"Ainda duvidas de que uma influência externa atue sobre os viventes? Crês que os mortos se comuniquem com os vivos, crês que se faça isto com os outros, mas não contigo, não é verdade? Pois vou dar-te uma prova irrecusável de que, como os outros, tu estás também sujeito a influências boas ou más, segundo os sentimentos que te dominem em tal ou tal ocasião. Entre ti e esta que agora te aparece, existiram relações de que nunca cogitaste, e que te vão ser reveladas a fim de que possas explicar o que tanto te abala a mente.

## Capítulo X

Já longe vão os tempos em que parte da humanidade, atribuindo-se qualidades excepcionais, julgava-se superior ao resto dos mortais. Já lá vão esses tempos de terror e crueldades, em que a vida de nossos irmãos era um brinco para os bárbaros senhores, que traziam pendentes da cinta a espada de cavaleiros, e no coração ódio e maldades.

Hoje, mais felizes, caminham os povos, errando, sim, porém infinitamente menos, em demanda de seu alto destino, pela perfectibilidade. Naqueles tempos, tu eras um pobre aldeão, habitante de Salerno, nas imediações da Sicília, enquanto eu era filha de uma família fidalga, em que somente predominava o orgulho.

Em meus divertimentos pelos campos, tive ocasião de encontrar-te — e um sentimento de afeto ou simpatia me atraiu para ti, de modo que todos os dias, e à mesma hora, tinha sempre lugar o nosso encontro. Dir-se-ia uma combinação, que era impossível, por protestarem contra ela meus brios, meus brasões — o que sei eu?

De fato, porém, e moralmente, ela existia, pois que eu ansiava pelo romper da aurora para ir ao campo, sob pretexto de respirar o ar fresco e perfumado, e, da tua parte, havia o mesmo desejo, porque era mais fácil esqueceres por um pouco tuas obrigações, do que ali não te achares, levado por simples acaso. Os dias passavam, a simpatia aumentava, e tu sempre te mostravas reservado e respeitoso para comigo. Uma manhã, cavalgava eu uma égua puro-sangue, e porque o animal estivesse mais impacientado que nunca, ou porque eu me sentia levada pelo amor dos primeiros anos, o que é verdade é que me deixei levar por seu vertiginoso galope, e quando quis sofreá-la, as forças me traíram e eu ia ser infalivelmente atirada, da alta ribanceira, em um profundo lago. Mais veloz que um gamo, com a rapidez do raio, tu compreendeste o perigo que me ameaçava e partiste como uma seta a sopear o animal para me salvar.

Reconhecendo, porém, que te era impossível apanhá-lo pela brida, puxaste de uma pistola e, com a certeza de Guilherme Tell, feriste a égua no artelho direito, o que deu com ela em terra. Mais morta que viva, já quase a desmaiar, eu me vi enlaçada por teus musculosos braços, e um doce sentimento inundou minha alma. Envergonhada de mim mesma, por efeito do orgulho de família, soltei-me de teus braços e, com arrufos mal fingidos, exprobei-te a ousadia que tiveste. Não me respondeste. Teu olhar profundo e altivo mergulhou em meu seio, como uma seta envenenada pela repreensão. Partiste.

Dois dias se passaram sem que eu fosse ao campo, não obstante o desejo insopitável que me dominava. No terceiro dia, montando um cavalo baio, e acompanhada de duas aias, procurei ver-te, disfarçando a emoção, quanto estava em minhas forças, por iludir a perspicácia de minhas criadas.

Um grito espontâneo e irreprimível partiu do meu peito quando, ao me veres, tu correste em direção ao precipício em que eu escapara de ser atirada. Dei rédeas ao animal e, em poucos instantes, obriguei-te a parar. De cabeça baixa, com as faces pálidas, talvez por vigílias, com o mais acentuado respeito, me perguntaste em que ainda me poderias servir. Despedi as criadas — e disse-te:

— Dá-me teu ombro: quero apear-me.

Aproximaste do cavalo e, com o joelho em terra, deste-me a cabeça para que nela eu pousasse os pés.

Com uma leve pressão sobre o arção e sobre tua cabeça, eu saltei.

Antes de mais, assenhoreei-me de teu braço e interpelei-te sobre a razão por que corrias para aquele lado.

Nada me respondeste.

## Capítulo X

— Querias te suicidar?
— Sim.
— Cruel que és! — te disse eu.
— E por quê, senhora? Onde a crueldade, quando pretendia castigar o insolente que, esquecendo a baixa condição em que nasceu, ousou erguer olhos cheios de amor, banhados do divino sentimento, que jamais devia chegar ao conhecimento daquela em quem o príncipe há posto, segundo dizem, suas esperanças? Deixai que um louco, momentos antes de sua morte, dê expansão a este tormento de sua alma, a este amor apaixonado, que lhe inspirastes, dizendo: senhora, eu vos amo.

Ao ouvir-te esta confissão, que me fizeste com tanto fervor, uma nuvem toldou-me o cérebro, a vista faltou-me, as pernas enfraqueceram e eu caí redondamente em teus braços.

Fugimos — eu era tua.

Fomos habitar Palermo.

Meu pai, homem feroz quando se tratava de algum ponto de honra, perseguiu-nos de um modo cruel.

Lá mesmo, quando eu já estava prestes a dar à luz o fruto do nosso mútuo amor, fomos presos e sacrificados a esse mal-entendido amor-próprio, que gera as distinções de classes.

Cheio de nobres sentimentos, tu me prodigalizaste meios de me furtar à sorte que nos esperava; quiseste que eu fugisse e me metesse em um convento, onde, sob o hábito de freira, jamais me poderiam descobrir; imploraste de mim a graça de seguir teus conselhos, mostrando-me a necessidade de salvar ao menos a vida do ente que eu sentia mover-se em minhas entranhas.

A tudo fui surda. Mais alto que o sentimento materno, falava o dever de seguir-te e de sofrer contigo todas as torturas que nos estavam reservadas.

Em vão implorei a meu pai o perdão para nós. A nada se moveu. Às súplicas da filha idolatrada, respondia com a rudez de fidalgo orgulhoso.

Nessa época, um acontecimento político veio proporcionar-nos meio de salvação.

Uma revolução, filha da férrea pressão em que viviam os povos, libertou-nos do triste e úmido cárcere em que jazíamos.

José de Navarra, meu pai, esquecendo por momentos seus ódios contra nós, teve necessidade de agrupar em torno de si o maior número possível de súditos fiéis, e então chamou às armas todos quantos faziam parte de seus exércitos, inclusive os guardas das prisões.

Só nos guardava o carcereiro que, amedrontado pela sublevação, abandonou o cárcere em que estávamos.

O povo, em seus ímpetos de nobreza da alma, abriu todas as prisões, e nós fomos dos que tiveram assim sua liberdade.

Movido pela gratidão, tu querias tomar armas contra meu pai, mas um sentimento de piedade para comigo te inibia de o fazer. Nesse ínterim, meu pai enfermou e, algum tempo depois, faleceu.

Seus sucessores, mais ferozes que ele, moveram guerra de morte aos peões.

Tu, impelido pelo sentimento generoso e pelo amor à liberdade, envergaste a farda de defensor do povo e, célere como o raio, partiste em defesa dos seus direitos conculcados pelos nobres.

Terrível foi a peleja! A luta durou por alguns meses, e a vitória decidiu-se por teu lado.

Eras o chefe, o invencível, como te chamavam, cheios de entusiasmo, teus admiradores.

Capítulo X

Acalmada a agitação, logo que a sociedade começou a girar naturalmente no círculo da ordem restabelecida, voltamos à nossa terra natal, e as propriedades que haviam sido confiscadas a José de Navarra foram restituídas ao invencível, como meu marido.

A vida nos correu suave e doce, no meio das carícias de nossos filhos. Embriagava-nos o ar balsâmico das campinas e o alegre cantar dos campônios, que corriam à nossa vivenda, ávidos da felicidade, para eles, de contemplarem os frutos do nosso amor.

A 15 de maio de 1785, uma febre intensíssima acometeu-me, e oito dias depois eu libertava-me das prisões da matéria, no meio do pranto daqueles que tanto me haviam amado.

Louco, esquecido de teus deveres para com o Criador, tu blasfemaste, dominado pela dor de me perderes, sem que te lembrasses de nossos filhinhos, cuja educação dali por diante mais necessitava da tua coragem e solicitude.

À dor de minha partida, que não soubeste suportar com resignação e agradecer ao bom Pai, como uma esmola para o resgate de tuas culpas, seguiram-se as de perderes dois filhos que Ele nos tinha concedido.

Uma tristeza acerba te dominou daí em diante; uma incredulidade atroz te atrofiou as faculdades do espírito, e negaste o nosso bom Pai, cheio de misericórdia e amor.

Tua velhice foi atribulada; os amigos te abandonaram; viste-te só — o que não te valeu um momento de reflexão; do contrário terias percebido, no meio do denso nevoeiro que te toldava a razão, quanto são efêmeras as glórias e coisas humanas.

A 28 de fevereiro de 1795, morreste.

Eu acompanhei-te, cheia de tristeza por causa de teus desmandos, até que teu espírito se desprendeu da matéria.

No Espaço, me foi permitido pelo Criador velar por ti, até que de novo vestiste o sudário material.

Duas existências tens levado sem grande mérito, a despeito das inspirações que me tem sido dado comunicar-te, para teu progresso material e moral.

Deus, em sua infinita misericórdia, me concedeu que eu te acompanhasse e que hoje viesse dar-te uma prova de que nunca são perdidas as preces elevadas até o sólio sacratíssimo do amor, ainda que sejam por infelizes, como tu, cheios de orgulho, de miséria e de dores.

Sê justo; sê caridoso; sê temente ao bom Pai.

Trabalha por adquirir os conhecimentos necessários ao descobrimento da verdade, mas lembra-te de que sem humildade nada conseguirás.

Sê honesto e caridoso, mais uma vez te repito, porque tentações não te hão de faltar neste resto de dias que te faltam para vires dar contas ao Eterno de teus feitos pela Terra.

Adeus — *Olzman*."

Sempre dominado pelo sono, José Gomes perguntou à visão, que se lhe revelava tão grata ao coração:

— E nossos filhos — que foi feito deles?

— Hoje puseste os olhos na que foi teus carinhos. Viveu a vida cheia de orgulhos, que lhe ensinaste com o exemplo, e teve de voltar à vida material, para resgatar aquela grave falta, encarnando na pele preta, que é desprezada, e na posição de escrava, que é a mais vil. A humildade é a prova imposta aos que faliram pelo orgulho: e louvemos ao bom Pai pela misericórdia com que permite a todos os seus filhos se lavarem, por sucessivas provas, do mal que contaminou seu espírito.

"Honorina vai levando a triste vida com paciência, e até com satisfação: porque eu lhe tenho insuflado o sentimento

## Capítulo X

de que é para seu bem tudo o que suporta. Ajuda-a a carregar sua cruz até o calvário, e não desanimes, tu mesmo, ao peso da tua."

A visão desfez-se como o fumo, e José Gomes acordou.

## CAPÍTULO XI

Grande foi a agitação do seu espírito ao perpassar pela memória aquele sonho singular.

Parecia-lhe que tinha vivido uma vida durante aquele sono, e até que tudo quanto sonhara lhe eram coisas conhecidas, posto que esquecidas.

Olzman! Este nome como que estava gravado em sua memória — porém tão envolto em trevas que debalde se esforçava por fazê-lo vir à luz!

Sim! Olzman não era um nome novo para ele, mas era coisa que não se acentuava em sua alma, quando tentava saber donde e como o conhecera!

A visão lhe disse tudo; mas podia ele acreditar que já tivesse vivido antes desta vida?

Aquela figura de moça, tão linda, que lhe foi presente em sonho, fez-lhe vibrar uma corda do coração; porém reconhecê-la era o que não lhe era possível.

Por momentos queria acreditar na história que ela lhe contou, mas ao mesmo tempo tudo aquilo, que o comovia singularmente, se desvanecia como acontecera com a própria visão!

— É sonho — dizia, por se furtar à perturbação —, mas um sonho tão longo, tão bem encadeado e tão comovente! Eu me lembro... Não, não me lembro; o que sinto é a impressão que me deixou o próprio sonho. Que coisa singular! Vejo uma luz, e, quando procuro firmá-la, só tenho diante

## Capítulo XI

de mim trevas impenetráveis! Que os mortos nos vêm falar, creio eu perfeitamente, porque há fatos dessa ordem a que não se pode recusar crédito.

"Até aí eu admitiria a verdade do meu sonho. Há, porém, nele mais que a comunicação de um morto, porque há a revelação de que esse morto viveu comigo outra vida na Terra! — Se fosse verdade!... Não, não pode ser, que, em tal caso, eu teria a lembrança desse meu passado, e reconheceria Olzman, como reconheceria minha mãe, se ela me aparecesse. Mas... Olzman disse que eu ontem tive diante de meus olhos a filha de nosso amor e especificou bem que era negra e escrava.

"Não resta dúvida que se referiu àquela negrinha que me apareceu ontem, na casa vizinha, e que de fato me interessou muito particularmente. 'Mas, meu Deus, seria possível que minha filha viesse ser negra e escrava?! Foi por minha culpa, pela educação que lhe dei, ou que não lhe dei', disse Olzman. 'Ah! Se eu soubesse, teria sido todo cuidado com a querida criatura.'

"Mas qual! Tudo isto é sonho! É sonho... mas o certo é que nunca tive um que tanto abalo me causasse.

"É sonho... mas o certo é que sinto reviver um sentimento afetuoso por aquela visão que diz ter sido senhora do meu coração. É sonho... mas a visão falou certo, quando referiu-se à negrinha: porque senti por esta tanta afeição como se ocultos laços me prendessem a ela.

"Minha filha! Negra e escrava! Se fosse verdade, seria uma desgraça!

"E por que não pode ser verdade? Quantos mistérios do passado são hoje fatos averiguados e bem conhecidos? Semelhantemente, o que nos é mistério atualmente pode bem ser, em próximo ou remoto futuro, coisa sabida e bem verificada. Eu sinto, com efeito, em certas horas do dia, à hora do crepúsculo da tarde, por exemplo, uma saudade tão pungente que me faz verter lágrimas. Qual será o objeto de tanta saudade?

"Não será um ser que amamos em outra existência, e que não podemos saber quem é por não nos ser permitida a lembrança de outra vida? Aquele sentimento é vago e indefinido como deve ser tudo o que se refere a uma existência esquecida.

"Olzman! Eu creio que me amaste e que foste por mim amada com extremos. Olzman! Eu creio na história, rica de peripécias, que me revelaste sobre nossa ligação na Terra. Olzman! Eu creio que essa negrinha, de quem falaste, foi realmente nossa filha.

"Perdoa, ente querido, ter eu sido a causa do aviltamento do fruto do nosso amor.

"Ah! Tenho um meio seguro de saber se este sonho é puro devaneio de meu espírito, ou se é uma revelação de fatos reais, que se apagaram de minha memória. A visão disse-me que minha filha — aquela interessante negrinha chama-se Honorina: eu não lhe conheço o nome e, portanto, se for esse realmente o seu, tudo o que sonhei é pura verdade. A imaginação pode dourar os quadros naturais, pode mesmo inventar cenas fantásticas: adivinhar relações e determiná-las, sem as conhecer, não pode, não lhe é permitido."

Pensando assim, o capitão José Gomes ergueu-se da rede à hora em que os primeiros raios da luz crepuscular começavam a pratear as cabeças dos montes e a coma das matas que circundavam a cidade.

Ansioso por verificar o que havia de real no famoso sonho, vestiu-se às pressas e saiu para a rua.

O acordar de uma cidade do sertão é muito diferente do acordar das grandes capitais.

## Capítulo XI

Nestas, o movimento, o ruído, começa quando ainda o Sol descansa tranquilamente em seu leito de luz e de chamas — e vai crescendo até chegar o dia, quando aquele movimento torna-se vertiginoso, aquele ruído assemelha-se ao eco de longínqua catarata.

Naquela, há por toda a noite, até os primeiros albores da manhã, um silêncio que não se quebra senão pelo ciciar das brisas e pelo sussurro das cachoeiras, e, depois que rompe a aurora, pelo canto harmonioso de milhares de passarinhos, a que se juntam, como notas distoantes, raríssimas vozes humanas.

José Gomes saiu de casa quando apenas um ou outro habitante da cidade deixava o leito à procura do trabalho, que é a mais proveitosa distração do homem.

A casa vizinha já estava aberta e, por singular coincidência, achava-se à porta a negrinha, que era seus cuidados.

Mais propícia ocasião não lhe podia proporcionar o acaso, ou a Providência.

Com o coração a pular, como quem tivesse de falar a um rei, o capitão dirigiu-se para a porta vizinha e disse, quase tremendo:

— Bom dia, minha filha.

A negrinha, sem se conturbar, porém com acento que transpirava entranhado afeto, respondeu, risonha e humilde:

— A bênção, sinhô moço.

Aquela voz e aquela saudação humilde entraram pelo coração do bom homem como o cantar melodioso e triste do rouxinol.

— Você como se chama? — perguntou quase a sufocar.

— Chamo-me Honorina, sinhô moço.

— Honorina! É verdade que você se chama Honorina?

Aí foi a negrinha quem ficou interdita, sem poder atinar com a causa da indizível perturbação daquele homem por saber seu nome.

Olhou-o com espanto e redarguiu, sempre com humildade:

— Eu não sei em que meu nome lhe possa causar tão grande abalo.

— Ah! Tu não sabes, minha filha, nem hás de tão cedo saber por que teu nome tanto me perturba. Basta que eu te diga: ele me abriu horizontes desconhecidos da humanidade e fez-me luz para eu remontar, através dos tempos e do espaço, a uma época que se tinha apagado da minha memória.

— Acaso — perguntou a negrinha — fomos ligados por afetos em uma passada existência? Oh! eu senti, quando o vi ontem, que o senhor não me era uma pessoa indiferente.

— O que me dizes, Honorina? Também te foi revelado o mistério de vidas passadas? Também reconheceste que já nos amamos em uma delas? Quem te ensinou, quem te revelou coisas tão extraordinárias?

— Não sei, senhor, mas em minha humilde posição, eu conheci que alguma coisa fui superior ao que sou; e meditando constantemente nesse contraste, que eu percebia, mas não sabia explicar, sonhei uma noite com uma moça, linda como os amores, que me disse: "és negra e escrava, porque foste orgulhosa". Eu lhe perguntei: Mas eu já vivi outra vida?

'"Muitas tens vivido e viverás, até conquistares a maior perfeição humana, pelo saber e pela virtude.'

'"E quem és tu, que tanto me atrais?' — lhe redargui.

'"Fui tua mãe, em tua passada existência, e consegui do bom Pai a graça de te acompanhar e ao que foi teu pai, para encaminhar-vos ao glorioso destino da humanidade, embora sem coagir vossa liberdade.'

'"Mas meu pai? Onde está?'

'"Está na Terra, e tu o encontrarás. Eu prepararei, com a permissão do bom Pai, meios de te fazer chegar a ele.'

## Capítulo XI

"'Como reconhecê-lo-ei?'

"'Pelo impulso de teu coração, porque, se não podemos nos lembrar dos fatos de uma vida passada, nosso espírito tem plena ciência deles. Por outra: nosso *eu* nada sabe do passado, mas nosso espírito sabe tudo, e o revela por certos movimentos, que chamamos instintivos. Quando se encontra um inimigo de outras eras, sente-se instintiva repulsão. Quando o encontro se dá entre dois que se amaram, sentem eles instintiva afeição. No dia em que encontrares teu pai, sentirás tal arrastamento para ele como te aconteceria se tornasses a encontrar tua mãe atual, depois de longa separação.'

"Eu ouvia aquilo embevecida, mas minha alma aceitava todas aquelas coisas como se fossem muito naturais. Por fim perguntei à linda moça:

"'Como te chamaste, minha mãe? E como se chama meu pai?'"

— Perguntaste? — acudiu José Gomes. — E o que te respondeu ela?

— Respondeu-me que ela tomou para mim e para o que lhe foi o amado marido na Terra o nome de Olzman, porque tanto a reconheceríamos por este como pelo verdadeiro.

— Meu Deus! Eu enlouqueço! — exclamou José Gomes. — E teu pai, como te disse ela que se chama?

— Disse que se chama José Gomes.

— José Gomes sou eu, Honorina!

— Meu pai! Quanto te amo desde que te vi!

Os dois parentes, pai e filha, de uma existência que se desenvolvera no último quartel do século passado, abraçaram-se com tanta ternura que nem por sombra lhes passou pelo pensamento a ideia dessa imensa distância que os separava: a cor da pele!

Os peregrinos desta vida reconstituíram parte do lar destruído pela morte!

Ali estavam pai e filha, faltando apenas a mãe que, sem dúvida, se achava presente, e a outra filha, que não sabiam se estava na Terra ou se estava no Espaço.

Olzman os ensinaria a descobri-la, se também se achava lutando com as misérias da vida expiatória dos habitantes do nosso planeta.

Em poucos momentos fez-se a familiaridade a mais íntima entre dois, que tão misteriosamente se encontraram e se reconheceram.

José Gomes, porém, exigiu de Honorina que nunca revelasse o seu segredo.

CAPÍTULO

# XII

Maciel fez um excelente negócio com a tal negrinha, que o Sr. Queiroz queria lhe deixasse por ser estimada de sua filha.

Só por ela teve *um conto e quinhentos*, quando no orçamento que fez não entrou ela senão por *quinhentos mil réis*.

— E se eu pedisse mais, mais teria — dizia ele —, porque o tal sujeito nem a regateou. Olhem só o que me escapava se eu fosse tolo de ouvir as lamúrias do Sr. Queiroz!

José Gomes, a instâncias de Honorina, quase compra também a mãe da querida negrinha, mas Maciel já a tinha vendido a um fazendeiro, que por dinheiro nenhum consentiu em desfazer-se dela.

Que lhe importava que a filha fosse para outra banda, se a mãe lhe servia perfeitamente para o que precisava — e não precisava da filha?

Quanto a Maciel, já se sabe, muito menos se importava com essas coisas de união ou separação de dois corações, órgão que, em seu modo de pensar, não foi dado ao negro senão como o fígado, o estômago, o pulmão, para manter a vida e nada mais.

Foi de enternecer a despedida de Honorina — a Pérola Negra, como a chamavam seus companheiros de infortúnio.

Todos choravam quando a abraçaram, e os desgraçados, que mal teriam merecimentos para pedirem por si, esqueceram-se, naquele momento, para pedirem a Deus pela negrinha, que os ia deixar!

Sublime abnegação que tão pouco vinga nas superiores regiões da humanidade, e que, à semelhança da violeta, só produz a gosto suas mimosas flores à sombra humilde dos mais rasteiros!

O infeliz Simeão, quase sufocado pelo pesar, apenas teve voz para dizer:

— Lucrécia é tua irmã, Honorina.

A negrinha segredou ao ouvido do negro umas palavras que o fizeram quase rir de contentamento.

— Não te disse — exclamou —, hás de ser feliz; hás de ser, que bem o mereces. Deus te abençoe.

— Minha pobre mãe — soluçou a pobrezinha no momento de apertá-la contra o peito. — Deus não quer que sejamos unidas senão pelo coração. Tu vais para um lado e eu vou para outro, sem sabermos onde iremos ter, que bem ou que males nos esperam. Eu preferia a escravidão a teu lado à liberdade separada de ti; mas há uma coisa que os homens sem coração não podem destruir, é o amor que une misteriosamente duas almas. Tu nunca me esquecerás, eu bem o sei, e tu bem sabes que eu jamais te esquecerei. Resignemo-nos à nossa sorte, minha pobre mãe; e Deus que nos contempla, aceite nossas dores em paga de nossas culpas. Sê boa de coração, suporta com resignação tua desgraça, para mereceres do bom Pai; e se este for servido que nossa separação seja por toda a vida, resignemo-nos e louvemo-lo. Adeus, pobre mãe — adeus, até melhor vida.

A mãe de Honorina não teve uma palavra para responder a tão sentidas quanto ungidas palavras. Choravam, que mudas são as grandes dores.

José Gomes, e o próprio Maciel, admiravam a facúndia da negrinha, que supunham sem educação, e principalmente

## Capítulo XII

a elevação de seus sentimentos, tão em oposição com sua humilde condição.

O primeiro tirava daquele fato motivo para um justo desvanecimento, enquanto o segundo, apesar de comovido, tirava dele motivo de pesar por ter vendido aquela pérola por tão pouco dinheiro.

Se aquela despedida tivesse tido lugar antes de Honorina estar vendida, José Gomes não se gabaria de tê-la por *um conto e quinhentos*, que uma negrinha, naquela idade e com aquela prosápia, valia certamente o dobro do que pedira.

— Fui roubado — disse quase com raiva, e saiu da sala para dar as ordens da partida.

Honorina assistiu da janela da casa do seu novo senhor à partida dos desgraçados, entre os quais nascera e se criara, e estes, de cabeça baixa, como condenados, sentiram uma íntima consolação, vendo que sua pérola ficava em boas mãos, pois que o senhor estava com ela à janela e tinha a mão posta sobre seu ombro, como faria um pai com a filha amada.

Simeão lhes explicou, no rancho, as palavras da negrinha, que lhe revelaram ser o capitão José Gomes seu pai.

Pensou o negro, e ficaram os outros pensando, que era ele o pai atual, pois que nem os inculcados sábios do nosso tempo poderiam admitir que dois estranhos nesta existência tivessem sido ligados, em outra, por laços tão estreitos, ou por quaisquer outros.

Aquele dia foi de tristezas para todos os negros do lote do Maciel, com a única diferença de que um deles, Honorina, tinha o pesar mitigado pela satisfação de ter encontrado um coração que perdera — havia um século — e que revivera, cheio do mesmo amor que lhe votara, na pessoa do seu novo senhor.

Este quis logo passar-lhe a carta de liberdade; mas refletiu que tinha de levar a negrinha para junto de sua mulher, e que esta não aceitá-la-ia senão como escrava, suspeitando mal dele se a levasse como livre.

Formulou seus planos no sentido de garantir o futuro daquela criança, e julgou conveniente revelá-lo, a fim de não estranhar ela o que poderia parecer-lhe dureza de coração, preso aos interesses materiais.

Também preveniu-a da vida que levava e do gênio da que ia ser, de fato, sua senhora, para que tivesse a paciência que ele mesmo tinha em sofrer-lhe os despropósitos.

— Pobre pai! — exclamou a pequena, sensibilizada por aquelas revelações. — Olzman sente em seu puro amor que tivesses merecido Maria Felícia. Eu te ajudarei a sofrer as fúrias da que te foi dada por instrumento de expiação, e a orar a Deus por ela, para que lhe pesem menos os males que te julga causar.

No dia seguinte José Gomes partiu para a fazenda com a crioulinha, que apresentou à mulher, dizendo que a comprara para cuidar do pequeno Tancredo.

— Se lhe parece — respondeu a terrível mulher —, faça de seu filho um príncipe! Uma coisa ruim, que só veio à vida para me causar aborrecimento, com pajem, ou mucama, para não se machucar! Vejam lá que Nhônhô não escorregue quando estiver acordado, e não se descubra quando estiver dormindo! O que me trouxe o senhor do seu passeio!

— Trazendo para seu filho este presente, penso que presenteei-a duas vezes.

— A mim? Parece que ainda não me conhece bem. O que me importam filhos? Deus me criou só, e só hei de acabar.

— Mas, senhora... seu filho não lhe merece nenhum afeto?

— Tanto como qualquer outra pessoa, cujo bem e cujo mal me é inteiramente indiferente.

## Capítulo XII

— Pobre criança!
— Pobre por quê? Falta-lhe alguma coisa? Sobra-lhe até muito, pois que vai ter uma mucama.
— É verdade, senhora, sobra-lhe o que é dispensável e falta-lhe o que é essencial.
— Não o compreendo. O senhor, quando volta dos seus passeios, vem sempre mudado.
— Deixemos isto, que nenhum interesse tem para nós, e vamos ao que serve.
— Então o que é que serve?
— Os cuidados e a educação que devemos ao nosso filho.
— Isto creio que nunca lhe faltou, tanto que aí está vivo e são, com 5 anos.
— Não discuto isto; mas quanto mais cuidado houver, melhor para ele e para nós.
— Então, lembro-lhe a conveniência de comprar uma redoma.
— Senhora, eu estou falando de coisas sérias e peço-lhe que tome na devida consideração minhas palavras.
— Já lhe tenho dito, e repito, que elas me entram por um ouvido e saem pelo outro.
— Evitemos uma cena diante desta criança, Sra. D. Maria Felícia.
— Ah! Esta criança é tão distinta que o senhor se arreceia de escandalizá-la?! Será filha de algum príncipe africano?

José Gomes viu que por aquele caminho ia mal, por expor Honorina às fúrias da mulher.

— Não, não temo escandalizá-la, que uma pobre crioula nem entende o que dizemos; mas acho tão ridículo haver questões entre marido e mulher que, diante mesmo de um animal, eu sinto acanhamento.
— Como é mimoso e suscetível o coração do nobre Sr. capitão José Gomes! É pena que não tenha encontrado uma sensitiva que o pudesse compreender!

Um raio de indignação atravessou o cérebro do paciente marido, e uma resposta vibrante assomou-lhe aos lábios, mas um olhar de Honorina, doce como aquele que lhe dera Olzman, o fez retrair-se e responder quase com humildade:

— Não é preciso ser sensitiva para me compreender. A senhora vê por aí, na classe mais alta como na mais baixa, casais que se amam e que, pelo amor, vivem contentes e felizes, às vezes não tendo até meios de subsistência.

— Ah! já sei. O senhor é poeta, embebe-se desses sentimentos que se confundem com o perfume das flores, e imagina uma vida semelhante à que Deus criou para nossos pais, no paraíso! Pois eu, meu senhor, sou positivista, embebo-me somente no que tem valor real, e tomo a vida pelo que ela é: cada um por si e para si.

— Não tem coração! — monologou o triste marido.

E chamando Honorina, que esteve, de pé, presenciando aquela amostra da harmonia do casal, levou-a para onde estava brincando o inocente Tancredo.

O menino, mal viu o pai, deixou os brinquedos e correu para ele, como quem só tem aquele desafogo aos puros afetos dos primeiros anos.

— Trouxe-te um presente, meu filho.

— Qual é, papai?

— Esta menina, que vem ser tua companheira de brinquedos.

Tancredo olhou para a apresentada e, com desembaraço, disse-lhe:

— Vamos brincar.

E saiu a correr com ela pelo terreiro.

CAPÍTULO

# XIII

Continua a roncar a trovoada. Na casinha de José Gomes continua a desenfreada orgia dos pretos, que se vingavam, naquela hora, dos longos dias de sofrimentos.

— Viva a pândega! — exclamou o moleque Rafael, que passava por ser o mais folgazão da senzala e tinha ademanes de conquistador. — A cascavel está tolhida de frio! Não se move, não ouve, não fala. Podemos, pois, rir e brincar.

— Vocês não abusem — interrompeu a velha Catarina —, que bem caro nos há de custar a todos o despertar da cascavel, se lhe chegarem aos ouvidos os sons de nossas vozes.

— Qual o quê! O demônio tem medo de morrer, como os outros seus iguais têm da cruz. Assim que ronca a trovoada, perde os sentidos, da gente poder chegar ao pé dela e dizer-lhe quanto desaforo quiser.

— É; mas parando a borrasca do céu, aí vem a da terra! Quem puder que aguente o furor do demônio!

— Não tenha susto, tia Catarina; ela fica que não ouve nada. Vá lá ver e reconhecerá que está mesmo como cobra resfriada.

— Moleque, cobra é sempre cobra e, nem por estar resfriada, deixa de guardar o veneno que mata.

— É assim, mas a gente se vinga delas enquanto elas não podem morder.

— Está bom, Rafael, tua alma, tua palma.

— Ora! Que me importa que ela se assanhe? Eu cá, desde que ela me mandou, outro dia, meter o vergalho, fiz meu plano.

— Não vás fazer asneira, moleque.

— Estou decidido. Tanto vale viver apanhando como cachorro, como morrer numa forca. Morre o homem, fica a fama!

— Qual é teu plano? — inquiriram todos, acreditando que, à custa do rapaz, poderiam ficar livres do inferno em que viviam.

— Vocês me juram segredo inviolável?

— Juramos, juramos.

— Pois lá vai o meu plano... Antes de tudo, eu confesso que não posso suportar duas coisas nesta casa.

— Duas! — exclamaram todos há um tempo; que, só pensando nas maldades da senhora, não viam nenhuma outra.

— Duas, sim.

— Quais são elas?

— A primeira, e principal, é o dragão da tal Maria Felícia, que melhor seria chamar-se Maria Desgraça, pois que faz o tormento de quantos a cercam, inclusive do nosso bom senhor, que sofre talvez mais do que nós.

— Apoiado! — bradaram todos. — Nesse ponto tens razão: porque nosso senhor é um santo homem, e o dragão da mulher só vive procurando meios de aborrecê-lo. Mas qual é a outra coisa que não podes suportar?

— Não adivinham? É essa Sra. Honorina, que se faz de grande coisa e só vem entre nós para nos dar conselhos, que não lhe pedimos, em vez de viver conosco, como as outras, partilhando nossa vida de miséria e concorrendo, como as outras, para nos dar momentos de passageiras alegrias.

— Não tens razão — interrompeu uma das raparigas.

— Honorina partilha as nossas misérias, pois que é, como

## Capítulo XIII

nós, vítima das crueldades da senhora. Ainda ontem, eu a vi suportar uma descompostura rasa, que terminou por uma chuva de bofetadas, capazes de abalarem-lhe todos os dentes dos queixos.

— Tens razão, tens toda a razão — saiu-se a dizer um rapaz da turba, que pouco falava, mas que nunca recuava seu apoio ao que era mau. — Honorina é uma orgulhosa, que finge não ouvir nossas graças, como se estivesse destinada a casar com algum personagem. Eu também não posso suportar semelhante criatura, e, até lhes digo: acho-a pior que a senhora, porque esta está no seu papel, maltratando-nos, pois que é nossa superiora, entretanto que a tal princesa, sendo nossa igual, nos repele.

Rafael olhou de soslaio para o que lhe dava razão, e dir-se-ia que se queimou mais com seu apoio do que com a contradita da rapariga, que defendeu a invectivada.

O moleque viu no parceiro um rival, e bastou isto para lançar-lhe aquele olhar.

Fingiu, porém, indiferença, como finge dormir o gato que espreita a saída do rato.

O animal humano, por ser mais inteligente que o irracional, tem mais fel e mais velhacaria que este.

— Pois eu digo — exclamou depois dos dois discursos que o interromperam — que Honorina é negra, como nós, e que é preciso que seja como todos nós.

— Lá isso não — gritou o interlocutor, que não primava, como ele, em velhacaria. — O que é preciso é que ela escolha um de nós e viva com ele em igualdade de condição.

Rafael descobriu o rival e ficou de melhor partido, porque ainda não tinha descoberto seus sentimentos e o plano que engenhara para satisfazê-los.

A desordem às vezes é um bem!

Se não corresse tumultuariamente a discussão, o rapaz teria declarado sua paixão por Honorina, e o taciturno Jacó é quem ficaria com as vantagens, que agora eram suas.

— Pois é isso mesmo o que eu queria dizer — respondeu com invejável naturalidade, capaz de fazer crer a um santo que não guardava maldade no coração.

— Então — exclamou Jacó —, sou todo de tua opinião: é preciso obrigarmos Honorina a ser negra como as outras.

Esta parte do plano de Rafael foi unanimemente resolvida, até porque, por mais aviltada que seja a natureza humana, contém sempre o fermento do amor-próprio, que se ofende com a superioridade de alguns que se acham na mesma esteira.

— Como há de ser? — perguntaram a Rafael, na qualidade de autor da ideia que a todos agradou.

Este, dirigindo-se às mulheres, disse-lhes simplesmente, como se conhecesse bem os segredos do coração feminino:

— A vocês é que cabe procurar o meio de reduzir aquela parceira a igual de vocês em tudo.

As mais assanhadas não relutaram em manifestar a satisfação que lhes causava aquele apelo, e declararam que se incumbiam de descobrir o meio tão apetecido por todos, cada um por suas razões particulares.

— Tomem cuidado — volveu a dizer a tia Catarina —, tomem cuidado em não fazerem coisas que incomodem sinhô, que é aqui o nosso único recurso e toda a nossa esperança. Vocês bem veem como ele distingue Honorina, como a trata quase paternalmente, ao ponto de levar com ela a conversar, todos os dias, horas esquecidas. Se vocês tentarem qualquer coisa que faça mal à Honorina, sinhô será inexorável, e é sabido quanto é terrível o boi manso aperreado.

Todos ficaram interditos com aquela admoestação, que bem sentiam ser muito bem fundada, mas combinaram

## Capítulo XIII

manter a conjuração para ocasião oportuna, como se soubessem que nunca falta o tempo para quem sabe esperar por ele.

— Passemos à outra parte do teu plano — clamaram os negros, meio desconcertados com o provável insucesso da primeira.

Rafael, que não participava daquele desânimo, porque, disposto a sacrificar a vida, estava no caso de dizer "morra Marta, morra farta", tomou de novo a palavra:

— A segunda parte é muito simples, quero dizer, era simples, mas agora fica um pouco complicada. Eu pretendia, primeiro, reduzir a orgulhosa Honorina, para não termos inimigo na praça, e depois mandar a senhora cear com Cristo, salvando o senhor e todos nós daquele peso horroroso.

— Isso era excelente! — exclamaram todos. — Mas as consequências?

— Que consequências? Patetas! Matava-se uma cascavel e, à noite, enrolava-se à porta que dá para o copiar, que ela visita todos os dias. Como sabem, as cobras vivem em casais, talvez mais unidas do que muitos humanos, especialmente os desta casa. Ora, durante a noite, o marido ou a mulher da cascavel morta viria em busca do companheiro, e achando-o morto na passagem da fera, enrolar-se-ia por cima, talvez ignorando que ele está morto e talvez disposto a vingar-lhe a morte. O resto vocês compreendem. Em cinco minutos, que é o tempo preciso para aquele terrível veneno extinguir a mais possante vida, todos nós choraríamos a perda da nossa boa senhora, e talvez também chorasse, mas de coração, o bom homem que sofre o castigo de viver unido a ela. O essencial, porém, seria ficarmos nós e ele, livres de tal demônio. Dado, porém, que não tenhamos meio...

— Não continues, não continues — bradaram todos. — É sublime tua ideia, e nós a adotamos sem condições. É preciso já, já pô-la em prática, que é pateta quem pode arrancar hoje o espinho, e guarda para amanhã.

— Sim; mas eu é que não desligo as duas partes do meu plano. Quero tanto ver-me livre da senhora, como quero ver Honorina reduzida à nossa igual.

— Pois eu deixo a questão de Honorina para depois — disse Jacó —, e executo o teu plano desde já.

— Se o fizeres, eu o denuncio, e tu vais acabar no bacalhau ou na forca.

— Por que isto, se eu faço o que tu ensinas?

— Porque, se a senhora morrer antes de Honorina ser nossa, ela virá a ser nossa senhora e nunca mais poderá ser nossa igual.

— Nossa senhora! Julgas que o senhor casará com uma negra?

— Não julgo tal, mas sei quanto ele a estima e tenho certeza de que lhe entregará o governo da casa, como já lhe entregou a educação do filho.

— Diabo! — disseram, ao som de um trovão, que fez tremer as chaves nas fechaduras. — Para quê, então, nos mostras o céu se nos trancas a porta de entrar nele?

— Não sejam tolos. Tudo se faz com tempo e paciência. Quando se vai abrir um roçado, vê-se uma mata que mete medo, entretanto vai-se botando pau abaixo, pau abaixo, pau abaixo, e, no fim de algum tempo, trabalha o fogo e aparece a terra preparada para a sementeira. Eu me incumbo desse roçado, mas vocês me hão de jurar auxílio e segredo em tudo o que eu julgar preciso fazer.

— Juramos! Juramos!

— Preciso preveni-los, desde já, de uma coisa: é que, se não pudermos arrastar para nós Honorina, fá-la-emos

## Capítulo XIII

culpada da morte da senhora, para que não sejamos obrigados a obedecer a quem nasceu negro como nós.

— Aceitamos esta condição — clamaram os negros —, mas pedimos-te que faças tudo para não tardar o dia da nossa libertação.

Rafael ficou deslumbrado pelo aplauso que recebeu, e lá por dentro diria:

"Se Honorina não for minha, acompanhará à senhora."

Não reparou, porém, que Jacó ficou mudo quando ele propôs atribuir a morte à inocente negrinha.

Este rapaz amava deveras a rapariga, e quem ama sente no fundo do coração o instinto do bem, por mais perdida que seja sua natureza.

# CAPÍTULO XIV

O amor é o fluido universal que alimenta os sentimentos mais elevados do coração, como a umidade, a luz e o calor são os meios em que germinam as plantas e bebem os princípios de vida.

O homem que não ama não pode ter bons sentimentos, e o que se embebe do divino fluido os tem tanto mais purificados quanto maior é a quantidade que assimila.

O amor acompanha o progresso dos Espíritos, ou antes, os Espíritos, à medida de seu progresso, assimilam maior dose daquele fluido, que lhes serve, por sua vez, de meio de progresso.

No estado mais atrasado do homem, os sexos se unem pela atração material.

Quando já ele tem feito alguns passos na longa via que lhe foi traçada, para sua transformação de larva em espírito angélico, manifesta-se nele o amor, mas sob a forma a mais grosseira: a do que chamamos *amor-próprio*.

O homem ama a si mesmo sobre todas as coisas!

É que a assimilação feita, o foi em tão pequena escala que não deu senão para nutrir o gérmen do amor.

Aquela semente, porém, germina e influi sobre o vaso que a contém.

Mais tarde, e por novas assimilações, o amor-próprio se dilata e dilata o coração, até abranger o sentimento da paternidade, que compreende o sentimento do amor de Deus.

## Capítulo XIV

Cresce a árvore, sempre a favor de novas assimilações, e aí vem o amor do próximo, depois do amor da família.

Neste ponto, que se pode dizer o de maior extensão, porque já nos comovem todos os seres a quem devemos amar, só nos falta a maior compreensão porque ainda não amamos a Deus sobre todas as coisas e ao próximo como a nós mesmos.

Chegaremos aí, e quando aí chegarmos, exultemos, que de nossa natureza carnal bem pouco resta, e muito tem sobrelevado nossa natureza espiritual.

O amor em sua maior compreensão se manifesta pela abnegação, que é o oposto do egoísmo.

Nesse grau de nosso progresso, sentimos mais o mal de outrem do que o nosso; esquecemos nossas dores para só nos lembrarmos das que sofrem nossos semelhantes.

É a verdadeira caridade, filha dileta do Altíssimo — Íris, divina, que firma a união dos Espíritos com o Criador — sublime influxo que impele as almas das regiões mefíticas, onde revoluteiam as paixões carnais, para as serenas planuras onde imperam a luz e o bem em sua majestosa pureza.

Jacó não era, apesar de sua posição degradada, um Espírito tão materializado e atrasado como era Rafael.

Não era ainda suscetível desse amor acrisolado, que reveste a forma da caridade, mas já tinha, sob a pele preta, que o rebaixava a seus próprios olhos, um coração capaz de amar ao próximo.

O que sentia por Honorina não era o que atiçava os desejos de Rafael.

Em seu aviltamento, queria saciar aquele sentimento pela fórmula material que lhe era permitida: a amásia.

Mas, de par com aquela fórmula grosseira, ele sonhava com afetos mais elevados, dos quais sua imaginação cercava o objeto de sua predileção.

Se, em sua condição, pudesse constituir família, com as convenientes e indispensáveis garantias, ele repeliria com desprezo a amásia.

Possuía, pois, inconscientemente, uma dose *sofrível* do fluido vivificador e purificador das sublimes qualidades que devem ser o adorno dos Espíritos escoimados de toda a materialidade.

Era um brilhante envolto em cascalho. Era um condenado à humilhação, para lapidar, pela resignação e pela humildade, aquele brilhante.

Não era da elevação moral e intelectual de Honorina, mas, se cotejassem os dois Espíritos na posição que tiveram na Terra, em sua passada existência, talvez os que só apreciam as honras e grandezas do mundo os julgassem dignos um do outro.

Se Honorina era descendente da alta casa de Navarra, Jacó era de um dos ramos mais florescentes da casa dos Médicis.

A filha de Olzman teve uma educação mais bem dirigida, e eis por que os dois, merecendo a pena do atual aviltamento, se mostravam, entretanto, tão distanciados em saber e em moralidade.

Além daquela causa, influiu para o resultado o meio em que foram criados na presente existência.

Honorina teve a Nhazinha que a sequestrou da corrupção da senzala.

Jacó viveu mergulhado naquele meio, e muito fez em não se envenenar completamente.

A verdade é que a rapariga, sempre que vinha à cozinha para trazer suas consolações aos desgraçados parceiros, notava a atenção com que a ouvia o moleque Jacó, ao contrário dos outros, que riam e zombavam de suas práticas.

## Capítulo XIV

"Aquele rapaz não é da laia dos outros", pensava ela, "e, quem sabe — talvez seja, como eu, um Espírito que teve posição social e, por abusar dela, veio também fazer provas de humildade."

Tanto pensou nesta hipótese que acabou por tê-la como verdade, por considerar Jacó um personagem em dolorosa expiação.

Aquela taciturnidade, em sua idade e em sua baixa condição, fazia um efeito singular no ânimo da rapariga.

Conversando com José Gomes, falava sempre nele, e, precisamente na véspera da tempestade, lhe revelou o que pensava a respeito do rapaz.

— É possível que tenhas razão — disse José Gomes, que já sabia, por si e por ela, como tal fato era possível mesmo.

— Eu vou observá-lo e, se reconhecer que é assim como pensas, hei de dar-lhe meio de cumprir sua pena mais suavemente.

— Que não lhe faça perder o que ganharia com a humilhação em que nasceu — disse a moça.

— Não receies isso, porque em nossa sociedade basta ter nascido negro para ser humilhado, qualquer que seja a posição que alcance. A Terra ainda considera essenciais essas e outras coisas acidentais. Há de vir o tempo em que se estabeleça a verdadeira ordem; em que o homem só poderá se distinguir por seus reais merecimentos intelectuais e morais; em que a cor e o nascimento não embaraçarão o respeito devido à nobreza do coração e à elevação da inteligência. Até lá, minha filha, Jacó tem muito que purgar a baixeza de seu nascimento e a negrura de sua cor, embora eu o faça doutor e grande do Império, embora lhe sobrem qualidades distintas que falecem nos senhores da sociedade.

Honorina achou razoável aquele modo de apreciar e recomendou Jacó à generosidade do pai — do ex-pai.

E tinha razão, porque da turba de seus parceiros, como vimos, foi ele o único que se opôs ao plano de Rafael em relação a ela, embora mostrasse fraqueza, admitindo-o no que dizia respeito à senhora.

Aquela ainda era uma alma envolta em luz e sombras, que precisava apurar a luz e espancar as sombras.

\*
\* \*

Acabavam os negros de adotar o tenebroso plano quando um risco luminoso fendeu as trevas, desde as nuvens até a terra, e um estremecimento geral abalou todos os conjurados.

Se aquelas almas fossem capazes de compreender o que está fora do alcance dos brutos, teriam pressentido naquele fenômeno uma manifestação do que os teólogos chamam a *cólera de Deus*, e nós os ignorantes, que não vemos no Eterno senão amor e justiça, chamaríamos *aviso paternal*.

Como quer que seja, o fato impressionou os desgraçados escravos, pelo medo que lhes causou, e a Jacó, pela intuição que teve de que procedera mal, aderindo ao plano de homicídio.

Todos se recolheram à senzala, e o moleque começou a pensar no modo de salvar a sua responsabilidade moral naquela horrível tragédia.

Teve a ideia de cortar o mal pela raiz, embora se expusesse a vindicta de seus parceiros, mas recuou à perspectiva do dano que ia causar aos desgraçados que nele depuseram sua confiança.

Como então evitar o crime sem arrastar a horríveis castigos os que o meditavam?

## Capítulo XIV

Lembrou-se de um meio que lhe pareceu infalível. Sabia o que iam fazer e quando o quisessem fazer. A furto removeria a cobra para onde nenhum perigo pudesse causar.

"O parceiro Rafael há de mudar de expediente, mas como o que tiver de fazer há de ser deliberado em comum, eu acharei meios de lhe burlar os esforços em todo e qualquer sentido. O que é preciso é que ninguém desconfie de mim, para que melhor possa eu salvá-los de si mesmos e evitar um grande mal."

Conciliada por esse modo sua consciência, deitou-se, agradecendo a Deus o conhecimento que lhe dera do mal que meditara.

Não pôde, porém, conciliar o sono, porque a casa foi cercada por gente armada cujo comandante bateu à porta da rua, pedindo ao capitão permissão de entrar.

— O que será? — cogitaram todos, sem que ninguém pudesse dar explicação.

— Foi o caso que um negociante de escravos — referia o comandante a José Gomes — que vinha do Quixeramobim para o Riacho do Sangue, em direção a Pernambuco, trazia consigo um sofrível lote, que se revoltou ontem e deu cabo do sujeito.

— Sabe como se chamava o morto? — perguntou o capitão.

— Chamava-se Fulano Maciel.

— Oh! É o que encontrei há três para quatro meses em Quixeramobim e que dali partiu para Pernambuco!

— Partiu, não para Pernambuco, como inculcava, mas para Crateús, donde voltava agora.

— Coitado! Comprei-lhe uma negrinha daquele lote.

— Dizem que era um perverso que castigava cruelmente os escravos, porque eles fingiam moléstias para não encontrarem quem os comprasse.

— Desgraçados! Por esse motivo não deixavam de ser escravos! E aí anda em busca dos assassinos, não é?

— Exatamente, e com todo este temporal medonho.

— Aqui, creio que não veio ter nenhum, mas, se quiser, pode correr a casa.

— Se me garante, não tomarei trabalho.

— Só não garanto a senzala.

— Irei então corrê-la.

Honorina ouviu a narração do que acontecia e estava em aflição mortal.

Pudera dissipar o primeiro plano, mas o desespero levara os infelizes a reerguerem-no.

O que seria deles?

Iriam morrer na forca, e bem merecidamente, pensava aquela alma pura, mas eivada dos prejuízos humanos, que a título de justiça investem a autoridade do caráter odioso de assassino de seu semelhante.

José Gomes viu-a e compreendeu-lhe a dor.

— O que pode fazer por aqueles desgraçados?

— Não vejo meios de os salvar.

— Meu Deus, que vossa justiça se faça assim na Terra como no Céu!

O comandante voltou sem ter encontrado pessoa estranha à família.

Honorina levou a noite a chorar e a orar.

## CAPÍTULO XV

Correram os dias sem que se soubesse o que tinha a justiça obtido em suas diligências por apanhar os criminosos.

Honorina viveu em angústias por todo aquele tempo; tanto que José Gomes precisou reagir com a mulher, que queria maltratá-la por causa do seu sentimentalismo.

— Ora, não faltava mais nada senão ver uma negra toda chorosa por causa de uns malvados que mataram o senhor. Se me continuares com choramingas, dou-te uma esfrega como a de outro dia, quando me quebraste o moringue.

— E a senhora castigou a rapariga por causa de um moringue?

— Foi o pretexto, porque eu tenho ódio a esta cachorra, que anda sempre espiando quando o senhor chega, para ir fazer enredos.

— Que enredos, senhora? Esta rapariga tem muita nobreza da alma para descer a infâmias.

— Então o que tanto tem ela que lhe dizer, que a vejo horas e horas a falar-lhe?

— Está a contar-me graças de Tancredo, a quem ama com ternura.

— Graças de Tancredo! Está me parecendo que o senhor é que lhe acha nela as tais graças.

— Senhora, proíbo-lhe de falar-me assim. Respeite ao menos meu caráter.

— É como falam sempre os que têm culpas no cartório.
— Pois tenha ou não tenha — respondeu o homem, já fora de si —, não admito que me fale assim.
— É boa! Ainda quer que seja testemunha passiva de suas infâmias, dos ultrajes que me inflige!
— Se os infligisse, a culpa era só da senhora, que não compreende os doces deveres de esposa; mas eu sei respeitar-me e, principalmente, sei respeitar as virtudes, ainda mesmo de uma escrava.
— Grandes virtudes! Serão a altivez com que trata os parceiros, com quem não quer confundir-se, e essas macaquices com que finge condoer-se da sorte dos outros, que são tão bons como ela, assassinos de seu senhor?
— É virtude, sim, fugir a más companhias, e é virtude condoer-se da sorte dos próprios que delinquem. Quanto a ser ela igual aos que assassinaram o senhor, bem sabe a senhora que não tem razão para o dizer. Honorina tem um coração compassivo, de meter inveja a muitas senhoras da mais fina educação.
— Se refere-se a mim, repilo-o com toda a energia. Faça dela o que quiser, que isso pouco me importa, mas não a compare comigo, que é desaforo.
José Gomes picou-se mais, e tanto que respondeu:
— Não me poderia referir à senhora, pois bem ouviu que falei de quem tem educação.
A Sra. Maria Felícia pôs-se nas pontas dos pés àquela tremenda objurgatória e, como louca, disparou em descompostura rasa ao marido.
Não há santo que não tenha sensibilidade moral enquanto veste o corpo grosseiro, e quase se poderia dizer que não haveria santo, se todo homem tivesse a seu lado uma mulher daquelas.

## Capítulo XV

O bom homem esqueceu por momento o que lhe revelara Olzman sobre sua expiação e todos os dias lhe repetia a querida Honorina, e, rápido, como o leão ferido, ergueu-se do seu assento e, de punhos cerrados, avançou contra a mulher, que felizmente acobardou-se.

A não ser esta circunstância, já se ia num minuto o aturado labor de muitos anos!

Arrependido do que fez, e envergonhado de sua fraqueza, saiu da sala e foi retemperar suas forças junto do coração único que o compreendia e amava.

Maria Felícia abafava de raiva, mas a lição aproveitou.

Digamos, desde já, que nunca mais alçou a voz diante do marido, nem ousou pôr a mão na pobre Honorina.

Quando se recordava da cara horrenda que tinha o marido naquele fatal momento, tremia toda por dentro, porque pareceu-lhe ver no homem transfigurado um algoz prestes a torcer-lhe o pescoço.

Conversaram muito tempo José Gomes e Honorina sobre Jacó, sobre os escravos que mataram Maciel, sobre o gênio de Maria Felícia, sobre tudo o que lhes ocorreu, tirando a bela negrinha de cada assunto matéria para discorrer, como se fosse o Espírito protetor do caro amigo e senhor.

Este comunicou-lhe que estava disposto a chamar o crioulo para junto de si, como seu pajem, e o mandar ensinar a ler, para ver se tinha inteligência.

Honorina sentiu-se alegre com aquela notícia, e não levou muito tempo sem comunicá-la ao estimado rapaz.

Foi o caso que, saindo José Gomes para suas ocupações, apareceu-lhe Jacó muito atrapalhado.

— Que tem você hoje, Jacó, que me parece assustado?

— Estou mesmo assustado — respondeu o rapaz —, porque acaba de dizer-me a tia Catarina que o senhor precisa falar-me à hora do jantar. Ele nunca me fala senão quando tem de me dar ordens, e eu, não sei por que, tremi com o que me disse a velha. Sabe me dizer se o senhor tem alguma coisa comigo?

— Sei, Jacó. O senhor me disse há pouco que tem alguma coisa com você.

— Oh! Então quer me vender, sem dúvida, e isto me coloca na mais cruel posição.

— Por quê, Jacó?

— Não sei... mas se eu for obrigado a deixar esta casa... não, não posso.

— O que tem você, Jacó, que o vejo atrapalhado?

— Tenho o inferno aqui dentro. Tenho necessidade de não sair daqui, para evitar desgraças.

— Para evitar desgraça?!

— Eu disse isso?

— Disse; e agora exijo que mo explique.

— Não, não posso, não quero ser verdugo dos meus. Olhe, eu sou negro, mas sinto que tenho uma alma igual a dos brancos, e que esta parte essencial do meu ser tem a responsabilidade do mal e do bem que fizer na vida, porque se o escravo não é materialmente livre, é tão livre como o branco, moralmente.

— Folgo de o ver pensar assim, Jacó; porque assim você me revela uma alma que é nobre e digna de ser encaminhada para o alto destino humano.

— Mas não são todos dignos disso?

— São, sim, mas uns são ainda refratários ao bem, ao passo que outros só não o abraçam por falta de luz.

— Oh! Eu tenho ideia de que já fui grande e estou padecendo pelas culpas que tive.

— É isso mesmo, Jacó. Você foi uma alma superior, que pecou contra Deus e foi por isso condenada a essa humilhante

## Capítulo XV

posição, a fim de resgatar suas faltas. Cumpre, pois, que suporte todos os males desta vida com paciência, e louvando a Deus, para poder receber o prêmio depois da morte desse corpo negro. Mas deixemos este assunto e diga-me por que haverá desgraça se você daqui sair.

— Eu vou abrir-lhe meu coração, Honorina; mas há de me jurar que nem ao senhor revelará o que lhe vou contar.

— Juro por minha alma e pela da minha mãe, Jacó.

O moleque contou então toda a cena da noite da tempestade, não omitindo a parte que nela tomara e o remorso que disso lhe ficara.

A rapariga ficou horrorizada.

— Não receio nada, porque finjo estar com eles, para frustar-lhes os danados planos, sem que saibam donde lhes vem os contras.

"Mas está claro que, se eu for vendido, ou hei de denunciar os desgraçados, para evitar as grandes desgraças, ou hei de sair calado, e elas se consumarão. Eu não quero nem uma nem outra coisa, que me acabrunham a alma, e o meio único de evitar a dura contingência está em não ser retirado daqui."

— Pois fique tranquilo, Jacó, que o senhor não quer vendê-lo nem fazer-lhe mal; pelo contrário, o que quer é distingui-lo, chamando-o para seu pajem e mandando-o aprender a ler.

— Graças, meu Deus! Mas eu, retirado da companhia dos outros, não poderei conhecer-lhes os planos.

— Tens razão, Jacó, mas isto não pode durar sempre, porque não é possível viver-se sobre um vulcão, e porque você precisa seguir o destino que o senhor lhe quer dar.

— Que destino é esse?

— Não sei, mas penso que ele o quer mandar aprender, talvez, algum ofício ou arte, dando-lhe a liberdade.

— Olha, Honorina, isto me abre um mundo de desejos e de esperanças, mas renuncio tudo diante da contingência em que me vejo.

— É nobre esse sentimento, porém haverá meio de conciliar seu dever com seu interesse.

— Só vejo um, porém fraco: é o senhor, em vez de me chamar para seu pajem, chamar Rafael, que fica assim afastado dos outros e deixa-me livre com eles.

— Isto servirá, porém não poderá você fazer sua carreira.

— Poderei, criando o senhor uma escola para todos. Enquanto aprendo a ler e escrever, temos tempo de preparar recursos para o futuro.

— Pois está feito como você propõe, e não durma, que eu fico tremendo e só confio em sua vigilância.

— Honorina, só passando por cima de meu corpo poderá alguém fazer-lhe o menor mal.

## CAPÍTULO XVI

Jacó disse a verdade do que sentia, quando em frase ardente e apaixonada, declarada a Honorina, que só passando por cima de seu corpo poderia alguém fazer-lhe mal.

Se seus sentimentos e sua vontade pudessem dominar os sentimentos e vontades mesmo dos que viviam no círculo a que se referia ele, nenhum perigo poderia recear Honorina. Infelizmente, porém, o moleque enganava-se quanto aos meios de que dispunha; donde a possibilidade do vir mal à querida rapariga, sem que lhe pudesse ele valer.

Julgava estar na confiança de todos, cooperando com todos, como ficara assentado, e conseguintemente no caso de conhecer todo o plano que se forjasse.

Nessa convicção é que avançou aquelas palavras que levaram a tranquilidade à alma e um doce calor ao coração de Honorina.

O caso, porém, era que Rafael lhe descobrira a queda por Honorina e, simulando muita amizade e muita confiança, ia pela surdina tratando de curar-lhe as herpes.

Em sua ausência, não perdia oportunidade de o apresentar aos outros como perigoso à causa comum, não porque fosse mau, mas porque estava apaixonado e, portanto, capaz de todo o gênero de loucura.

Sobre o famoso plano que arquitetara, aproveitava-lhe a presença para dizer que estava removendo umas dificuldades, mas que esperava brevemente reuni-los para meterem mãos à obra.

E, por estas artes, o sagaz crioulo enganava redondamente ao que supunha enganá-lo.

É óbvio que toda a senzala era por ele e seguia-lhe a trilha, em razão de ser ele promotor do interesse comum, ao passo que Jacó podia ser embaraço.

José Gomes desistiu da ideia de chamar Jacó para seu pajem, e adotou a de chamar Rafael, tudo por influência de Honorina, que lhe explicou a razão daquela mudança, sem ferir de leve o juramento que fizera ao estimado rapaz.

Aquelas disposições do senhor produziram grande abalo no meio dos conjurados, que viram baquear o edifício de suas mais vivas esperanças.

— Como fazer-se agora, estando Rafael, de hoje em diante, sempre ao lado do senhor?

— Não se incomodem, que talvez seja isto muito melhor para nós, porque quem está mais perto do fogo melhor se aquece.

— Sim, mas estás preso, sem dispor de tempo para arranjar as coisas.

— Ora! Darei as ordens, e vocês as executarão. Desde já fica o Paulo investido das honras de meu pajem, e obrigado a vir saber de mim, todos os dias, o que lhes cabe fazer. Olhem: parece que se o senhor nos quisesse ajudar, não escolhia melhor meio.

E o moleque tinha razão, porque não há perigo igual ao de achar-se o inimigo dentro da praça.

Jacó calculou com seus elementos, e calculou em falso, porque aqueles elementos, como vimos, tinham sido prevenidos por seu rival.

Este era, pois, senhor do campo e fora do alcance das setas adversas.

## Capítulo XVI

Enquanto se achavam as coisas nesse pé em casa de José Gomes, trabalhava inutilmente a justiça na procura dos antigos parceiros de Honorina — dos assassinos de Maciel. Tudo em torno do lugar em que se perpetrara o crime foi batido; correu-se até a ribeira do Quixadá; mandou-se comunicação às autoridades das comarcas vizinhas; mas parecia que os demônios dos negros se tinham metido pela terra adentro.

O rio Banabuiú corta a serra daquele nome, que é desabitada, coberta de mata virgem e se estende, na distância de oito léguas, para o sul, até o Serrote Branco, onde começa a freguesia do Riacho do Sangue, e as terras habitadas por criadores de gado.

Nesse meio mundo, coberto da pujante vegetação do norte, há sempre verdura na serra e lagoas que servem de bebedouro a quantos animais se ocultam no insondável deserto.

O gado vacum e cavalar das fazendas circunvizinhas deserta em parte para aquele inatacável reduto de sua liberdade.

Há ali touros e cavalos que nunca puseram a vista no maior inimigo de suas raças: o homem.

Há porcos-do-mato em profusão de meter medo; há onças-pintadas e suçuaranas, e todas as inferiores espécies de felinos daquelas regiões do Brasil.

O tatu, de saborosíssima carne, o verdadeiro e o bola, espalha-se pelos lugares baixos em tanta cópia que um homem não pode carregar o que caça.

Aves fazem nuvem: o pato-do-mato, várias espécies de marrecos, papagaios e as do mesmo gênero, pombas de todas as qualidades, jacus, siriemas, emas, jaburus e mil outras variedades.

Pode-se chamar aquele recanto — um mundo habitado por animais sem senhor.

Foi nos limites desse tal mundo que os escravos de Queiroz, levados ao desespero pelo bárbaro tratamento que lhes dava Maciel, resolveram executar o plano que Honorina — e só ela — tivera o poder de desfazer.

Eram cinco, os mesmos que Maciel tomara ao estimável senhor, menos Honorina e a mãe, que tinham sido vendidas em Quixeramobim.

O patife andou fazendo curvas e quebradas por ver se passava a fazenda, ou gado, como chamava, nos sertões do Ceará, para descer leve à casa, que era em Pernambuco.

Não pôde, porém, vender nem um sequer, em parte porque os pretos, em vingança dos maus-tratos, se fingiam doentes de moléstias internas, em parte porque o bandido queria apurar o dobro do valor pelo qual os tomara.

A cada achaque correspondia um castigo que ele inventava, horroroso, porém que não danificasse a fazenda.

A cada castigo daqueles correspondia o maior propósito dos negros em contrariarem-lhe o ganancioso plano.

A luta foi tremenda, procurando o malvado vencer a resistência dos escravos pela aplicação de penas mais e mais impossíveis.

Não conseguiu, porém, senão levar ao desespero aquelas naturezas brutas, que não conheciam contenção moral.

Foi na fazenda do padre Ambrósio que se deu a última batalha.

O velho e estimado sacerdote agradou-se de dois dos pretos e já não fazia questão do preço, com o que se assanhou a voraz cobiça de Maciel.

Tanto um como o outro, porém, apesar das sedutoras promessas e das terríveis ameaças de seu verdugo, disseram ao comprador que sofriam de mal de gota.

— Ambos da mesma moléstia? É extraordinário! — disse o padre.

## Capítulo XVI

— Não, senhor — respondeu com toda a gravidade um deles. — Foi meu parceiro que pegou aquele mal.

Debalde Maciel se estafou em asseverar que aquilo não passava de velhacaria dos negros, que eles eram sãos como perros: o padre é que não quis correr o risco e deu por findo o negócio.

Maciel, sabendo quanto era respeitado o padre Ambrósio, abafou a raiva, conversou com seu hóspede até alta noite e partiu da fazenda ao romper d'alva.

Chegado, porém, que foi à distância de não poder ser surpreendido por vistas humanas, mandou fazer alto a caravana e chamou à frente os dois criminosos.

Estes já contavam com o tremendo castigo, já tinham preparado os meios de se livrarem, mas de uma vez para sempre.

Obedeceram, pois, à ordem e, como se estivessem dispostos a sofrer precisamente, apresentaram-se de cabeça baixa.

Maciel trazia consigo quatro camaradas armados de faca e bacamarte.

Deu, pois, ordem a dois que cortassem varas para quebrarem, um por um, os ossos dos dois penitentes.

— Eu vou perder bons contos de réis — exclamou na fúria —, mas estes ladrões nunca mais terão o desaforo de zombar de mim!

Tão depressa os dois incumbidos da execução deitaram em terra as armas de fogo, e, tomando as facas, meteram-se no mato próximo, as duas vítimas, com a agilidade do gato, saltaram sobre elas ao tempo que os três parceiros caíam sobre os dois armados e lhes tomavam de surpresa suas armas.

Maciel viu-se de repente à mercê de seus escravos sublevados, e, não contando com misericórdia da parte de quem sempre tratara sem misericórdia, procurou escapar, metendo esporas ao cavalo.

O negro do sertão é sempre bom caçador, de não errar tiro, no ar e na água.

Um deles, pois, fez fogo no cavalo, que foi por terra, prendendo debaixo do corpo a perna do cavaleiro.

Todo perverso é covarde, e Maciel não quis ser a exceção honrosa.

Não houve súplica que não tentasse por abrandar aqueles corações que ele mesmo enchera de fel.

Os negros, exaltados pelo bom êxito de seu terrível plano, cerraram os ouvidos e, sem perda de tempo, desfecharam os três bacamartes carregados no homem, cuja vida lhes parecia pouco para saciar sua sede de vingança.

Foram, porém, humanos em sua vingança! Respeitaram o cadáver, em que não tocaram!

Quem teve razão nesse trágico desfecho de um drama secular?

Duas raças se encontram, se chocam e uma domina a outra, suprime-lhe a liberdade e a reduz à condição do animal de carga.

Com que direito? Só e unicamente com o da força.

Pois bem: se o vencedor escraviza seu semelhante pelo direito da força, em qualquer tempo e lugar, em que um dos da raça vencida, um dos escravos, tiver força para bater o senhor, nem este nem ninguém pode desconhecer-lhe o direito em cujo nome o oprime.

Se saímos desse regime repulsivo e entramos no da pura justiça, nem o senhor tem o direito de oprimir seu semelhante, nem o escravo tem o direito de maltratar e massacrar o senhor. Entretanto, o oprimido tem por si as melhores atenuantes.

Coloque a sociedade o carro no trilho, faça respeitar o igual direito de todos, e jamais se darão daquelas cenas condenáveis.

# CAPÍTULO

# XVII

Simeão foi, ainda desta vez, o centro da conspiração contra o perverso Maciel, que representa, com a mais perfeita exatidão, o tipo imundo do mercador de carne humana.

O desgraçado preto tinha confiança em Honorina, mas não se podia resignar a perder para sempre a menina de seus olhos — a sua adorada Lucrécia.

Resistiu quanto pôde à tentação, e lograria vencer, pelo impulso das considerações feitas por Pérola Negra, se outro fosse o senhor a quem coubesse.

Maciel, porém, desfazia, num momento, todo o cabedal de boas resoluções acumulado em longa noite de insônia.

Praticado o ato de desespero, o pobre preto reconheceu sua falta, e, mais por pesar de ter ofendido a Deus, que Honorina ensinou a amar como o doce pai dos oprimidos, do que por medo do castigo humano, chorou e fez chorarem os companheiros.

Como se transforma a dura rocha em branda cera, ao mais tênue raio de luz da verdade!

O que podia dar Honorina àquelas almas embrutecidas, ela que bem pouco tinha para si?

Prodígio do amor do Pai, que multiplica a oferenda da pobre viúva!

Quem a faz fica tendo mais!

Quem a acolhe de boa vontade a tem em dez dobros! Só a virtude produz tão estupendo milagre!

— Está lançada a sorte — disse Simeão aos companheiros. — Praticamos um ato de fera; só podemos viver em companhia das feras. Na sociedade, espera-nos a forca ou a morte por açoites. No deserto, povoado de bichos, teremos a liberdade que eles têm e a luta constante contra eles. Aqui mesmo começa a grande *catinga*[12] que tem no centro a serra e o rio Banabuiú, e que se estende para um e outro lado daquele rio, pouco para o norte e muito para o sul. Assim como vivem aí milhares de animais, em que os homens não põem os olhos, assim podemos nós viver, desconhecidos deles, até que chegue a cada um de nós o dia da verdadeira liberdade.

"Eu conheço perfeitamente estas brenhas, porque andei muitas vezes com o último gentio que houve nestas terras, caçando semanas inteiras, a pretexto de apanharmos capivaras para lhes tirarmos a banha, de que o senhor fazia grande uso. Mesmo no alto da serra, onde nem o demônio pode se lembrar de subir, há uma chapada onde se pode fundar maior cidade, dez vezes maior que a de Quixeramobim. Aí podemos estabelecer nossa habitação, seguros de que ninguém surpreenderá nem o fogo nem o fumo de nossas coivaras. Existe aí uma lagoa que nunca seca e que tem excelente água. Toda a espécie de caças vai beber ali, e, em torno, abunda prodigiosamente toda espécie de abelhas, desde as que trabalham debaixo da terra, como a capuxu, até as que trabalham ao ar livre, como a exu e a exui, não falando das que habitam o oco dos paus. Para vivermos, temos o melhor que se possa desejar: boa água,

---

[12] Nota do autor: Os sertanejos chamam catinga as matas cerradas que não são povoadas senão por animais.

## Capítulo XVII

boa caça, bom mel, e o mais que formos plantando. As peles nos servirão de roupa, enquanto não tivermos semente de algodão, pois todos nós sabemos fiar e tecer. Se um dia quisermos peixe, descemos até o rio; se quisermos carne de vaca ou de ovelha, chegamos ao campo. Por que não domesticaremos algum casal dessas raças, que nos darão leite e o mais que do leite procede? Mais tarde colheremos aves do terreiro, e, bem que seja muito arriscado, poderemos trazer para o deserto mulheres que o alegrem. Seremos, em todo caso, homens senhores de si — e não mais escravos de seus senhores!"

Todos os companheiros de Simeão não somente acolheram o plano de vida que lhes expôs ele, como o acolheram com entusiasmo.

Adiante de si tinham a liberdade — atrás de si tinham a forca!

Foram às canastras de Maciel e tiraram delas tudo o que continham: roupas, uma grande lata de pólvora e outra de chumbo.

Foram às malas da bagagem e arrumaram em trouxas a carne-seca, o feijão, o milho, a farinha e uma abóbora (jerimum) já partida.

— Já levamos algumas sementes — disse Simeão —, as demais tê-las-emos mais tarde. Agora, demos liberdade a esses pobres cavalos, nossos irmãos em cativeiro, levando-os para a catinga, donde só sairão se forem tolos; e pé ligeiro, meus amigos, que os camaradas de Maciel podem vir por aí com gente.

— Aqui está uma peça de que precisamos — disse um dos negros —, revistando a cangalha de um dos animais.

— Que é?

— É o machado novo, que o senhor comprou para fazer-nos rachar lenha quando éramos obrigados a pousar no mato.

— Excelente, mas deve estar por aí o facão de roçar mato. Procurem depressa.

— Aqui está, pendurado nesta outra cangalha.

— Bravo! E a bonita faca do senhor? Deve estar presa ao colete dele.

— Vão buscá-la, que é traste indispensável.

Todos ficaram em pé, temendo cada um ir tocar no cadáver.

Não era propriamente o respeito que o homem culto volta aos mortos, nem mesmo efeito do remorso, mas sim a superstição, que é a pior lepra das almas.

Era, porém, urgente colher aquele instrumento, e foi o próprio Simeão quem o foi buscar.

Encontrou-o, e apanhou-o com tal pavor que se supôs agarrado pelo defunto, só porque o cabo da faca embaraçou-se no gibão.

— Se não a safo tão depressa, bradaria por socorro.

Estavam feitos os preparos, e os cinco negros se embrenharam no mato, silenciosos, marchando um atrás do outro, em procura da serra, para onde os guiava Simeão, que ficou tacitamente aclamado chefe da nova colônia.

Iam ser homens entre brutos, os que tinham sido brutos entre homens; mas a força da natureza é tal, que, parando para descansarem numa elevação, donde se descobririam as casas ao longe, os desgraçados suspiraram e verteram lágrimas!

O que sentiam aqueles corações, condenados desde o berço, condenados por toda a vida, deixando a sociedade que lhes fora tirânica madrasta?

Sentiam saudade do meio em que vieram à vida, para exercerem as altas funções do ser criado à imagem de Deus.

Sentiam o que sente o passarinho criado na gaiola quando vê, no prado, esvoaçarem chilreando os de sua espécie.

Capítulo XVII

Oh! Como é triste pensar — e principalmente ver — que uma parte da humanidade é tolhida no uso do mais precioso dom que Deus fez à espécie!

Os míseros quase retrocederam; mas o dilema: a morte ou a liberdade?

Liberdade para o ser social não é somente o livre uso da vontade, é, principalmente, essencialmente, aquele exercício em todas as relações sociais.

Livre é o desterrado, no lugar de seu desterro; mas a plenitude do gozo de seus direitos sociais?

Aqueles infelizes iam ser livres, tão livres como o rei dos bosques, mas sentiam que lhes faltava alguma coisa essencial, que o amplo exercício da vontade não dá; e eis por que suspiravam, vendo os lugares em que foram cativos, porém onde somente se poderia encontrar aquilo que lhes faltava.

A imagem do cadafalso sustentando seus corpos inanimados e balançando-os no ar ao sopro do vento fê-los prescindir do mais e contentar-se com o menos.

Subi, filhos deserdados da fortuna — subi o novo Gólgota, para onde vos arremessam as faltas de uma vida impura!

Permita o Pai de Amor que, dessas alturas mundanas, possam vossas almas descobrir as risonhas planícies, onde gozam venturas excelsas os que já souberam limpar-se das impurezas carnais!

Que essa vista vos dê força e vontade para vós vencerdes!

Simeão levou dois dias a guiar seu povo pelo deserto, até o ponto em que devia fundar a colônia.

Era encantador o sítio!

Todos respiravam aquele ar livre e perfumado, mas todos sentiam que faltava... o movimento humano.

Era como uma flor de rara beleza, mas sem perfume.

Não nos incomodemos, que o costume criará uma nova natureza.

CAPÍTULO

# XVIII

A escola começou, sob as vistas de Honorina, mas negros e negras nenhum caso fizeram do estudo.
— Que lembrança! — diziam, quando estavam sós.
— Para que nos serve saber ler e escrever? Quem nasceu negro não se mete a rabequista. Estas coisas são invenções dos brancos, e, pois, que fiquem lá com elas.

Jacó combatia aquelas ideias e procurava plantar naquelas almas degradadas a consciência de sua igualdade aos brancos perante Deus, mas ali não se realizava o rifão: *água mole em pedra dura tanto bate até que fura*.

Só o crioulo aproveitava, mas aproveitava admiravelmente o pouco ensino que dava o professor.

Honorina ria de contentamento, vendo diariamente crescer intelectual e moralmente aquele espírito a que já tão afeiçoado era o seu.

E José Gomes, que já tinha percebido a mútua inclinação dos dois jovens, exultava de ver que Jacó prometia vir a ser em breve um digno par para Honorina.

"O que hei de fazer deste rapaz?" — pensava ele em suas horas vagas, e à noite quando as tristezas do seu coração espancavam o doce sono. "Gozarei da sua felicidade — e já não é isso pequeno favor do Céu?"

Lembrou-se de mandá-lo cursar uma faculdade, porém acudiu-lhe ao pensamento a ideia de ser ele escravo, mal que

## Capítulo XVIII

podia remover dando-lhe a carta de liberdade, mas que deixava sempre o cunho ignominioso aos olhos da sociedade.

— Os defeitos humanos tornaram-se mais visíveis na razão direta da elevação de quem os tem. Ninguém cogitará do que foi Jacó, se não subir ele de posição humilde, que não faça sombra a outros. Todos saberão que ele foi escravo, e farão disso estigma para lhe atirarem às faces, se por seu merecimento subir alto e obscurecer os que só puderem subir guindados. Uma arte, um ofício, pode melhor convir; porém o que lhe dá, nestes lugares, tal profissão?

José Gomes estava monomaníaco, à procura de um meio de vida para Jacó, que lhe desse honrosa posição na sociedade, a fim de a poder compartilhar sua adorada Honorina.

"Temos tempo, temos tempo", eram sempre as palavras com que encerrava aquele quase contínuo trabalho imaginativo.

À medida que Jacó ia reassumindo os foros de homem, pelo cultivo da inteligência e pelo estudo dos princípios morais, que são a luz da alma para a conquista do destino humano, Rafael se esforçava com desespero por descer mais e mais na prática do mal.

Os dois pretendentes a Honorina, de hora em hora, se distanciavam, aproximando-se um da rapariga com movimento acelerado, e afastando-se o outro ainda mais aceleradamente.

Também Jacó já via apenas em sua união a mística fusão de dois espíritos, pelo amor que se nutre de gozos imateriais; ao passo que Rafael só aspirava à satisfação de desejos materiais, de que se repasta o amor grosseiro dos animais.

Um queria o espírito, com seus dotes e virtudes. O outro queria o corpo, com sua beleza e atrativos.

Se fosse possível separar a dualidade humana, vivendo cada uma de sua vida própria; se se pudesse ter uma

Honorina exclusivamente corpórea, e a mesma Honorina exclusivamente espiritual, a rapariga daria para satisfazer aos dois rivais, tão imaterial era o desejo de um, tão material era o do outro.

Conversava José Gomes com um vizinho que viera visitá-lo, achando-se presente Honorina, que ensinava a lição a Tancredo, e por encher tempo falou-se no assassinato de Maciel.

— Descobriram-se os assassinos? — perguntou o dono da casa.

— Qual, meu capitão! Os patifes dos negrinhos fizeram-na bem feita. Acabaram com a casta do sujeito, que dizem ter sido um perverso, e passaram ao mundo da lua.

— Então nem indícios da sua fuga?

— Nada, nada. Soube-se que foram eles os autores do assassinato, porque os camaradas assistiram à cena. Daí para diante ficou tudo escuro como breu.

— Pois olhe: as autoridades trabalharam desesperadamente. Não houve casa, nem pedra, nem pau que não fossem revistados.

— Foram ou não para a lua? Um dos camaradas, que pôde fazer relações com eles, disse que o chefe, um tal Simeão, tem uma filha no Quixadá, por cuja causa talvez tenha praticado o crime. Pois mandou-se espiar a casa do senhor da tal negrinha, e a ela própria, sem o menor resultado, apesar de se esperar um mês inteiro. Confirmo-lhe, capitão, que este fato lançou por terra o edifício de todo o meu saber.

— Como assim?

— Muito simplesmente. Eu tive sempre por fundamento de toda a ciência humana o ditado que diz: *nada se faz sobre a terra que não venha a ser descoberto*. Ora, se com as coisas é assim, quanto mais as pessoas! Entretanto os pretos fizeram a obra — tem-se empregado todos os meios

## Capítulo XVIII

de descobri-los — e nada vezes nada! Já vê que a ciência humana é falsa.

José Gomes riu-se da argumentação e para bulir com o filósofo da roça, disse-lhe:

— Não desanime, porque o ditado não garante a descoberta imediata, e sim que os fatos *hão de vir a ser descobertos*. Se, pois, no fim de um ano, de dois ou de mais, se descobrirem os pretos, estão restabelecidos os foros da ciência humana.

— Homem, esta não me ocorreu! Tem razão. O senhor é mais forte do que eu!

Não teve mais interesse a conversa, porque, até sair, o bom vizinho de José Gomes só fez repetir: "Esta não me ocorreu!"

Honorina é que, do seu canto, tomou o mais vivo interesse em toda ela; primeiro, porque ardia em desejos de conhecer a sorte de seus desgraçados companheiros; segundo, porque veio ela lembrar-lhe a promessa jurada, que fez a Simeão, de olhar para Lucrécia como para uma irmã sua.

A boa rapariga exprobrava-se agora de ter esquecido por tanto tempo o desgraçado Simeão.

Sua posição não era ainda definida, mas nenhuma dúvida podia nutrir de que José Gomes a tinha muito bem garantida; além de que sabia quanto valia para o excelente amigo um desejo seu.

Fazendo consigo estas considerações, a rapariga sentia tanta dor que as lágrimas lhe caíam de quatro em quatro.

Despedida a visita, notou José Gomes a comoção da rapariga, e, solícito, inquiriu da causa que a determinara.

— Eu me acuso de não lhe ter dito o que se passou comigo antes de chegarmos a Quixeramobim, e que talvez tenha sido causa de Simeão ter tentado contra a vida do senhor.

— Mas, então, o que houve? Conta-me.

Honorina referiu o episódio do conluio dos escravos para acabarem com o Maciel, a necessidade que tinham de seu auxílio, como não somente recusou formalmente partilhar tão negra ação, mas empenhou todo o esforço por demover seus companheiros de semelhantes ideias, e, finalmente, a promessa que fez, e que valeu pelo famoso *quos ego*[13] para serenar a tempestade, de velar por Lucrécia como por uma irmã, se Deus permitisse que um dia pudesse valer-lhe.

— Esse dia chegou muito cedo, e eu, só embebida em meu bem-estar, esqueci as torturas do infeliz Simeão. Quem sabe se ele, ciente de que nenhuma alteração sofreu o estado de sua querida filha, não voltou por isso a seu antigo plano, perdendo a boa resolução que eu tive a felicidade de lhe incutir na alma?

— Deixa-te disso, criança, que a razão daquele crime é sabida: foi o desespero a que Maciel levou os escravos, tratando-os barbaramente.

— Bem. Estou tranquila por esse lado...

— E podes ficar também pelo outro, porque já amanhã parto para Quixadá a fazer o que estiver em minhas forças por adquirir e trazer para aqui a tua irmã. Se for ela como tu, ou, ao menos, a tua sombra, ligar-te-ei a ela e prepararei para as duas o mesmo futuro. Se não for digna de tua convivência, o que lhe posso dar aqui é a liberdade.

— Oh! Mas isso excede minha ambição a respeito dela.

— Pois podes contar com isso.

Tendo falado assim, José Gomes chamou Rafael para dar-lhe as ordens necessárias à viagem que ia fazer.

---

[13] *Eneida*, Livro I, v. 135: *Quos ego...* (Estes eu...). Ameaça de punição reticente de Netuno contra os ventos que ousaram provocar uma tempestade no mar.

## Capítulo XVIII

O negro olhou para Honorina, olhou para o senhor, e ficou sem dizer palavra.

— Não ouviste?

— Ouvi, sim, senhor; porém eu queria dizer a meu senhor que estou com uma nascida que me impede de montar a cavalo.

# CAPÍTULO XIX

"Quem mal não usa, mal não cuida", diz o adágio. E acrescentaremos nós: os anexins populares são sempre a fórmula rasteira de alto princípio.

Este que citamos transforma-se natural e logicamente neste outro: "cada um julga os outros por si", que é princípio firmado no mais perfeito conhecimento da psicologia das paixões.

O homem dominado por uma paixão acredita que todo o mundo tem o mesmo fraco — e é por isso que interpreta as ações alheias consoante com o modo de seu procedimento em iguais casos.

O que é limpo de coração, leal e verdadeiro supõe que todos o são, enquanto não tem as provas de não o serem este e aquele, e é por isso que são geralmente vítimas de sua boa-fé e sinceridade os que são dotados dessas distintas qualidades.

Mais positivamente:

O mentiroso não acredita na palavra de ninguém, e o verdadeiro acredita em tudo o que lhe afirmam.

José Gomes, cujo caráter já conhecemos, nem por momento duvidou do que lhe disse seu pajem, embora fosse ele um ser degradado.

Além de tudo, era-lhe impossível admitir que o moleque lhe faltasse ao respeito, negando-se, sob mentirosos pretextos, ao serviço que lhe cometera.

## Capítulo XIX

E por que negar-se, quando tal serviço não passava de uma viagem recreativa?!

— Pois chama cá um dos teus companheiros para ir comigo — foi a resposta que deu ao pedido de excusa do pajem.

Saiu este muito a rir por dentro, porque logrou seu fim, e muito além do que planejava.

Ficava na fazenda, em ausência do senhor, e mandava passear o Jacó, de quem tinha muito receio.

Saiu, pois, nadando em júbilo e foi direito ao rival, por lhe anunciar a vontade de José Gomes.

Manifestou, porém, tanta satisfação, quando transmitiu a ordem do senhor, que Jacó ficou desconfiado.

Este não estava no caso de José Gomes: de não cuidar em mal, por mal não usar, e, pois, dirigiu-se para a sala, procurando a razão da alegria do parceiro.

"Dá-se alguma coisa que favorece o plano de Rafael", cismava o moleque. "Que será?"

Por mais que parafusasse, porém, não podia atinar com a ponta da meada.

— Vosmecê mandou chamar-me? — disse, chegando para junto do senhor para lhe receber as ordens.

José Gomes, absorto em arranjar um meio de satisfazer o desejo de Honorina, olhou para o rapaz, sem o ver, e respondeu, sem consciência do que dizia:

— Manda aprontar os cavalos, que partimos de madrugada.

— Posso saber para onde? — perguntou Jacó com a alma perturbada.

— Para o Quixadá — respondeu o senhor.

Jacó apanhou pelo ar, naquela ordem de José Gomes, a razão da alegria de Rafael.

"Vai pôr em prática seu danado plano, certamente adiado à espera de uma monção destas! E eu impossibilitado de cortar-lhe as vasas! Não — não pode ser, não há de ser como pensa! Custe o que custar, é preciso que eu fique, já que não pode o senhor ficar, por não lhe poder eu revelar o que há! Honorina é que há de arranjar tudo!

O abalo que sentiu foi tão grande que não percebeu a inconveniência, que praticava, de ficar na sala quando era seu dever correr a dar cumprimento às ordens recebidas.

"O patife não conta comigo, e até, muito provavelmente, acredita que serei seu auxiliar! Não, estou enganado. Ele sabe que eu também não estarei presente, pois que o senhor me chamou para acompanhá-lo! Como tudo lhe corre à feição! Espera — espera, que nem tudo o que é bem começado é bem acabado! Tem se visto ir a pique navio que saiu do porto com vento e mares fagueiros!"

Estava a fazer estas considerações quando entrou Honorina.

"Eis o que se chama cair a sopa no mel", pensou o rapaz, lançando à sua amada um olhar que significava: temos mouro na costa.

José Gomes, interrompido pela chegada da querida moça, caiu em si, e vendo Jacó na sala, perguntou-lhe amavelmente:

— Que queres tu?

A pergunta revelou ao negro a inconveniência de não ter logo saído, mas, do pé para a mão, arranjou uma escapatória, que era ao mesmo tempo um meio de inteirar a Honorina do que havia e do que era preciso fazer.

— O Rafael me disse que vosmecê me queria falar, e, vindo aqui, soube que vai partir de madrugada e me quer levar consigo, em lugar de seu pajem, que não vai, sem dúvida por ter o que fazer em sua ausência. Recebi sua ordem de aprontar os cavalos e esperava somente que me dissesse qual quer para a sua sela.

## Capítulo XIX

— Ah! Já nem me lembrava. Tens razão, eu parto de madrugada, mas não te mandei chamar.
— Pois o Rafael me chamou de sua parte — respondeu, lançando um olhar significativo a Honorina.
— Sim, eu disse que chamasse um, mas não que fosse chamar a ti. Provavelmente foste o primeiro que encontrou.
— E por que não vai ele? — perguntou Honorina.
— Porque pediu dispensas em razão de estar com um tumor na nádega.
Jacó penetrou no fundo do plano do malvado e comunicou, pelo olhar, todo o seu pensamento a Honorina.
Esta percebeu todo o pensamento do rapaz e, com um ligeiro sorriso, deu-lhe a conhecer que não precisava pôr mais na carta.
— Pois eu lhe peço — disse a José Gomes — que dispense também Jacó, que tem em mão um trabalho meu, que não pode ser interrompido.
— Mas eu não chamei Jacó.
— Tanto melhor porque não lhe causa desarranjo deixá-lo, mas quer satisfazer um capricho meu?
— Como! Tu também tens caprichos?
— Qual é a mulher que os não têm? E não é por um dos meus que o senhor vai dar-se o incômodo dessa viagem?
— Não, isso não é capricho, é cumprimento de dever, porque a palavra empenhada obriga mais que uma escritura, salvo para essas almas corrompidas, embora envernizadas para o público, que não respeitam nem as Escrituras.
— Pois bem, se isso não é capricho, o que lhe vou pedir não pode ter outra qualificação, e ser-lhe-á pesado.
— Dize-me então de que se trata, que estou tremendo de medo por tantas formalidades.
— O senhor vai a fazenda com Jacó, mas devolve-o desde que tenha passado a tranqueira.

— Realmente isto é capricho; e confesso que não lhe compreendo o alcance.

— É que o senhor não sabe que os caprichos das mulheres são impenetráveis como os mistérios.

— Bem. Respeito o mistério do teu capricho, mas pergunto-te: quem me acompanha nesta viagem?

— Eis aí por que lhe preveni logo que o meu capricho ser-lhe-ia pesado.

— É, então, imprescindível que eu saia com Jacó, em vez de dispensá-lo e de tomar outro que acompanhe?

— É esse o ponto capital da questão.

José Gomes riu com gosto do tal ponto capital e disse, como quem monologa: grande questão há de ser esta!

— Estou servida?

— Bem sabes que nunca te recusarei senão o que te possa causar dano.

— Obrigada — disse a moça com os olhos umedecidos.

Seria edificante saberem todos os senhores de escravos como um rústico, nascido e criado nos ínvios sertões de uma remota província, tratava com amor paternal uma negra escrava!

Também, seria talvez motivo de escândalo para esses senhores dizer-se-lhes que o negro não seria o animal degradado que conhecemos, se eles, aproveitando-lhe embora o suor, lhe dessem, em compensação, um pouco de luz, pelo ensino e pela educação.

Honorina — que parecerá a muitos uma criação imaginária, mas que, em todo o caso, não sai dos limites do possível — o que seria, se em vez da Nhazinha, que lhe ensinou tudo o que sabia, que lhe plantou no coração a semente de tudo o que tinha de bom no seu, fosse criada, como o geral dos negros, na senzala, no meio de todos os vícios imagináveis, na lama da mais desbragada corrupção?!

## Capítulo XIX

Seria, como as outras, uma rapariguinha perdida, sem pudor, e aplicando para o mal, quase se pode dizer, inocentemente, todas as forças que nos são dadas para o bem.

Como deve ser tremenda a responsabilidade daqueles que, podendo erguer, abatem seus semelhantes!

Jacó saiu da sala, nadando em júbilo, como tinha estado, ali, mergulhando em tantas apreensões.

O plano era magistral!

Não podia ele entrar nas conferências para conhecer o que nelas tivessem de resolver seus parceiros, porém tinha a vantagem de surpreendê-los na execução.

Supunha que ninguém o suspeitava, porém era melhor que ninguém contasse com ele.

O que iriam fazer, já sabia ele perfeitamente: assassinar a senhora e forçar Honorina.

Para quê, pois, servia entrar nos conluios?

Saiu satisfeitíssimo, e foi alardeando pelo meio dos companheiros o prazer que lhe dera o senhor de levá-lo para uma viagem de recreio.

— Que tempo vai levar por lá o senhor? — perguntou-lhe, simulando indiferença, o moleque Rafael.

— Ouvi-o dizer que não estará de volta antes de oito dias.

*
* *

Quando os pretos se deitaram, que a senzala era em trevas, uma das crioulas, que sempre se mostrou afetuosa para com Jacó, chegou-se mansamente ao couro em que dormia o rapaz e disse-lhe alguma coisa que o faz tremer.

Ninguém ouviu aquela revelação, tampouco o que ajustaram os dois.

O que é certo é que Jacó não dormiu e que, de manhã, ficou contrariado por não ver Honorina.

## CAPÍTULO XX

No alto da serra de Banabuiú, numa planície que mede cerca de dois quilômetros em quadra e que tem, já próximo a uma das quebradas, uma depressão de forma oval, onde se acumulam, como em cisternas, as águas de chuva, pararam os cinco fugitivos do mundo e da sociedade, perdidos há dois dias na mata escura que cobre a superfície da serra.

Ali combinaram assentar os alicerces de sua habitação, com a segurança precisa a quem tem de viver em constante luta com os animais ferozes.

A primeira condição era ficar ao pé do lugar em que houvesse água, coisa que não podia deixar de haver por aqueles lugares, pois que divisavam, do ponto em que se achavam, nuvens de patos e marrecos, que não se ajuntam senão onde há depósitos perenes de água.

Depositaram, pois, a carga que traziam e começaram a exploração, levando suas armas para o que desse e viesse.

Não andaram muito tempo, embora andassem dificilmente pelo mato cerrado, sem encontrar o que procuravam.

Descobriram a lagoa, se esse nome podia ter uma bacia de fundo rochoso que tinha, em seu maior diâmetro, cerca de trezentos metros de extensão, e, menor, coisa de duzentos.

Pelos três lados, a rocha em que a natureza havia cavado aquela concha de formas quase regulares elevava-se muito acima do nível das águas; entretanto que do último lado,

## Capítulo XX

a borda era constituída por uma declividade por onde se podia facilmente chegar ao depósito.

A superfície líquida estava coberta de aves aquáticas, que se suspenderam no ar, fazendo com as asas um estampido igual ao do trovão, tão depressa chegaram à beira da lagoa os novos importunos hóspedes.

O grito agudo dos marrecos, confundindo-se com o dos patos, grave e sonoro, atordoava os negros, de acreditarem que era impossível viver-se ali.

Foi Simeão quem desfez essa impressão, assegurando aos companheiros que seus ouvidos se acostumariam com aquele ruído ao ponto de mal o notarem — e que, por outro lado, os pássaros se acostumariam com eles, a ponto de não se assustarem à sua vista.

Na rocha, ao lado, rebentava um veio d'água, que no inverno levava sua débil corrente até a lagoa, mas que, no verão, perdia-se na terra ressequida a poucos passos da nascente.

— Esta é a nossa talha — disse Simeão, provando a água, que achou excelente.

Ali estava o que beber e o que comer; ali é que deviam plantar a sua cidade.

Os perfilhados da loba, ilustres descendentes de Numitor, fundaram, com o auxílio de bandidos e salteadores, a cidade que deu leis ao mundo — e que, por sua longa duração, mereceu o apelido de eterna.

Quem sabe se aqueles evadidos do turbilhão humano, como eram os companheiros de Rômulo e Remo, não terão de figurar na História, se não por si, que nem descendem de reis, nem terão de ser arrebatados ao Olimpo, mas por sua obra imortal!

Ninguém poderia crer que dentro dos valos cavados por uma horda de salteadores desenvolver-se-ia tão desmedido poder, como o que teve a cidade das sete colinas!

Simeão, portanto, não deve perder a esperança, se a tem, de que se diga, no futuro, de algum seu descendente: *tu Marcellus eris*.[14]

O preto não cogitava provavelmente de semelhantes glórias, mas tinha sério empenho em arranjar as coisas, por modo a não vir a ser vítima de alguma onça.

Preparou, pois, uma casa, ao lado da rocha e próximo da vertente, tão sólida que pudesse resguardá-los do feroz inimigo — e ao mesmo tempo com seteiras que permitissem repelir qualquer assédio.

Feito o ninho, cuidaram os negros de fazer a derrubada da mata em torno, para terem mais vasto campo de operações — e ao mesmo tempo fazerem sua sementeira.

Gastaram muito tempo nesse trabalho e, quando o tiveram por concluído, sentiram um desânimo cruel, vendo-se tão sós, tão poucos — e tão pequenos, para um mundo tão extenso.

Não sabemos se os negrinhos tinham ouvido falar no roubo das sabinas, que foi o elemento gerador do povo romano.

O que sabemos é que na mente de todos eles passou o desejo, dia por dia mais ardente, de terem com quem repartir seus afetos — e a quem legar o fruto de seu trabalho.

Não há, na Terra, mais triste condição que a do homem que é condenado a trabalhar só para si.

O doce prazer que sente o que se esgota em esforços para ajuntar um pecúlio que deve ser aproveitado pelo ente amado é substituído por invencível tédio quando não se tem a quem legar as sobras do necessário.

---

[14] *Eneida*, Livro VI, v. 883: *Tu Marcellus eris* (Tu serás Marcelo). M. Claudius Marcellus, filho de Otávia, irmã do imperador Augusto, que havia falecido. Diz-se que, ao ler Virgílio este canto diante de Augusto e Otávia, ao chegar este ponto ela desmaiou.

## Capítulo XX

É por isso que lastimamos o celibatário, cujo leito nunca foi bafejado por eflúvios de amor, e cujo lar nunca teve o silêncio perturbado pelas vozes de um anjinho.

Aquilo pode se chamar um esquife em vida — e isto não passa de um cemitério com a catacumba aberta.

Felizmente os nossos heróis da serra do Banabuiú cedo repeliram tão inútil quão medonho viver, e trataram de haver, nas fazendas dos campos, flores para o seu jardim.

Combinaram raptar, por gosto ou contra a vontade, as damas de seus afetos, que tinham deixado em Quixadá e que, talvez, nem mais deles se lembrassem, entretidas com amores novos.

O que há de fazer a rola a quem roubaram o terno companheiro?

A própria natureza ensina as mutações.

Carpir a perda do ente amado é natural — viver só para carpi-la é rebeldia.

Deus não aceita, antes condena, as dores sem consolação — o luto sem tréguas — e as lágrimas por toda a vida.

Ele quer no homem os sentimentos naturais, mas considera revolta contra suas leis esses mesmos sentimentos, quando vão de encontro a do — tempo gastar tudo.

Seja como for, Simeão, que não entendia de Leis divinas, e que só obedecia às que o impeliam naturalmente, organizou o plano de satisfazer o que ia direito, como uma flecha, ao *crescite et multiplicamini*.[15]

Primeiro, tratou de construir cinco casas, ignorando certamente que incorria na pecha de *preparar a cama antes de ter a noiva*.

---

[15] Velho Testamento, Gênesis, cap. 1, versículos 22, dirigido aos peixes e aos pássaros, e 28, dirigido a Adão e Eva: "Crescei e multiplicai-vos."

Depois, determinou que fosse cada um buscar a sua metade, acompanhado apenas por um dos cinco, porque ficassem sempre três na sede das operações.

Quando às precauções que deviam observar os que iam penetrar no seio da sociedade, Simeão limitava-se a dizer: "O que escorregar fica sem a cabeça."

A operação foi feita com a maior felicidade, ficando a colônia com cinco casais, e as fazendas próximas da casa de Queiroz, sem cinco crioulas, cujo destino foi para sempre ignorado.

Simeão, quando chegou sua vez de descer, levava menos desejo de trazer uma companheira que de roubar Lucrécia, de quem aumentavam diariamente as saudades.

Vacilava entre trazê-la para a vida morta, ou deixá-la no mundo vivo; mas sua natureza atrasada era egoística, e resolveu pelo sacrifício da negrinha.

Se pudesse ter certeza de que Honorina chegaria a tempo, justiça se faça, o negro não teria dado aquele passo.

## CAPÍTULO

# XXI

O rio Banabuiú parece enfurecido com a estreiteza do leito que lhe deram. Nos pontos em que suas margens são alcantiladas, as águas crescem sobre si mesmas, formam grossas maretas e se precipitam com uma velocidade vertiginosa.

Naqueles, porém, onde se estendem, por uma e outra margem, verdejantes campinas, as águas se espraiam, cobrem os campos marginais e correm serenamente, de mal se distinguirem suas ondulações.

É para esses pontos e, principalmente, para as águas mortas que saem fora do leito que afluem os peixes, cuja faina é subirem veia d'água acima, mas que evitam, quanto podem, as mais vivas correntezas.

Às vezes a abundância é tal que, de terra, veem-se os cardumes, de lombo fora d'água, unidos como uma peça inteiriça, e formando uma faixa tão larga quanto é a represa — e longa de não se poder ver-lhe nem o princípio nem o fim.

No ano em que se estão passando os sucessos que narramos, deu-se um fenômeno daqueles, e foi isso precisamente no dia da partida de José Gomes.

Donde vem tão grande cópia de peixes, em um rio que não corre perenemente, que durante o verão seca, deixando apenas, de longe em longe, poços ou depósitos mais ou menos longos, mais ou menos profundos?

Ninguém acreditará, por certo, que esses poços guardem tanto peixe, não só porque são limitados em número e extensão, como porque a gente ribeirinha desbasta-os, quanto pode, do que é sua mais aprazível alimentação.

Há, então, um milagre de multiplicação, se não houver uma ilusão de ótica, nesse fenômeno de que vimos de falar!

Nem uma, nem outra coisa.

Milagres são coisas imaginárias, efeito de nossa ignorância, palavra sem valor que empregamos para não sermos obrigados a confessar: *não sei*.

Os milagres de ontem explicam-se hoje por leis novamente descobertas, e os de hoje serão, pelo mesmo modo, explicados amanhã.

Para o campônio, é milagre um eclipse do sol ou da lua, que para o sábio não passa de um fenômeno cujas leis se acham perfeitamente determinadas.

A humanidade marcha — marcha sem cessar —, marcha em busca de seu destino, que é a perfeição pelo saber e pela virtude; e, pois, a cada passo que avança, descobre a lei reguladora de um fenômeno, que antes lhe era um milagre.

No dia em que o espírito, que somos, tiver chegado ao elevado grau de conhecer todas as leis da criação, nesse dia o espírito banirá de sua linguagem a palavra "milagre", ou mistério.

Ilusão de ótica menos ainda pode explicar o prodigioso fato, de que não se tem o direito de duvidar, à vista do testemunho de pessoas da maior responsabilidade.

Não há ilusão, porque no inúmero cardume escolhe-se, fisga-se e colhe-se o peixe que se quer.

Deve haver, então, uma explicação, visto que temos concordado em ser aquele um fato natural.

Em nosso modo de ver, a explicação é esta: todos os rios do sertão são extraordinariamente piscosos, mas nenhum deles, por si só, compreende tão extraordinária multidão.

## Capítulo XXI

Como, porém, dez, vinte e trinta se ligam entre si, a soma do peixe de um sistema fluvial pode dar aquela massa. Por motivo que não nos é dado perscrutar, a maior parte do peixe de uma rede fluvial converge para um rio da mesma rede, e pela razão de evitar as fortes correntezas, se ajuntam para o remanso; e eis como se opera e se explica o fato que faz o assombro de quantos o presenciam ou têm dele notícia.

Os escravos da fazenda, tanto os do serviço externo como os do doméstico, libertados do jugo senhorial, pela retirada de José Gomes e pela resolução em que estavam de eliminar a Sra. Maria Felícia, que para eles já cheirava a defunto, entenderam que deviam ir admirar o portentoso fenômeno.

Bem podiam satisfazer aquele desejo sem o revelarem a ninguém, como faziam quando fugiam de noite para ir pagodear; mas Rafael deu ordem que falassem, de modo que Honorina soubesse para onde iam.

— Se ela quisesse — suspirou o moleque —, estava já bem começada a nossa obra.

— Convidemo-la — disse uma rapariga sacudida, que tinha gosto em ver destronada a rainha da virtude.

É mesmo assim: os bons dão a mão aos fracos para subirem; os maus procuram embaraçar a ascensão dos fortes! Cada um deseja nivelar todos por si!

— Convidem-na — disse Rafael —, mas não mostrem empenho, para que não desconfie.

— Desconfiar de quê, se ela não suspeita do que lhe está preparado?

— Sei cá! Mas olhem: não é bom ir com muita sede ao pote.

A palavra de Rafael era um evangelho para aquela gente, que o tinha na conta de moleque do diabo, capaz de virar o mundo pelo avesso.

Foram, pois, conversar muito naturalmente para onde estava Honorina, e aí manifestaram tanta curiosidade de ver o prodígio que tornaram contagioso aquele desejo.

Honorina chegou a manifestar vontade de descer ao rio, mas Tancredo estava dormindo e não havia ela de deixá-lo só em casa.

— Ora! Num instante vamos e voltamos.

— Sim; mas num instante pode Tancredo acordar e chorar por não me encontrar.

— Pois é pena, porque nunca mais verá coisa semelhante!

— Que hei de fazer? Primeiro a obrigação.

As raparigas ainda instaram um pouco, porém, conhecendo que era malhar em ferro frio, retiraram-se corridas da derrota.

— Não faz mal — disse Rafael —, ela está em nossas mãos, e eu sou como o gato: gosto de brincar com o rato que hei de comer.

A turba seguiu o rumo do rio, e lá, depois de ter visto o fenômeno, que pouco pode impressionar a quem ainda passa pelas maravilhas da natureza como a água por uma superfície envernizada, fez conselho debaixo de uma oiticica, árvore frondosíssima, que pode agasalhar à sua sombra centenas de pessoas.

— Meus amigos — falou Rafael —, aqui se vai hoje decidir da nossa sorte. Temos vivido como cães, tocados a pau e pedra por uma mulher má, de parecer ter o demônio no couro, e que tem, para o fazer, direitos que nós não podemos tirar-lhe. Se não pusermos cobro à perversidade daquele dragão, nossa vida será mais desgraçada que a dos brutos, que se mata somente pelo gosto de alvejar uma espingarda. É preciso, pois, que nos livremos da perversa — e não há melhor ocasião do que esta que Deus nos deu, de achar-se ausente por oito dias o único embaraço que poderíamos

## Capítulo XXI

encontrar no caminho da salvação. Urge, portanto, apressar a mão — e como, eliminada a senhora, Honorina tomará seu lugar, e bem pode acontecer que continue sua obra, é da maior conveniência que de uma cajadada matemos dois coelhos. Vocês já sabem o que estava resolvido a respeito de uma e de outra, mas, tendo Jacó assistido à nossa conferência, é preciso mudar-lhe as guardas, porque eu cá não tenho confiança em quem se acha picado de amor, como Jacó por Honorina.

— Quer, então, acabar também com esta? — perguntou tia Catarina.

— Se tanto fosse preciso, fá-lo-ia; porque mais alto fala o nosso bem-estar para o futuro. Não há, porém, necessidade de acabar com ela, e sim unicamente de quebrar-lhe a proa, reduzindo-a a tão boa como tão boa, em relação a qualquer de nós. Desde que ela for reduzida à condição de qualquer de vocês, acabou-se a razão das preferências que o senhor lhe dispensa. O senhor não vai dar autoridade sobre nós a uma negrinha que esteja tão perdida quanto as outras. É preciso, portanto, aproveitar o momento para suprimirmos a Sra. D. Maria Felícia e para desmoralizarmos de uma vez a Sra. D. Honorina. Devemos, porém, fazer uma e outra coisa de maneira que ninguém possa crer que fomos os autores.

— Muito bem! — exclamaram todos. — Mas o que é preciso fazer para isso?

— Vamos por partes. Se fôssemos arranjar o negócio da cobra, que ficou assentado outro dia, o mais que nos podiam dizer é que fizemos mal de matarmos uma cascavel e termo-la deixado na porteira do jardim; mas ninguém acreditaria que o fizéssemos de propósito. A coisa por aquele modo ficava simples e limpa; porém o Jacó, que conhece o plano?

— Mas Jacó não foi com o senhor?
— Foi, sim, mas eu não receio que ele se bata contra nós, porém que descubra que fomos nós.
— Tem razão, tem razão... mas Jacó não é capaz disso.
— Não posso dizer sim nem não; mas por isso mesmo é prudente desconfiar daqueles em quem não se pode confiar. Em vez da cobra, acabemos com o demônio como se fosse peixe: demos-lhe o tingui.
— E tingui mata gente, Rafael?
— Ora! Ora! É tiro e queda. Já fiz experiência num cachorro e num gato, e foi um gosto ver os bichinhos virarem o canastro!
— Então é muito melhor isso que a cobra.
— Só tem um lado mau. A cobra mata em dez minutos e faz padecer pouco, entretanto, o tingui leva tempo e faz padecer horrorosamente, pelo que vi nos meus bichinhos.
— E como se há de dar o tingui?
— É o que eu ia dizer. A senhora não toma todos os dias uma xícara de café, na cama?
— Toma sim, e não passa sem ele.
— Pois eu preparo hoje mesmo um pouco de água de tingui, e amanhã — porque é preciso que seja feito tudo amanhã — despeja-se uma colher no café e está acabado o negócio.
— Só isso, Rafael?
— E o que mais há de ser?
— Ora! Eu supunha que era mais difícil despachar desta vida um cristão.
— Pois estava enganado.
— Então é a cozinheira quem prepara a dose?
— Certamente, e ela que se arrume como puder, com tanto que a bicha beba o café preparado da Silva.

## Capítulo XXI

— Sobre isto não tenhas dúvida — respondeu a cozinheira. — Assim como estamos dizendo aqui, assim estará feito amanhã.
— Muito bem. Agora Honorina.
— Ela não toma banho todos os dias no poço junto de casa?
— Toma; mas que tem isso?
— Tem que é preciso fazê-la ir amanhã banhar-se na Malhadinha, onde pode gritar quanto quiser que não lhe pode acudir quem passar na estrada, como no poço costumeiro.
— E o que fazer para levá-la tão longe?
— Dizer-lhe que a peixaria passou para lá.
— É bom, é bom; porque ela hoje ficou pesarosa de não ver a peixaria.
— Então já sabem. Chegando daqui, vocês enxergam a beleza do que viram, e quando for noite, vão avisá-la de que a coisa mudou para a Malhadinha, onde poderá fazer de uma via dois mandados: ver a coisa e tomar seu banho de costume.
— Não escapa! — gritaram todos.
— Silêncio! Ainda faltam duas coisas essenciais: dizerem, em conversa, que o senhor mandou-me a Quixeramobim, que é para prevenir algum aviso que Jacó tenha dado, e ficarem os homens a distância, debaixo da gameleira grande, para não ofenderem o pudor da menina. Só aparecerão se eu der um sinal assobiando.
— Está justo, está justo; vamos para casa.

# CAPÍTULO XXII

A família Queiroz era nobre, não dessa nobreza emprestada, que se firma em decretos imperiais, mas na nobreza de sentimentos, que vale por quanto título heráldico há por aí.

Se os reis soubessem quanto mal fazem em não ligar as duas espécies, teriam mais escrúpulos em fazer um barão, do que a cúria canonizar um fiel cristão.

Em geral são galardoados os que praticam atos políticos de generosidade, de beneficência e de patriotismo; mas é bom saber o que parecem ignorar os reis: que muitas vezes esses atos não passam de interesseira ostentação, e que o generoso de ocasião, o beneficente por cálculo e o patriota por amor da fama não equivalem aos que nada disso fazem em público, fazendo mais do que isso em particular e sem ruído.

O direito ou, pelo menos, o conveniente, seria que tivesse título de nobreza quem já por natureza fosse nobre.

O caso, porém, é que estes não solicitam e que os reis não procuram a quem dar devidamente.

Não é indiferente, como parecerá aos espíritos superficiais, este desencontro do real com o aparente.

A sociedade, onde o cidadão de real merecimento fosse espontaneamente galardoado pelo chefe, e, nem mesmo comprando-as a peso de ouro, pudesse obter graças de

## Capítulo XXII

qualidades negativas ou duvidosas seria um modelo e teria uma força impulsiva admirável.

Nós, por não termos isso, por termos, ao contrário, fidalgos de meia-tigela, escárnio dos homens de bem e dos ilustrados, somos uma sociedade careada, onde aparecem, *rari nantes*, os que não precisam de estímulo para cumprirem o dever, e o cumprem independentemente do pouco caso em que são tidos.

Se um, se alguns brasileiros dignos são devidamente apreciados, seus nomes se perdem na massa informe dos fidalgos por dinheiro, por adulação, por misérias mesmo.

A família Queiroz era nobre, da nobreza dos sentimentos.

Viveu sempre numa certa mediania de fortuna, que lhe permitia ser independente e fazer verdadeira caridade em torno de si.

José Faustino de Queiroz gozava de geral estímulo, de que participavam sua mulher, D. Tereza, e sua filha, D. Clara, senhoras dotadas das mais elevadas qualidades de coração.

A moça, sobretudo, era um anjo de bondade, e possuía uma Inteligência lúcida, de penetrar as trevas, que envolvem as pessoas, que não recebem cultivo intelectual.

Aprendera a ler e a escrever com os pais, de quem era os encantos.

Com um primo, padre, aprendeu religião, que compreendeu pelo coração e pela razão. Discutia, às vezes, com o mestre sobre a bagaceira que a igreja impinge por verdades, de envolta com as verdades sacrossantas, com tal vantagem, de deixar o bom padre abalado em suas convicções baseadas na fé passiva, que vale positivamente pelo *crê*, ou morre dos sectários do Alcorão.

Todo o seu tempo, levava-o empregado, primeiro, em visitar e socorrer os necessitados; segundo, em desempenhar-se dos deveres da família, que chamou a si, para dar descanso a sua mãe valetudinária, e terceiro, em ler quanta obra lhe caía nas mãos, depois licenciadas pelo padre ou pelo pai.

Nhazinha, como era conhecida em casa, adquirira assim um pecúlio de conhecimentos que, multiplicados pelas forças produtivas de sua vasta inteligência, dariam fama, aliás bem merecida, a tantos e quantos doutores e bacharéis há por aí.

Se residisse na corte, seria uma das mais festejadas flores dos grandes salões, pois que ao cultivo intelectual reunia graças naturais, que faziam realçar sua beleza.

Naqueles sertões, porém, não se destacava do comum, porque era ela a modéstia personificada, para se exaltar, e porque no meio em que vivia não havia quem lhe apreciasse os dotes, além dos físicos, em que tinha muitas rivais.

Talvez na corte, nessa grande escola de inculcar-se cada um mais do que é e do que vale, sem que o nada será, nem valerá coisa alguma, talvez, envolvida pelo turbilhão, a bela moça perdesse o mais apreciável perfume de suas distintas qualidades: a modéstia.

Também, por isso mesmo, seria a rainha dos corações numa sociedade bem constituída, que prefere a violeta às demais flores, precisamente porque ela se oculta e só se denuncia pela fragrância.

Nhazinha tomou Honorina aos seus cuidados, e fez da negrinha o espelho de sua alma, dando-lhe, pelo ensino, tudo o que alcançou pelo estudo.

Aos domingos, que é sempre dia de festa nos sertões, tanto que a rampa do fundo das arcas – as mais vistosas vestimentas dos campônios –, aos domingos, a casa de Queiroz era invadida pela vizinhança, que vinha visitar a quem os visitava quase todos os dias.

## Capítulo XXII

Era ali, naquele dia augusto que se reconhecia quanto era superior o coração formado nos puros costumes do mato.

Toda aquela multidão que corre à casa da menina não vem, calculando vantagens, representar gratidão dos lábios para fora.

Se um ou outro o faz por especulação, e desses há sempre e em toda a parte, a generalidade vinha ungida do nobre sentimento que pode servir de craveira da elevação das almas.

Nas grandes cidades, o homem poderoso ou beneficente, que se visse rodeado de semelhantes manifestações, teria dificuldade em distinguir a sinceridade, perdida no meio do fingimento adulatório.

Seria preciso que mudasse de fortuna para reconhecer, a justa, quais, dentre tantos, eram seus desinteressados amigos.

Ali, porém, o que se lia nos rostos, estava escrito nos corações.

Cada um trazia sua boa amiga, um frango, uns ovos, uma fruta, coisas de pouco valor para os que só calculam as vantagens mundanas, porém de um valor inestimável para Nhazinha, que recebia aqueles presentes como símbolos do amor que lhe votava toda aquela gente sã.

Não trocaria aquelas migalhas pelos faustosos presentes que se fazem aos soberanos e poderosos da Terra.

Aquela moeda era de ouro sem liga, ao passo que esta é sempre bem dourada! Os pais da moça ficavam orgulhosos de vê-la tão querida, tanto mais que suas boas obras lhes fariam participarem daquela sincera estima.

Mesmo, porém, que assim não fosse, mesmo que o culto fosse exclusivamente votado à Nhazinha, sua alegria não seria menos expansiva, porque, sabe-o quem estuda o coração humano, os pais vivem pelos filhos e gozam mais de suas felicidades que das próprias.

A família Queiroz era, portanto, objeto da idolatria de quantos a conheciam.

A mediana fortuna que Deus lhe confiara, ela nunca teve por sua senão como um depósito, de que tinha, mais cedo ou mais tarde, que prestar minuciosas contas.

Quantos ricos se preocupam com essas frioleiras?!

Gozar à larga, à farta, o fruto de seu trabalho é toda a sua preocupação.

Os outros que trabalhem, como eles, para poderem gozar como eles.

Um pobre não lhes merece senão o desprezo que se tem pelo preguiçoso.

Se todos trabalhassem, todos seriam ricos.

E, por este racional modo de pensar, trancam a burra às misérias humanas, não a abrem senão para satisfação de suas paixões.

Infelizes, que não compreendem a ordem sublime que nasce da aparente desordem nas relações desta vida!

Não veem aquele mourejar, até suar sangue, sem poder jamais alargar, vendo, pelo contrário, o pouco que ganha fundir-se como manteiga ao calor.

Não veem aquele outro, filósofo da ociosidade, colher a mãos cheias as riquezas que lhe vêm, como o maná aos hebreus no deserto.

Não veem, enfim, um terceiro que trabalha meia vida sem sucesso e que depois descobre o veio aurífero, sem trabalho; ou, então, que navega com vento em popa, no primeiro estádio da vida, e tudo muda, no último, negando-lhe a sorte a recompensa de seus esforços.

## Capítulo XXII

Como se explicar tão desencontrados efeitos, patentes a todo o que atende, por momentos, aos fatos da ordem moral?

Ricos: sabei que todos vêm aqui cumprir uma pena, que é sua missão na vida.

Essa fortuna que supondes resultado de vosso trabalho, sem refletirdes que outros trabalham mais e nada adiantam; essa fortuna é um meio que Deus vos deu para resgatardes as faltas de uma passada existência, que embaraçam vosso progresso para a perfeição, para a verdadeira felicidade.

Fostes avarentos, sofrestes por isso grandes castigos; depois da morte, arrependestes-vos, e o Pai aceitou vosso propósito de regeneração.

Viestes pô-lo em provas, viestes para serdes ricos, a fim de não vos faltarem os meios de exercerdes a caridade, que é a virtude oposta ao vício que contaminou vossa alma.

Não podendo ter consciência do que fostes e do que viestes aqui fazer, para terdes o livre exercício de vossa liberdade na execução da vossa missão, ides reincidir na falta velha.

Tremei, que tendes de prestar contas dos vinténs de que se compõe a fortuna que vos foi dada.

Mais feliz que vós é o pobre, que se contenta com sua sorte e que reparte com seus iguais o pão duro que lhe é dado; porque este, tendo tido a vossa falta, tendo feito mau uso de sua fortuna, veio sofrer a pena da pobreza para aprender a sofrer o que desprezou.

Tanto o rico como o pobre não o são casualmente, porque tudo no mundo tem sua razão de ser.

Tanto um como outro podem falir; o primeiro só procurando acumular o que lhe sobra, e o segundo não suportando resignadamente sua expiação.

Os Queiroz foram felizes de perseverar na resolução de voltarem à vida para exercerem a caridade.

Se a filha era o que temos dito, o pai e a mãe não eram menos adesos à divina filha do Céu.

José Faustino de Queiroz, se tivesse apertado os cordões de sua bolsa, seria, porventura, o homem mais rico de sua ribeira.

Preferiu a compaixão ao interesse, levou aquele sentimento ao ponto de não calcular quanto podia, quando encontrava um desgraçado a implorar seus favores, e aí o temos com a fortuna comprometida, e reduzido ao extremo de entregar, por dívida de abonos, os únicos escravos, que guardava como filhos da casa.

O primeiro movimento foi de revolta, pois que vimos o bom homem retirar-se para não sentir o choque.

A onda, porém, passou, e, à parte o pesar que ficou da separação daqueles filhos desgraçados, a alma sentiu-se forte para encarar a nova situação.

Reunidos os três, choraram sobre o fato; mas cada um deles procurou dar consolações aos outros, lembrando-lhes as palavras do bom homem Jó.

No fim do dia, as ocorrências que tanto os haviam abalado eram história antiga.

Ficou em seus corações a saudade, principalmente em Nhazinha por sua querida afilhada; mas a saudade, se é amarga, também é doce.

Não houve ali uma increpação aos que foram causa de tão grande descalabro!

Aquelas almas eram maiores que a desgraça de perderem uma fortuna!

Muito maior dor sentiram os pobres, que amavam aquela gente e que a viam agora quase reduzida às suas condições.

## Capítulo XXII

Poucos, mui poucos, porém, foram os que não vieram no domingo seguinte manifestar seu pesar — e acentuar sua inalterável dedicação.

O que mais constrangia os Queiroz não era perderem o meio de proverem à própria subsistência, mas sim ficarem reduzidos a verem misérias e não terem com que suavizá-las.

As coisas foram levando seu caminho, até chegarem ao ponto de não poder José Faustino prover às necessidades da casa.

Seu meio de vida era a lavoura, e, sem braços, o que fazer em tal indústria?

O que fazer em tão dura condição?

O espírito, por mais alentado que seja, desde que está ligado à grosseira matéria, sempre participa de suas fraquezas.

O Queiroz tomou a resolução de ir trabalhar para outro, como meio de ganhar o pão para a família, mas não teve coragem de fazê-lo onde tinha vivido independente.

Vendeu, pois, seu sítio, que era tudo o que lhe restava de sua fortuna, e, sem se saber para onde foi, desapareceu do Quixadá.

Foi geral o sentimento que causou a ruína daquela nobre família.

Não houve quem não chorasse sua falta, uns porque ficavam sem arrimo, outros porque estimavam suas virtudes.

Por muito tempo se falou no caso, porém a lima inflexível foi gastando a impressão que ele deixou.

CAPÍTULO

# XXIII

José Gomes, deixando sua fazenda para ir satisfazer um desejo de Honorina, levava a alma repleta de puras alegrias, sem bem saber por quê, uma vez que era trivial o objeto de sua viagem.

Comprar um negro ou comprar um cavalo, que diferença tem? E por que se alegraria José Gomes, se fosse a Quixadá comprar um cavalo?

Entretanto, sentia prazer íntimo de fazer o que ia fazer: comprar Lucrécia — e o que sentia não era causado pelo simples fato de ser do gosto de Honorina.

Havia naquele negócio um *quid*[16] — um princípio oculto, que abalava singularmente o coração de José Gomes.

Imaginem um drama horrível, um naufrágio, em que fora vítima um amado pai de família.

Acompanhem o desolamento da infeliz esposa, abraçada com os filhinhos, todos órfãos do puro amor, afundado nos abismos do oceano.

E suponham que nem todos os passageiros do navio soçobrado sucumbiram, como se acreditou, e que alguns se salvaram miraculosamente, e que entre esses estava aquele por quem cobriram-se de luto mulher e filhinhos.

---

[16] Algo, alguma coisa, um quê.

## Capítulo XXIII

Qual não será a louca alegria, a ansiosa expectação da amorosa esposa, recebendo a grata notícia e sabendo que aí vem para os seus braços o querido de sua alma!

José Gomes, marchando para Lucrécia, sentia o que sentiria aquela mulher, para quem os minutos decorridos diminuíam o tempo do aspirado regresso.

Dir-se-ia que um laço oculto, um fio magnético, o prendia àquela criatura, que nunca vira, que não tinha razão para estimar, e que, entretanto, interessava-o, como se tratasse do mais íntimo dos amigos.

Inconscientemente chegava as esporas ao cavalo para acelerar-lhe o passo, como se ansiasse por chegar a seu destino e lhe fossem pesados os momentos que gastava na viagem.

Ele próprio, quando saía daquele estado de abstração, ria de sua estultice e procurava explicá-la pelo empenho que tinha de resgatar a palavra de Honorina, dada a Simeão.

Sentia, porém, que aquela explicação não compreendia a verdadeira causa, e que esta lhe escapava, como escapa a sombra à criança que trabalha por apanhá-la.

Marchava, pois, com a sofreguidão de quem vai tirar o pai da forca, e isso deu em resultado fazer a viagem numa única jornada, quando o natural e comum era fazê-la em duas.

Quem pagou a diferença foi o pobre cavalo, que fez dez léguas de uma assentada, sem direito de reclamação, e até sem nenhuma compensação, porque, como veremos, nem para refazer as forças lhe deu o cruel senhor umas poucas horas, que não chegavam para encher a barriga.

Console-se, porém, o nobre animal, que seu senhor não passou melhor vida durante aquele dia, não querendo perder tempo em comer e não o tendo tido para descansar.

Se nós nos consolamos com os males dos nossos semelhantes, como nô-lo diz a egoística sentença "mal de muitos, consolo é" — com quanta maior razão não se deve consolar o cavalo, sabendo que seu senhor suportou as mesmas durezas!

Por essa razão, ou porque o animal era realmente bom, José Gomes não lhe sentiu diferença da saída para a chegada.

Este fato, que se reproduz todos os dias naqueles sertões, merece alguma atenção, que não lhe podemos prestar aqui, pois temos em mira estudos de coisas muito diferentes.

De passagem, porém, diremos: o cavalo dos sertões do Norte faz prodígios que assombrariam aos que se servem dos cavalos do Sul.

Será efeito da diferença de raças?

Será devido à diferença dos pastos?

Nós acreditamos na ação de ambas aquelas causas, como o demonstraremos se algum dia nos chegar a mania de inscrever nosso nome no livro dos sábios de patente, escrevendo uma memória para o Instituto Histórico e Geográfico Brasileiro.

Por ora, apenas tocamos na questão para dar a razão da incrível rapidez com que José Gomes se despachou da comissão que se impôs ir ao Quixadá para ser agradável à sua Honorina.

Façamos ponto na questão de cavalos e prossigamos em nossa história.

Para chegar à casa do senhor de Lucrécia, passava José Gomes pela do Queiroz, com quem entretinha amistosas relações e a quem não via há bom tempo.

Deu-lhe o desejo de apertar a mão ao estimado amigo, cujo desastre soubera por Honorina, sem, contudo, julgar que tivesse sido tão grande e fatal.

Dirigiu, pois, o cavalo para a casa, que ficava um pouco afastada da estrada, e deu o sinal de sua presença pelo indefectível "Ô de casa!"

## Capítulo XXIII

Uma voz de homem respondeu, perguntando, como é de uso, "quem de fora?" e logo apareceu à porta o Sr. Miguel Ferreira, que fora companheiro de escola de José Gomes.

— Por aqui, Gomes?

— Você aqui, Ferreira?

A esta saudação que revelava, de ambas as partes, surpresa e contentamento, seguiu-se a conversa, que teve lugar na sala da casa para onde Ferreira arrastou José Gomes, a fim de matar saudades, disse ele.

— Esta casa não é do Queiroz?!

— Foi do Queiroz. Não sabe o que lhe aconteceu?

— Não, tanto que me surpreendeu vê-lo aqui.

— Pois, meu amigo, o Queiroz deu com os burros n'água: esbodegou a fortuna, sabe Deus como, e pôs-se na pira, sem que se saiba o fim que levou.

— Como?!

— Ficou reduzido à miséria e, não querendo dar espetáculo triste onde representou papel importante, levantou acampamento do dia para a noite e foi-se para nunca mais voltar, e sem dizer a vivalma: aqui ficam as chaves. Eu comprei-lhe este sítio... comprei por fazer-lhe favor, pois que não tinha necessidade dele: entretanto, não estou arrependido do negócio, pois ficou-me esta propriedade por uma bagatela.

— Bom favor fez vosmecê, comprando isto por uma bagatela!

— Ah! Eu sou dos que pensam que negócio é negócio e que amigos ficam à parte.

— Portanto fez negócio, não fez favor.

— Também tem razão, e nem eu pretendo que o Queiroz me fique agradecido pelo que fiz.

— Certamente não tem que lhe agradecer; mas por quanto lhe ficou o sítio — se não é coisa reservada?

— Não tenho reservas com os amigos, mas tenho até vergonha de dizer-lhe a miséria por que o Queiroz se desfez do sítio onde nasceu, onde casou, onde criou a filha.

— Coitado! Que dor não o ralará!

— Pois vendeu-me isto, que compreende uma sesmaria que tem dois açudes, e muitos benefícios, por cinco contos! Eu dava-lhe o triplo e julgava ainda ter feito negócio da China.

— Mas se vosmecê julga que valia quinze, como somente deu cinco?

— Porque não sou mãos abertas, como o Queiroz, e sigo a regra de comprar aos enforcados para vender aos namorados.

José Gomes, natureza delicada, como o conhecemos, sentiu tal repulsão por aquele homem que nem mais palavra se animou a trocar com ele sobre o assunto, com receio de fazer uma explosão, cujo resultado seria cortar relações com quem nunca o ofendera.

"Cada um que dê conta de si", pensou, e mudou de assunto: — Você conhece um seu vizinho, Marcos Correia?

— Conheço perfeitamente esse tipo, que ainda não me visitou, dizem que indignado por ter eu metido a faca aos peitos do Queiroz. É que ele era pretendente por muito menos, e eu embaracei-o de esfolar aquele, cujas desgraças não podiam encontrar melhor Jeremias. Se achava que as terras valiam mais, por que não ofereceu mais?

— Lá isso não. Pode-se julgar que uma coisa vale tanto e não ter necessidade dela, ou não se poder dispor da quantia precisa.

— Qual o quê! O Marcos Correia, que tem dinheiro para comprar centenas de garrotes por ano, não ter para ficar com este sítio! O que o velhaco queria era fazer gorda pechincha, e por isso irritou-se comigo, que lhe cortei as vasas.

## Capítulo XXIII

— Então você não se dá com ele?
— Nem quero. Encontrei-o na missa e dei-lhe as costas, para ele saber que não vim para cá de saco e botija e, conseguintemente, que não sou dos que lhe vão lamber os pratos.
— Mas não sabe nada contra ele?
— Sei que é um tolo empavesado, que se julga um grão--senhor, porque possui algumas patacas, quero dizer, alguns garrotes.
— É só o que sabe dele?
— Sei, mais que não me serve sua amizade nem a preço de ouro.

José Gomes riu-se daquele sistema de detrair sem fundamento, só pelo fato de não se gostar de um homem.

Mal sabia que Ferreira era um fraco exemplar da imensa coleção dos que têm apurado aquele sistema.

Desde que um cidadão, no cumprimento de seus deveres, embaraça a passagem de uma patota, pode ter por certo que vai ao poste da difamação e da calúnia.

E é sobre essa base falsa que se forma a opinião pública sobre os servidores do Estado.

Além disso, se um homem de merecimento fizer sombra a cogumelos, que só podem aparecer à falta de quem os encubra, os pretendidos guias da opinião fazem-lhe lama nos pés, até o enterrarem.

E assim, o povo ignaro, tendo de escolher quem cure de sua causa, deixa de parte o homem sério, inteligente e patriota, para atirar-se nos braços dos verdadeiros especuladores.

José Gomes riu-se e disse, para moer seu hóspede:
— Pois eu vou agora mesmo à casa dele.
— Ah! Vai lá? A negócio?
— Vou a negócio, sim.
— Pois olhe: eu não queria estar-lhe na pele. O menos que lhe acontece é vir de lá arranhado, se não vier esfolado.

— Tanto mais — ajuntou José Gomes —, que eu vou disposto a isso, desde que vou me empenhar para que faça o negócio comigo.
— Não tenha dúvida. Rezo-lhe pela alma!
— Obrigado, mas como não se trata de coisa importante, os arranhões não serão fundos.
— Posso saber qual é o negócio?
— Não é segredo. Eu vou pedir que me venda uma escravinha que ele possui e de que preciso para tomar conta de meu filhinho.
— Que não seja uma negrinha que ontem me disseram ter de lá desaparecido há oito dias, sem se saber dela nem via, nem mandado.

José Gomes assustou-se com aquela história — e replicou:
— Grande pesar teria se fosse a que procuro.
— Talvez não seja, porque o homem deve ter mais de uma; mas, se for, é tempo perdido o que gastar em ir além daqui. Se tem os sinais da rapariga que quer comprar, deve saber-lhe o nome, e eu poderia dizer-lhe o da fugida.
— Como se chama ela? — perguntou José Gomes, tremendo de receio que fosse a protegida de Honorina.
— Chama-se Lucrécia. Sei bem, porque sou muito curioso das coisas dos meus vizinhos.

José Gomes ficou pálido de causar reparo a seu hóspede. Tinha tanto empenho em comprar essa negrinha que sofreu verdadeira decepção em saber que ela desapareceu.
— Pois é verdade, meu amigo, desapareceu, dizem, por evitar os maus-tratos que sofria.
— E o senhor não a tem procurado, não tem feito esforço para descobrir onde ela se oculta? Uma criança não pode fazer grandes excursões como um homem. Deve estar por perto de casa.
— Qual! Tem-se feito tudo o que é possível por apanhá-la, que o tal meu vizinho antes quer perder uma perna do

## Capítulo XXIII

que um objeto de valor. Como não há de ficar desapontado quando você lhe aparecer, que souber de sua intenção e calcular quanto perdeu! Oh! quanto me satisfaz mais aquele velhaco!

— Não — respondeu José Gomes —, não irei além daqui, desde que você me afirma ser tempo perdido.

— Lá isso é verdade, mas eu estimaria bem que você fosse aguçar a sede ao bicho, só para vê-lo desesperado.

— Deixe esses sentimentos — disse José Gomes —, deixe que cada um faça e viva como lhe parecer melhor, e não use de vinganças de mulher.

Ferreira ficou meio corrido com aquela amistosa reprimenda, mas aquele espírito vão saiu-se do ligeiro embaraço com uma das suas:

— Sempre ouvi dizer que a vingança é o néctar dos deuses.

José Gomes não estava em condições de sustentar discussões com um tolo, matéria que pede calma e paciência de um santo.

Saiu, pois, da fazenda levando dois espinhos no coração: a desgraça da família Queiroz e a fugida de Lucrécia.

Não há nada que mais abale a sensibilidade das almas bem formadas do que ver cair em miséria quem já dispôs de fortuna.

E, se o desventurado é pessoa recomendável por suas elevadas qualidades, o sentimento redobra de intensidade.

Chega-se a duvidar da Justiça de Deus, porque não se sabe que tudo isso é meio de purificação das almas, para bem merecerem o seu amor.

Sentia, pois, José Gomes a desgraça de seu amigo, e mais ainda porque não sabia onde fora ocultar sua vergonha, sendo-lhe, portanto, impossível prestar-lhe qualquer auxílio.

Pelo desaparecimento de Lucrécia, o sentimento era de um caráter singular. Parecia-lhe que uma corda desconhecida do seu coração chorava a desgraça da inditosa criatura que se vira forçada a expor, talvez, a vida para escapar aos maus-tratos.

Uma coisa o intrigava singularmente: era o interesse excessivo, inexcedível, que lhe causava aquela negrinha desconhecida.

Nestes pensamentos chegou a casa ao romper do dia.

## CAPÍTULO

# XXIV

À mesma hora em que José Gomes atravessava o pátio de sua casa, sem que encontrasse vivalma, e tendo feito uma bela madrugada, atravessava a Passagem das Pedras, em marcha para a cidade de Aracati, a família Queiroz, emigrada do Quixadá.

Os pobres também merecem um canto, ainda que seja escuro, na crônica da humanidade.

Deixemos, pois, os que gozam as delícias do lar e vamos acompanhar, por um pouco, os que já não têm sequer um arruinado casal, a cuja sombra possam relembrar as cenas, sempre palpitantes de interesse, sempre cercadas de poesia, da primeira quadra da vida.

No ninho em que se recebeu a aura vital há um calor tão grato como não se encontra em parte alguma — há um perfume que somente recordá-lo faz subirem, do coração aos olhos, lágrimas de saudades, ternas como o suspiro da mãe pelo filho que se foi.

Dali se vê o morro aonde, por todas as tardes de verão, vem descantar mavioso sabiá, onde os cordeirinhos fazem exercícios de ginástica, enquanto o rebanho ajunta os últimos bolos de capim para remoer à noite.

Além divisa-se a torre do campanário, onde se recebeu a água lustral, onde foram sagrados os laços de casto amor, onde se purifica, todos os anos, a alma das culpas que a tisnam, onde, finalmente, teve a última encomendação a doce mãe, que levou para a terra o mais terno e mais santo dos afetos.

Por cima, um céu azul — azul como o manto da Virgem, recamado, nas límpidas noites, de cintilantes estrelas.

Por baixo, a terra que guarda, em uma árvore, em uma pedra, em um ribeiro, a recordação de horas tristes ou alegres, todas, pelo correr do tempo, transformadas em horas poéticas.

Por toda parte um espelho vivo da existência simples, descuidosa, plácida e feliz do filho dos sertões.

Deixar tantos encantos do coração e ir, pelo mundo além, buscar um ponto desconhecido onde passar o resto da existência, já pesada, é trocar rosas por espinhos, é sair de uma atmosfera leve e perfumada para mergulhar na que respiram os habitantes da *città dolente*,[17] de que nos fala Dante.

Aqui tudo é mudo em torno, tudo é triste e pesado, tudo é novo, o que quer dizer que nada tem o segredo de falar afetuosamente à alma.

Quando se ouve cantar o sabiá, não se sente aquele enlevo de outros tempos: sente-se uma dor pungente a lacerar o coração.

Quando se vê alvejar, no alto da colina, a torre da igreja, tem-se o pensamento de que não está ali o óleo sagrado com que lhes ungiu a alma o velho sacerdote, cujas bênçãos já são só para outros, para os felizes que não precisaram fugir da terra em que nasceram e morreram seus pais.

---

[17] Dante, *Divina Comédia*, Inferno, Canto III, v. 1: *Per me se va nella città dolente* (Por mim vai-se à cidade triste). Início da inscrição gravada na porta do Inferno.

## Capítulo XXIV

Quando, finalmente, se atende para as manifestações da natureza, parece que o céu é menos azul e menos estrelado, a terra não produz a relva matizada de mimosas flores, os pássaros não cantam como lá, o ruído do vento dá gemidos nas folhas em vez de sons harmoniosos, as rosas não têm perfume, os cravos são desmaiados, as alegrias são melancólicas!

Queiroz, sua mulher e filha encaravam por este modo as coisas da terra que escolheram para refúgio de sua miséria.

Na Canoa Quebrada, do lado oposto à cidade situada à margem do Jaguaribe, compraram uma casinha com terreno bastante para um pomar, uma horta e um jardim.

Em terra pobre tudo é barato; mas por isso mesmo é mais difícil ganhar a vida, porque o trabalho entra na lei geral.

De que serve terem-se quatro ovos por um vintém, se custa-se a ganhar esse vintém quanto ganhar um cruzado, onde o ovo custa um tostão?

E não é somente a barateza do trabalho o que torna precária a vida em lugar pobre: o pior é que essa barateza exprime a pouca procura, de modo que nem sempre se acha o que fazer e, portanto, nem pelo barato se pode trabalhar e ganhar.

Em terra rica tudo é caro, porque há grande procura; porém, mesmo por isso, o trabalho vale muito e há muito quem o queira.

Só os malandros não acham ocupação.

Em sua nova habitação os nossos amigos começaram por despedir-se dos hábitos contraídos nos bons tempos, em que tinham quem os servisse.

Todos se constrangiam com isso, não por si, mas pelos queridos de seu coração.

Nhazinha tomou conta do serviço interno, poupando a mãe, doente, de todo o trabalho, e Queiroz incumbiu-se do trabalho externo.

Entretanto a moça cuidava do jardim, que era seu recreio, e de vez em quando ia aonde trabalhava o pai, e não ficava ociosa ao pé dele.

Trabalhavam os pobres a matarem-se, porém o resultado não correspondia a tão grande esforço.

Quando, à noite, se recolhiam a seus quartos, era a hora de cada um, era a hora dos tristes desabafos.

Choravam as misérias dos seus, choravam de saudades do passado e pediam a Deus coragem para levar sua cruz ao Calvário.

Nhazinha era dos três a que mais sofria e mais dores tinha de ocultar.

A bela moça não deixara em Quixadá somente o ninho em que nascera.

Marcos Correia, que tão desvantajosamente conhecemos pelas informações do Ferreira, era um homem sério, honrado e humanitário.

Tinha um filho menor, Francisco Correia, que era o encanto da sua vida, e bem o merecia, porque em tudo se mostrava digno herdeiro das distintas qualidades do pai.

Este não quis que sua joia levasse a vida estúpida do sertanejo e, muito cedo, o mandou para a capital, a fim de estudar, ali, as humanidades preparatórias do curso jurídico, ao qual o destinava.

Chiquinho, porém, como era conhecido em casa e por toda a vizinhança, que o adorava, vinha todos os anos passar as férias em casa, o que era para Marcos e para ele suprema felicidade.

Já contava Chiquinho 18 anos quando acabou os preparatórios e teve de ir pousar mais longe da casa paterna, no Recife, para onde já se havia removido, de Olinda, a Faculdade de Direito.

## Capítulo XXIV

Foi para Marcos um motivo de grande pesar aquela separação, que, no fim das contas, não valia mais do que as outras, pois que tanto importava estar a cem léguas de distância como a cinquenta.

O espírito, porém, faz-se à ilusão de que, estando-se mais perto, está-se menos separado, e, estando-se mais longe, se o está mais.

Chiquinho também participou daquele pesar, porém este por mais um motivo.

O rapaz criou-se quase com Nhazinha, eis que suas famílias se davam intimamente; apesar de inteligente e de bons sentimentos, conhecia, num e noutro sentido, superioridade da sua bela companheira de brinquedos infantis.

Queria-lhe muito bem, e sentia muito respeito por ela.

Os pais, quando os viam juntos, correndo no terreiro com a liberdade incomparável da inconsciência, diziam com satisfação: "que belo par se está criando ali!"

E o dizer dos pais, que traduzia um desejo de seus corações, pois que Marcos via crescer a menina com as qualidades que desejaria para a mulher de seu filho, e Queiroz apreciava pelo mesmo modo as qualidades que desabrochavam no menino — aquele dizer repercutiu na alma dos rapazes.

Estimavam-se como irmãos, enquanto foram crianças; mas, desde que Chiquinho foi para os estudos e voltou já com ares de moço, não houve mais entre ele e Nhazinha a mesma liberdade.

Tratavam-se como velhos camaradas, riam, brincavam, porém havia entre eles uma coisa que os tolhia, que não lhes permitia mais as expansões de outrora.

O rapaz desconfiava de que Nhazinha não lhe tinha mais a mesma estima.

Esta chorava ocultamente, julgando que seu companheiro mudara com a ausência.

Ambos sentiram a tal coisa, sem a saberem explicar.
Queiroz, que era mais expansivo, vendo um dia a filha corar com uma caçoada do Chiquinho, meteu o negócio à bulha e referiu-se ao que era da sua e da vontade de Marcos. Aquilo foi a luz para os dois espíritos, que compreenderam, a darem-lhe quase o nome, e que os constrangia quando estavam juntos.

Chiquinho reconheceu que amava a bela Nhazinha.

Nhazinha reconheceu que amava o distinto moço.

Essa descoberta aumentou seu acanhamento, até o ponto de reclamar uma explicação, e da explicação resultou a mútua confissão do que era segredo inviolável para qualquer dos dois.

Viveram eles daquele puro e vivo sentimento enquanto Chiquinho estudou preparatórios, e no dia da separação anual juravam-se mais amor para a volta.

E, na volta, parece que se fazia certa a promessa, porque as duas almas levavam o tempo das férias no mais doce enlevo.

Quando o rapaz fez suas despedidas para ir estudar no Recife, não faltou o costumeiro juramento, mas Nhazinha ficou mais triste, atribuindo a isso ir seu amado para uma grande cidade, onde encontraria moças mais belas e mais bem-educadas do que ela.

Embalde Chiquinho lhe assegurava que seu amor não era dos que passam como a aragem pelas flores de um jardim; o espinho não deixava menos de ferir, embora a boa mocinha fingisse perfeita tranquilidade.

Corria já aquele ano em meio, já começavam a raiar no horizonte os alegres clarões do dia venturoso, quando deu-se o desastre de Queiroz, que o leitor conhece em toda a sua nudez.

Chamou este a família e, com a coragem do homem forte, expôs o estado ruinoso de sua casa.

Mulher e filhos sustentavam-lhe a coragem, declarando, com expansões da alma, que a pobreza não desonra quando

## Capítulo XXIV

se sabe ser pobre, e que na felicidade da vida íntima, que felizmente Deus lhes concedia, tinham a maior compensação à ruína da fortuna.

— Têm razão, minhas caras amigas; Deus permite sempre que os infelizes tenham um respiradouro, que é a válvula de segurança contra sua fraqueza. A nossa é essa felicidade doméstica, que eu reputo o maior bem do Céu, concedido aos que se debatem nas ondas encapeladas do mar tempestuoso da vida. Há, porém, um ponto em que não me posso vencer: é continuar a residir no lugar onde figurei na primeira plaina, agora que a sorte nos coloca na última.

As boas mulheres compreenderam, com a penetração que é própria de seu sexo, a delicadeza daquele sentimento, todo orgulho, mas que tinha por oposto a humilhação.

E assim como o compreenderam, entenderam por isso mesmo que nada deviam dizer, por não aumentarem a aflição ao aflito. Apenas a esposa perguntou:

— Que pretendes fazer?

— Ainda não deliberei, porém minha ideia é sumir-me daqui, ir para onde ninguém saiba o que fomos, para termos a liberdade de ser o que somos.

— E Nhazinha? — perguntou ainda a boa senhora, notando a palidez que se espalhou pelas faces da moça, ouvindo aquelas palavras do pai.

— Ninguém a ama mais do que eu, nem faz mais entranhados votos por sua felicidade.

"A quadra dos sonhos, porém, passou e veio a da realidade cruel e esmagadora. Enquanto tive fortuna, acalantei o amor de nossa filha, e lastimo que não se tenham realizado seus desejos, porque o seu objeto é digno de nossa maior estima. Agora, porém, na posição humilde em que caímos, eu não ouso pensar mais nessa união. Os ricos, quando estendem a mão ao pobre, o fazem por proteção, e eu não posso receber tratamento de proteção daqueles que foram meus iguais."

— Isso é orgulho, Queiroz.

— Será? Creio mesmo que é, mas não lhes disse que não me posso vencer? Se Chiquinho, de volta dos seus estudos, sabendo que nossa filha não tem mais o esmalte de sua beleza, voltar-lhe as costas, terei — teremos — coragem para suportar tal ultraje?

— Ele não é capaz disso, papai!

— Tu julgas assim, minha filha; mas teu juízo não assenta na experiência do coração humano, assenta, sim, na sinceridade do teu. O mundo está cheio de exemplos de decepção que sofrem aqueles que julgam os outros por si. Não — eu quero prevenir teu maior desgosto, que tal será ao mesmo tempo a maior humilhação por que pode passar uma menina de alma nobre. É preciso que te convenças de uma coisa: que a felicidade não mora na Terra, passa por ela como uma faísca elétrica. Tu já tiveste teus dias venturosos, chora-os e conforma-te com a infelicidade que é a partilha de todos os mortais nesta vida.

Nhazinha não respondeu, mas as lágrimas, que corriam de seus olhos, diziam eloquentemente a dor mortal que lhe oprimia o coração.

José Faustino vacilou em sua resolução diante daquela dor que transluzia das faces de sua filha, mas a falsa ideia que acabava de expor era-lhe uma convicção.

Antes queria ver a filha chorar a perda de seu amor, por ter ela mesma rompido os laços que a prendiam ao objeto daquele amor, do que vê-la igualmente chorá-lo, com a humilhação de um repúdio da parte daquele que lho inspirara.

Abraçou e beijou ternamente a filha, dizendo:

— Anjo, que vieste aqui para sofrer, cumpre tua missão.

Depois saiu para dispor suas coisas no sentido de deixar o Quixadá.

# CAPÍTULO

# XXV

Não é fácil descrever a dor de um coração que sonha com o paraíso e sente-se inesperadamente arrebatado para um abismo tenebroso de que não pode a imaginação descobrir meio de sair.

Tal era o estado da infeliz Nhazinha, cujo amor, ainda há pouco tão confiado, fora de repente reduzido a uma triste e dolorosa decepção.

Aquela alma, virgem de qualquer desgosto, sofreu de chofre uma descarga capaz de prostrar o mais valente e intemerato.

Perdera a sua Honorina, cujo espírito se afeiçoara ao seu, por modo de se poder dizer uma alma em dois corpos.

Viu seu pai e sua mãe, entes queridos que eram para ela a pura encarnação de seus afetos, reduzidos ao miserando estado de não poderem manter a casa onde viveram, foram felizes, onde ocultavam os encantadores mistérios de uma afeição que o tempo avigorava.

E, por último, esmagava-lhe o coração a resolução de José Faustino, pela qual a felicidade que sonhara para o futuro desfazia-se como um castelo de nuvens ao sopro do Aquilão.

Queria crer, mas não julgava possível — não podia admitir que tivesse de perder seu adorado, e perdê-lo para sempre.

Tanto amor não podia ser desfeito num momento!

Em sua agonia, passava-lhe pelos olhos da alma a imagem querida do único homem que adorara, e ela se retraía, em desespero, para não falar-lhe.
Fugir daquele a quem se uniu o coração é horroroso!
"Mas fugir pelo quê? Por que se perdeu a fortuna? Oh! desgraçada da mulher que não é amada por si, mas sim por seu dinheiro! Eu sempre acreditei que a fortuna era um simples acidente em matéria de amor. Meu pai, entretanto, pensa diversamente. Será possível que ele tenha razão? Meu Deus! Eu enlouqueço! Mas não, não é possível que o Chiquinho me amasse pelo meu dinheiro, e me vire as costas desde que souber que já o não tenho, que estou pobre! Seria isso uma vileza, e meu coração jamais poderia conceber amor por uma alma vil. Há homens capazes de tudo, bem o sei; mas nem todos são um. Assim como há grandes inteligências — e inteligências incapazes de compreender as coisas mais simples, assim há quem seja dominado pelos sentimentos mais repulsivos e quem jamais desça da alta esfera em que plainam as almas nobres. Meu pai nivela todos na ignomínia, mas esquece as exceções, e eu quereria ter a liberdade de perguntar-lhe: o senhor era capaz do sentimento que atribui ao Chiquinho? Ah! por que supô-lo diferente de si, quando ele nunca deu razão para tão degradante juízo? Desgraçado moço! Além de perderes o ídolo de tua alma, sentirás a indignação de teres sido nivelado aos miseráveis que antepõem a tudo o interesse material! À dor da perda de quem era o objeto de teu puro amor, terás de ajuntar a ofensa grosseira que fazemos a teus sentimentos! Eu sinto mais pelo amado de meu coração, do que por mim mesma, este doloroso rompimento. O que será de Chiquinho quando souber que lhe fugi? O que julgará de mim — de mim que lhe jurei amor eterno? Quanto me ficará odiando? Meu Deus! Eu não posso suportar o

## Capítulo XXV

pensamento de ser odiada, talvez mesmo desprezada, por aquele a quem dei meu coração e por quem choro e chorarei lágrimas de sangue!"

E a moça, exaltando-se àquela ideia, exclamou, como louca:

— Chiquinho, anjo de minhas adorações, amor e vida de minha alma, eu não traí a fé que te jurei; eu serei sempre a tua Nhazinha; eu nunca, jamais, serei de outro, visto que não posso ser tua. Não me condenes, por piedade. Não me julgues capaz de te abandonar. Uma filha tem a obrigação de cumprir religiosamente o que lhe ordena seu pai, mas não te irrites contra o meu, que é arrastado pelo desespero. Tem pena de nós. Chora a desgraça de tua amada e a sorte de seus pais. Por que não estiveste presente à catástrofe que nos enlutou a alma, para dizeres a meu pai: eu não sou dos que amam por interesse? Tua presença destruiria o mau juízo que ele faz de ti, ou antes, que faz dos homens. Tua presença me salvaria — nos salvaria do inferno que vai se abrir a nossos pés para nos engolir. No lugar em que tinhas um céu aberto, encontrarás o silêncio, e talvez acredites que também a ingratidão, o esquecimento! Correrás só por esses campos, em que juntos admirávamos a natureza resplendente de belezas, quer em tua casa quer na minha! Tua voz, chamando Nhazinha, perder-se-á nos espaços, sem outra resposta a não ser o eco, que te encherá a alma de tristezas! Eu ao menos, meu querido, não terei tantos objetos que avivem a dor imensa de perder-te. Eu, porém, terei essa dor mais profunda, porque não terei com quem desabafá-la! Esquece-me. Procura outra que te faça feliz, já que não me é permitida essa felicidade, a única que pedia a Deus com todas as forças de minha alma. Adeus, Chiquinho, adeus até a eternidade!

Esgotada por tão duras emoções, a bela mocinha caiu reclinada no travesseiro da cama, e assim, em verdadeiro letargo, levou até o romper do dia.

A luz do sol, penetrando no quarto, veio despertá-la, e acordar foi para ela a renovação de suas pungentes dores.

Ergueu-se da cama, tal como se achava, e saiu a ir cumprimentar seus pais.

Era tal a mudança feita naquelas horas que os bons amigos correram a ela e abraçaram-na em pranto.

— Coragem, minha filha. Não aumentes nossa aflição com a tua fraqueza. Nossa posição é desesperada, e se não tiveres pena de nós, ajudando-nos a conduzir nossa cruz, só Deus sabe a desgraça que nos pode acontecer.

— Deixe desabafar meus pesares — respondeu a moça —, mas tenha certeza de que não os arrastarei, por minha fraqueza, ao desespero. Um dia sucede a outro, e cada hora que passa imprime uma modificação em nossa alma. Se hoje me sinto fraca, amanhã estarei forte — forte de não mais lembrar-me do único sonho de minha vida.

O dia passou-se em arranjos de viagem feitos pelos três, que se entendiam, mas que quase não se falavam.

Ao anoitecer do último dia que tinham de passar na terra em que nasceram, Nhazinha achou-se debaixo de uma bela árvore que ficava próxima da casa, onde costumavam, ela e seu amado, passar horas esquecidas em doces conversas.

Quis dizer o último adeus à planta amiga que guardava discretamente os segredos de suas mais puras expansões.

À hora triste, a pobre menina sentiu tanta saudade dos dias ali passados que sufocou de mágoas.

Era já noite escura, e Nhazinha não estava em casa.

O pai deu-lhe pela falta e perguntou por ela à mãe, que teve a intuição do lugar em que devia estar, desde que em casa não estava.

## Capítulo XXV

— Procura-a no que ela chamava seu caramanchão. Sem dúvida foi despedir-se do lugar querido.

O coração de mãe tem este dom: adivinha o bem e o mal dos filhos.

Queiroz correu ao caramanchão, que era o belo pé de cumaru, e ali achou a filha desfalecida.

Com grande trabalho reanimou-a e conduziu-a para casa, não tendo visto umas palavras por ela abertas na casca da árvore.

Queiroz queria desaparecer, e, portanto, não lhe permitiu que escrevesse a seu amado para lhe dizer adeus; assim como ele não dirigiu ao amigo Marcos uma palavra que lhe fosse guia da rota que ia seguir.

A pobre menina dar-se-ia por feliz em poder dizer a Chiquinho: morri para o nosso amor, porém este será eterno em meu coração.

Contentava-se em dar uma prova de que continuava e continuaria sempre a mesma, mas o falso preconceito do pai lhe tolhia esta tão fácil consolação!

Não podia desobedecer à vontade paterna, mas seu espírito encontrou o meio de conciliar sua obediência com a necessidade que tinha de dizer a Chiquinho uma palavra, que lhe servisse de prova de sua firmeza.

Os que amam acreditam que todo o mundo está a serviço de seu amor, e que um *ai* solto na solidão é levado a seu destino nas asas da brisa que o colhe.

Nhazinha, pois, indo ao caramanchão, não teve somente em vista dizer adeus ao sacrário de suas confissões amorosas, senão também gravar na árvore a prova de seu tormento.

Com um canivete de costura, que levou tão oculto como se fosse uma arma homicida, abriu na casca do cumaru estas palavras — *não me esqueças* — e foi depois disso que, sentindo o peito assoberbado de mágoas e saudades, caiu sem sentidos.

## CAPÍTULO XXVI

Seriam duas horas da madrugada quando partiu a caravana, levando cada um a morte no coração. Felizmente estava escuro e não se podiam ver os objetos que evocariam os tempos cuja lembrança estava, aliás, gravada naqueles corações, como se fosse em bronze.

A alma de José Faustino era de têmpera fina, mas não há muito quem no primeiro encontro com a adversidade conserve a calma e o sangue-frio.

O bom homem, acostumado a ver desfiarem os dias de sua existência como as águas de um ribeiro que se espreguiça por verde campina, abateu-se, ou antes, desconcertou-se, encontrando-se com o primeiro embate da fortuna adversa.

Os que nascem, crescem e vivem por entre risos e flores abatem-se diante de qualquer golpe, que passa quase despercebido aos que nascem, crescem e vivem por entre lágrimas e espinhos.

A adversidade é uma excelente escola!

O nosso homem, pois, desconcertou-se ao ponto de julgar mal de toda a humanidade, sacrificando assim a maior felicidade de sua vida, que consistia em ver feliz sua adorada filha.

Crente de cumprir um dever de honra, arrastava duas almas à desgraça, talvez ao desespero, com o cortejo de suas tremendas consequências.

## Capítulo XXVI

Se lhe dissessem: não podes sacrificar tua filha a teus preconceitos, filhos de mal disfarçado orgulho — ele choraria de pesar, mas não retrocederia, porque estava convencido de que todos eram como Maciel.

Não houve, pois, nem a morte lenta de sua adorada Nhazinha, coisa que tivesse o poder de modificar-lhe a resolução.

Como já sabemos, foi se esconder na Canoa Quebrada, onde ninguém o conhecia e, conseguintemente, não tinha vexame de apresentar-se pobre e precisando trabalhar para viver.

Era um orgulho singular o seu!

Não se humilhava de ser tido na conta de gente reles por quem não sabia que já fora homem rico e de certa posição social. Humilhava-se, porém, só à ideia de o verem reduzido à miséria aqueles que o conheceram em superior posição.

A bem dizer, não era orgulho o que o dominava, mas sim vaidade, fraqueza de ânimo para resistir às contrariedades da vida.

Às vezes, quando já ia passando a primeira impressão do golpe que recebera, refletia sobre seu procedimento e tinha dúvida sobre ser ou não o mais correto; a fraqueza, porém, que o arrastara, resolvia a dúvida pela afirmativa.

É mais fácil vencer-se no primeiro momento do que retroceder do caminho errado, que, por desgraça, se preferiu naquele momento.

Vigiai, pois, para que não tomeis uma resolução perniciosa, de que não podereis facilmente emendar-vos.

Se não for orgulho, será o amor-próprio, e se não for este, será a vaidade, o que vos há de impelir para diante, desde que tiverdes dado o primeiro passo falso.

José Faustino prosseguia, pois, em sua resolução, a despeito dos males visíveis que ela causava, pois que Nhazinha definhava a olhos vistos, como curva a haste, coroada de flores, a angélica, cujas raízes não encontram na terra os sucos nutritivos.

No Aracati, o bom homem tentou todos os meios de fazer confortável a vida dos seus; mas, cidade paupérrima, onde todos se provêm do necessário, que fazer aí?

Procurou explorar a pequena indústria do hortelão, em que se esmerou, porém não achou saída compensadora para os produtos de seu afanoso trabalho.

Atirou-se para a pequena criação, e encheu o limitado sítio de todas as espécies de aves do terreiro, mas o preço por que logrou vendê-las não dava para compensar a despesa com o sustento.

Duas tentativas baldadas, para quem está sem recursos, valem por uma falência.

O pobre homem já comparava o que fazia ali com o que poderia fazer em sua terra, e pensava que lá ter-lhe-ia sido fácil endireitar o carro.

Com duas dúzias de vacas teria em poucos anos reparado sua fortuna arruinada.

O Ferreira não era um homem arranjado, tendo começado, não havia mais de seis anos, por aquele modo, com exíguos recursos?

A criação do gado vacum, cavalar e lanígero produz miraculosamente naqueles sertões, onde o industrial pouco tem que despender com o custeio e menos ainda com o passadio.

Pensava agora que tinha dado um passo precipitado, mas... o orgulho, o amor-próprio, a vaidade?

A miséria batia-lhe à porta, e ele arrepelava-se diante da esquálida figura, menos por si que pelos dois entes a quem tanto amava.

Fez-se pescador, queimou a pele ao calor abrasador do sol canicular e reconheceu ainda a ineficácia de seus esforços.

## Capítulo XXVI

Refletindo bem, veio a compreender que o pobre não pode fazer carreira em terra pobre, e que, portanto, era remar contra a maré tudo o que fizesse por viver no Aracati.

Pensou em fugir para o Pernambuco, que era naquele tempo o empório de todo o comércio do Ceará, e tinha em sua capital condições relativamente superiores às de todas as cidades do Norte; mas o orgulho, o amor-próprio, a vaidade lembraram-lhe que ali se achava Chiquinho, que podia encontrá-los em tão miserando estado.

Achava-se um dia na banca que abrira na cidade para vender o peixe que pescava quando lhe apareceu um homem de sua idade, pouco mais ou menos, propondo-se a comprar-lhe tudo o que ele tinha ali.

Foi uma providência aquela aparição, porque exatamente naquele dia caíra de cama a sua Nhazinha, e não havia em casa com que comprar os remédios.

José Gomes, que era religioso, atribuiu o fato a milagre, ou coisa assim pela laia do que fez Deus aos hebreus enquanto atravessavam o deserto.

Também por isso afeiçoou-se singularmente àquele homem que lhe trouxe, tão oportunamente, o bálsamo para sua dor pungente.

Conversando, veio a saber que era ele português, residente no Pará, donde viera por ajustar trabalhadores para seus seringais, nas matas do Amazonas.

— Que vantagens dá esse negócio? — perguntou por simples curiosidade.

— Que vantagens? É talvez o melhor negócio do mundo. Eu comecei com dois contos de réis há dez anos e não dou hoje minha fortuna por duzentos contos. Agora com o reforço de gente que levo daqui, e para qual é que vim comprar-lhe este peixe, dou tão grande impulso ao meu estabelecimento que, se Deus me der vida, em outros dez anos, farei o dobro do que fiz nos dez primeiros.

— E o que é preciso para explorar-se essa indústria? — perguntou já com interesse.

— Ter coragem para levar a vida num deserto povoado de onças e de bugres, que são piores que as feras.

— Mas não vão bem armados os exploradores dessa rica indústria?

— Certamente; ninguém vai com as mãos abanando para um covil de animais ferozes, porém não há vigilância que preserve do bugre principalmente.

— Ora, isso é nada para quem tem grandes lucros, como diz o senhor.

— Sem dúvida que não é motivo para deixar-se de tentar fortuna; mesmo porque onde está o homem está o perigo, e tanto se morre de flechada como de outra coisa. O pior, porém, é que nos vales do Amazonas reinam febres terríveis, que fazem estragos constantes nas fileiras dos seringueiros.

— E não há remédio para essas febres?

— Há remédio, como para toda moléstia; mas as febres, ainda mesmo que cedam, deixam estragado o organismo de quem as sofreu.

A conversa ficou neste ponto e o desconhecido despediu-se, levando o peixe que comprara.

José Gomes ficou pensativo, como quem luta consigo mesmo entre os prós e os contras de uma resolução grave.

Levou para casa o remédio, e todo o resto do dia esteve taciturno.

Sentia a tentação de ir para o Amazonas, mas receava sacrificar a vida, que era o único apoio da mulher e da filha.

Demais, como deixar aqueles entes queridos em tão completo abandono, e como ir sem levar dinheiro, que é o nervo de toda indústria humana?

## Capítulo XXVI

Ficar, porém, naquele viver infernal parecia-lhe impossível.

À noite expôs à mulher e à filha, que já estava melhor, o que lhe disse o português, por ver qual era a opinião de suas companheiras de infortúnio.

As senhoras bem sabiam que ali não tinham meios de continuar, e, pois, sem vacilação, deram seu voto pela mudança — qualquer que fosse o perigo que corressem.

José Gomes, cuja resolução estava vacilante, sentiu o peso daquela opinião e quase ficou resolvido pela partida.

Vendia o sítio e, com o dinheiro, fazia o seu estabelecimento.

Pensou muito durante a noite, e no dia seguinte estava de plano feito: — ia para o Amazonas.

Enquanto, porém, tratava de dispor do que tinha, para reunir a maior soma possível, ocorria uma circunstância que não deve ser omitida, porque talvez tenha grande influência no desenlace deste drama.

Nhazinha estava, uma manhã, à porta da frente quando viu de longe uma preta, que vinha cambaleando ao peso de um grande cesto cheio de frutas.

Ficou com pena da pobre negra e teve pesar de não ter dinheiro para comprar a carga, a fim de aliviá-la de tão descomunal peso.

A preta, porém, se aproximava e, quase ao pé dela, caiu desfalecida.

A moça não se pôde mais ter e correu a socorrê-la.

Qual não foi sua dor, reconhecendo na desgraçada vítima da escravidão a estimada mãe de Honorina — a que lhe servira de ama!

Suja, maltrapilha, com o corpo chagado de vergalho e esquálida como um esqueleto — eis ao que estava reduzida Marta, sempre asseada e de pele luzente, enquanto era escrava de José Faustino.

Nhazinha quase desfaleceu também àquele espetáculo, que lhe fez sangrar o ulcerado coração.

— Que mais me falta, meu Deus?! Antes não tivesse tido este encontro, que me veio avivar uma ferida mal cicatrizada! Ao menos fazia-me a ilusão de que esta desgraçada tinha encontrado um bom senhor! Agora, porém, que a encontro neste lastimoso estado, e que não tenho meios de dar-lhe alívio, que bálsamo terei para minhas mágoas? Como é triste a condição do escravo! Eu me doo de ter perdido um amor, entretanto tenho pleno direito de dispor de mim. Esta perdeu também um amor, e é arrastada pelo vento da fatalidade! Tem a alma ferida e tem o corpo chagado! Perdeu a filha querida e encontrou um bárbaro senhor! Meu Deus! Que triste é a sorte do escravo!

Enquanto monologava, corria a trazer vinagre, que chegou às narinas da preta, e com que friccionou as fontes e os pulsos.

Em pouco tempo a desfalecida reanimou-se, e tanto que encarou a moça, que a cercava de cuidados, e exclamou com espanto:

— Nhazinha!

Dir-se-ia que tinha visto uma alma do outro mundo, tão gutural foi o tom da exclamação, e tão descomposta ficou a fisionomia de Marta.

Em poucos minutos serenaram aquelas emoções causadas não tanto pelo encontro, que ambas tinham julgado impossível, senão por ter ele lugar onde nenhuma delas podia imaginar.

— Você aqui, minha filha! Como foi isso?

Nhazinha fez a narração de tudo o que lhes acontecera desde aquele dia triste em que Maciel as separou.

— Mas o seu casamento com *seu* moço Chiquinho? Ele esqueceu-a?

## Capítulo XXVI

A moça empalideceu àquela pergunta, como se tivesse recebido uma punhalada no coração.
Explicou o que se dera a tal respeito e, para fugir a uma lembrança que a esmagava, perguntou, por sua vez, a Marta o que lhe havia acontecido e que era feito de Honorina.
A história da vida dos escravos é a mesma para todos, com pequenas variantes.
Como a besta de carga, seu valor depende da estampa e das habilidades que aproveitam ao senhor.
Este, se trata bem o escravo, não é tanto porque o estime como seu semelhante, senão para o não depreciar.
E tanto é assim que, se aparecer uma oferta, raro é o que a recusa; e o que a faz é levado muita vez pelo puro sentimento bazófio como quem diz de seu cavalo de sela: "não há dinheiro que o compre."
Também a sorte do escravo é a do cavalo ou besta, que passa da sela para a cangalha, com raríssimas exceções, que servem para mostrar como em todos os graus da miséria humana há sempre uns mais felizes que outros.
Marta referiu sua viagem até Quixeramobim, não ocultando a tentativa que fizeram os pretos de acabar com Maciel, do que foram demovidos por Honorina.
Nhazinha chorou de satisfação, à vista daquela prova de que os bons princípios ficaram gravados no coração da negrinha, que amava como se fosse sua irmã ou filha.
— Há de ser feliz! Deus não pode deixar de derramar suas graças sobre um coração que rompe as trevas para se engolfar na luz!
Continuando sua dolorosa narração, a preta referiu como, em Quixeramobim, um fazendeiro gostara de Honorina e a comprara para ama do seu filhinho.
— E o perverso teve coragem de separar a filha da mãe? — perguntou angustiada a moça, ignorante de quanto é o homem capaz de todas as maldades.

— Ah! minha filha, você acreditou, porventura, que, saindo juntas, havíamos de ir sempre juntas até o fim da vida?
— Mas é horroroso separar a filha de sua mãe!
— É, sem dúvida; porém o que me dirá você se souber que há muito quem lance na roda dos enjeitados, que é o matadouro das crianças, os filhos de suas escravas para alugá-las como amas de leite? Sabem que violentam os mais santos sentimentos do coração humano e que, assim fazendo, atiram as míseras criancinhas à voragem da morte, mas acima e antes de tudo o interesse! Você não vê como certos criadores, calculando que o leite da vaca dá um queijo e manteiga mais do que o bezerro, sacrificam o pobre animalzinho à sua ganância? Pois é a mesma coisa a nosso respeito, visto que não passamos de objetos de valor, tendo perdido o caráter de gente, pelo fato de havermos nascido escravos, coisa, propriedade de outro!
— Oh! mas Honorina deve ter morrido de dor!
— Engana-se. Ela sabe umas coisas que lhe fazem ver o bem onde todo o mundo vê o mal. Recebeu com coragem a separação e deixou-nos, recomendando-nos coragem.
— E você, Marta, que fez?
— Eu? Fiz o que pediu; chorei; mas bem sabia que aquilo era inevitável, e, guardando a imagem de minha filha no fundo do coração como uma relíquia sagrada, entreguei-me ao meu triste destino. Um homem daqui comprou-me pouco antes de ter saído Honorina, e tem-me aqui num inferno. Obriga-me a trabalhar dia e noite, castiga-me por qualquer coisa e nem ao menos mata-me a fome. Ah! Minha filha, os que nascem livres não sabem a graça que Deus lhes fez! Ser livre, poder ter família, gozar a felicidade do amor, de dispor de si é, em relação ao escravo, ente racional sem livre-arbítrio, autômato que se dirige por estranha vontade, criatura que só tem coração para sofrer, o que

## Capítulo XXVI

é quem respira livremente em relação a quem padece de dispneia. Como se pode conciliar o amor de Deus por seus filhos com essa desigualdade de condições entre esses mesmos filhos?! Uns fazendo dos outros máquinas, bestas de carga, mercadoria, objeto do mais grosseiro uso, em que não respeitam o pudor natural, a quem tolhem todo o desenvolvimento moral e intelectual, de quem não procuram auxiliar senão as qualidades que os façam mais rendosos!

Nhazinha chorava de pesar, ouvindo a triste história da pobre escrava, que era, com pequenas variantes, a história de toda a sua raça.

Seu sensível coração esquecia suas dores para engolfar-se nas que sofrem aqueles desgraçados.

Procurou consolar a pobre negra, a quem amava de coração, e alentar-lhe a fé na misericórdia do Pai, explicando a diversidade que tanto a impressionava, pela maneira por que cada um usa de sua liberdade em passadas existências.

— É por tua culpa, Marta, que vieste aqui como escrava, e foi para te remires dessa culpa que o Pai do Céu te concedeu esta dura existência. Aproveita-a, sofrendo teus males com paciência e resignação, pelo amor de Deus; porque, se o fizeres, transformarás as dores de hoje em inefáveis alegrias para amanhã.

A preta deixou-se embalar por aqueles salutares conselhos, e só voltou a pensar na dureza de sua sorte quando Nhazinha lhe comunicou a disposição em que estava o pai de ir para o Amazonas.

— Meu Deus! Antes eu não a tivesse encontrado! Já estava mais habituada a passar sem sua presença, que julgava impossível, ao passo que agora avivam-se minhas saudades e vou perdê-la por uma vez.

CAPÍTULO

# XXVII

Marcos Correia foi surpreendido, como os demais, pela fuga precipitada de seu amigo Queiroz.

Sentiu duplamente aquele desastre: porque estimava seriamente a boa gente e porque pressentiu o golpe que ia sofrer seu adorado filho.

Doeu-se principalmente de não ter o amigo confiado bastante em sua amizade, tomando uma resolução daquelas sem ao menos participar-lha.

Se soubesse que ele tinha caído em miséria, teria corrido em seu auxílio, certo de que dava a mão a um homem de bem, que faria por ele o mesmo, mudadas as condições.

Vê, portanto, o leitor quanto foi infundado o juízo de Queiroz!

Se há homens que só têm por móvel o interesse, a ponto de só fazerem caso de quem lhes pode dar, há, entretanto, outros que se dirigem por sentimentos mais elevados e que não calculam o que lhes podem render suas relações.

Marcos era desses, embora pensasse o contrário, desvairado pela desgraça, seu amigo Queiroz —, embora dissesse o contrário, desvairado pela inveja, seu gratuito inimigo Ferreira.

Reconhece-se, pois, quanto a impaciência, verdadeira revolta, nos casos de nos ser a sorte adversa, nos arrasta para o mal, em vez de nos encaminhar para o bem.

## Capítulo XXVII

Se Queiroz se curvasse resignado ao golpe que recebera, em vez de fugir para onde o vemos reduzido ao mais lastimoso estado — em estado de querer arrastar a pobre família para um centro em que se respira a morte, teria ficado em sua casa e, sem o procurar, ter-lhe-ia vindo o auxílio para reerguer-se.

Sua obediência aos decretos da Providência tê-lo-ia felicitado tanto quanto a revolta o tornara desgraçado.

É preciso que todos nos convençamos de que não viemos a este mundo de expiação senão para pagar uma dívida atrasada, e de que a única moeda que temos para amortizá-la é a da resignação na adversidade.

Sofre menos quem não se impacienta, e do mal se tira o bem, como se tira a luz do fumo.

Marcos Correia, profundamente comovido com aquele sucesso, não se limitou a lastimá-lo.

Fez o que estava em suas forças para descobrir o paradeiro do amigo, mandando próprios aos lugares onde presumia que o poderia encontrar.

Todas as suas diligências, porém, foram inúteis, porque estava escrito que a família sofresse a dura pena.

Marcos não teve sossego enquanto alimentou a esperança de descobrir os fugitivos, e quando se desenganou, ficou abatido como se estivesse doente.

Bem doente estava ele; porque não há maior moléstia do que a que abala o espírito, e Marcos Correia tinha o seu no maior grau de perturbação.

Por fim, como tudo passa na vida, o bom homem foi-se habituando com o fato, até não sentir mais esse vago pesar, que só nos contrista quando, nas horas vagas, recordamos as cenas dolorosas.

Não sabia, porém, o que resolver sobre o querido filho. Devia ocultar-lhe a desgraça que estava pendente sobre o seu coração — ou devia prontamente dizer-lhe tudo?

O primeiro alvitre dava mais folga ao querido moço, mas quando viesse ele a saber, não sentiria menor o abalo.

O segundo levava-lhe logo a perturbação, mas por isso mesmo mais depressa lhe gastaria a emoção dolorosa.

"Que fazer, meu Deus? Se eu pudesse, seria o portador da triste nova, para dar força àquela alma que talvez desvaire diante de tão grande desgraça. Infelizmente não posso fazer a longa viagem, e meu filho não terá junto a si, na hora da agonia, quem lhe diga uma palavra de conforto. Se eu deixasse para quando ele voltar aqui, a passar suas férias? Seria o melhor... porém Chiquinho não me perdoaria tê-lo tido por tanto tempo no triste engano. Não há remédio. É preciso dizer tudo já, embora com as devidas precauções e conselhos de animação, como se eu lá estivesse."

Marcos, pois, escreveu ao filho como tinha delineado, preparando-lhe o espírito para o duro golpe e, chegado ao ponto, fazendo-lhe considerações sensatas sobre o modo por que um homem deve receber as contrariedades da vida.

Mandou a carta para o correio e, tanto que o fez, arrependeu-se de o ter feito.

Não tinha melhor expediente, mas aquele pareceu-lhe detestável.

É que o pobre pai estava num círculo de que não podia sair.

Enquanto a carta ia, e vinha a resposta, pode-se dizer que ele não viveu; esteve sempre assustado à espera de uma grande desgraça.

Por fim recebeu a suspirada e receada resposta.

A mão tremia-lhe de quase não poder sustentar a carta.

Queria abri-la, mas não tinha coragem.

"Que me dirá ele neste papel? Meu Deus, dai-me forças de vencer esta vacilação!"

## Capítulo XXVII

O pobre homem estava num estado indescritível: queria e não podia — podia e não queria. Era preciso vencê-lo.

Na carta, o desolado moço vazava todo o fel que lhe produzira a triste notícia do desaparecimento de sua adorada Nhazinha.

Nunca se descreveu com tão vivas cores a mágoa de um coração e o desespero de uma alma.

Chiquinho não podia compreender a resolução de José Faustino, a respeito do qual fazia mil suposições, qual mais temerária, e todas muito distanciadas da verdade.

Só uma hipótese não pôde formular: foi a de ter Nhazinha esquecido seus juramentos.

E, na confiança cega que lhe inspirava aquela divina criatura, o pobre abandonado chorava sobre as torturas morais da querida do seu coração.

Quem lesse aquela carta, inspirada pelo anjo da tristeza, teria a impressão de que fora ela escrita por um coração acostumado aos revezes da sorte, que sabe fazer-se superior aos golpes que lhe ela desfecha, e que mais sente o mal de outrem que o seu próprio.

Marcos respirou, notando as energias do filho, e, arrancando do peito doloroso suspiro, exclamou, cheio de puro enternecimento:

— Graças vos rendo, meu Deus, pela misericórdia de que usaste para com o meu inditoso filho!

E com essa expansão lavou as negruras da alma — virtude que só nos dá a fé nas santas verdades, que ensinou ao mundo o Mártir do Gólgota.

Passaram os dias sem maior ansiedade, porque a onda mais temerosa já tinha acalmado.

Aproximava-se o momento crítico da chegada de Chiquinho, que não desertou dos seus estudos, porque o alentava uma vaga esperança de que Nhazinha não estava perdida para sempre, que mais cedo ou mais tarde a descobriria.

Enfim, pai e filho atiraram-se aos braços um do outro, não com aquela efusão de contentamento dos outros anos, mas em silêncio, e limpando cada um uma lágrima indiscreta que lhes despontara às pálpebras.

— Ainda não teve notícias dos nossos amigos? — arriscou-se a perguntar o moço, depois que entraram e ficaram sem saber o que dizer.

— Ainda não, meu filho; entretanto, deves calcular o empenho com que tenho procurado obtê-las. Mandei emissários a todos os pontos para onde julguei que teriam ido, porém, todos me voltavam com a mesma resposta: para ali não foram.

— Faz cismar!

— Dir-se-ia que se sepultaram no seio da terra, pois que em torno ninguém os viu passar! Se estivéssemos em um porto de mar, eu juraria que embarcaram ocultamente para fora do país. Nunca vi coisa assim!

— Mas que razão teve o Sr. Queiroz para tratar-nos com tanto desamor, ele que sempre nos deu provas de sincera amizade?

— Não sei explicar este fato, que se envolve em mistério impenetrável. Somente sei que um credor de Pernambuco veio-lhe a casa e tomou-lhe os escravos, que eram sua fortuna, ou antes, que eram o que lhe dava renda para viver independente. Suponho que o homem desanimou e que não quis dar o espetáculo de sua miséria aos que sempre o conheceram em boa posição.

— É razoável, meu pai; porém como explicar-se a fuga tão às ocultas, como se fosse um evadido da calceta?

— Isso pergunto eu, sem jamais encontrar resposta satisfatória. Eles não ficaram devendo nada e, conseguintemente, não precisavam ocultar sua resolução.

## Capítulo XXVII

— E o senhor não correu a oferecer-lhe auxílio, meu pai?

— Bem sabes, porque me conheces, que não faltaria a esse dever para com um amigo de infância, mas aconteceu que só vim a saber do desastre quando igualmente soube que já tinham desaparecido.

— É extraordinário! — balbuciou o moço.

O pai procurou distraí-lo com os negócios da casa; porém, que lhe interessava saber que sua fortuna aumentava espantosamente quando tinha perdido o único ente por quem desejaria aquele aumento?

O sítio, que sempre lhe aparecia em gala quando chegava pelas férias, parecia-lhe agora triste como quem veste luto!

Nada lhe interessava mais ali, onde tudo lhe fazia rir e cantar!

Parecia-lhe que se achava em um deserto!

Entretanto, aquela vaga esperança de ainda realizar seu sonho dourado aí estava com ele mitigando sua tristeza, alentando seu espírito.

Dormiu mal, apesar de fatigado da longa viagem, e de manhã levantou-se abatido.

Correu todos os sítios que lhe eram caros, por lhe trazerem a lembrança dos dias venturosos, em que a vida lhe deslizara por entre rosas, e principalmente porque em cada um deles costumava, quando chegava de fora, passear com sua amada.

Parecia-lhe ainda estar ouvindo a doce voz de Nhazinha, e isso fez que seu passeio fosse-lhe uma prolongada tortura.

Quando voltou a casa, à hora do almoço, vinha com a fisionomia de um convalescente de longa moléstia.

Marcos notou aquela mudança e tremeu pelo querido filho, mas pensou, com razão, que aquela primeira impressão passaria com o tempo.

O coração humano não pode guardar intacto, por muito tempo, um sentimento levado ao extremo.

Só os sentimentos moderados podem ser duráveis.

Passaram-se alguns dias naquele estado de contensão, que era um verdadeiro desgosto da vida.

O moço saía todos os dias a passear e não voltava muitas vezes senão à noite.

Marcos não lhe dizia nada, vindo sempre recebê-lo e cobri-lo de carinhos.

Numa daquelas excursões, Chiquinho, que se mortificava principalmente por não lhe ter deixado a querida moça uma manifestação de seu afeto, dirigiu os passos para o sítio que fora de Queiroz, hoje ocupado, profanado por gente estranha.

Sentia ardente desejo de ver o lugar que colhera o último suspiro de saudade da pobre menina, e tinha uma como intuição de que alguma coisa de bem lhe reservava aquele passeio.

Chegando ao pátio da fazenda e descobrindo a casa que fora o santuário de seu ídolo, o moço quis retroceder, tão viva foi a comoção que o abalou.

Ali, onde tivera a felicidade, onde era recebido com risos e afagos, habitavam desconhecidos, que não podiam avaliar quantas e quão gratas recordações estavam gravadas em cada objeto que lhes era indiferente.

Ia voltar, mais triste do que alegre, por ter visto o sítio onde germinara seu malogrado amor — e eis que divisou a bela árvore, a cuja sombra costumava passar com sua amada as horas do ardente calor do meio-dia.

Como um louco, sem pedir licença, visto que não havia ninguém fora de casa, caminhou direito para o pé de cumaru, e, ali chegado, sentou-se, como no tempo feliz, em um banco de pedra que existia debaixo da bela árvore.

## Capítulo XXVII

Ficou em muda contemplação, quase em êxtase, figurando-se transportado aos dias em que fruíra ali delícias do paraíso.

Parecia-lhe impossível achar-se só, onde sempre estivera acompanhado por sua amante.

De repente seus olhos foram atraídos para uns talhos feitos na casca da árvore, já quase desfeitos pela natural cicatrização, que se opera por intuscepção.

Firmou a vista naquele ponto e leu as palavras, que sabemos: "não me esqueças."

Aquelas palavras, toscamente lavradas na casca da árvore, produziram no moço o efeito de um choque elétrico.

Viu nelas vazado todo o amor de Nhazinha, pedindo-lhe uma lágrima de saudade.

E o moço caiu num pranto nervoso, que lhe fazia tremer todas as fibras do corpo.

Beijou o tronco da árvore onde estava escrito o testamento de sua amada e saiu dali triste e contente ao mesmo tempo, por traduzir naquela inscrição o desespero de Nhazinha, e por ver que ela lhe deixara uma saudosa lembrança.

— Juro que nunca a esquecerei e que a descobrirei, ainda que precise descer ao inferno por ela, como Orfeu por Eurídice!

# CAPÍTULO XXVIII

Enquanto Chiquinho se preparava para voltar ao Recife, animado pela promessa de seu pai de percorrer, durante o ano, todos os pontos da província até encontrar o Queiroz, este fretava uma lancha para transportar-se à capital, onde tomou passagem no vapor da Companhia Brasileira, sem que ninguém tivesse notado sua passagem pela bela cidade.

A bordo, fez ajuste de sociedade com uns matutos que levavam o mesmo destino e constituiu assim um grupo respeitável, não só para o trabalho, como para a defesa comum.

No Pará, saltaram os associados, e José Faustino, apesar de lhe custar muito separar-se da mulher e da filha, entendeu que era prudente deixá-las em Belém e ir ele só examinar o campo de suas operações.

Nessa resolução partiu com os companheiros em um vapor da Companhia do Alto Amazonas, com destino a Manaus.

Em sua perturbação, o pobre homem não teve curiosidade de ver e apreciar o quadro mais imponente que produziu, na Terra, a natureza.

O rio Amazonas, por seu volume de águas, excede despropositadamente os limites de todas as correntes de água doce conhecidas.

Tem cerca de meia légua de largura, e move suas águas com a serenidade majestosa com que um soberano se dirige para seu trono.

## Capítulo XXVIII

É sem dúvida por isso que Magalhães, em seu poema, o chama *rei dos rios*, acrescentando esta frase que mais acentua sua grandeza "se é que o nome de rei o não abate".

Por um e outro lado estendem-se, quase sem limites, matas virgens, como não se encontram em nenhuma parte do mundo.

São árvores de todas as famílias, de troncos gigantescos, que elevam a verde coma até as nuvens do céu, tendo a beijarem-lhes as plantas e a enroscarem-se-lhes pelos robustos caules miríades e miríades de nova e pungente vegetação e de uma infinidade de variadíssimas espécies de cipós e de plantas trepadeiras, que enchem os espaços de umas a outras e tecem uma trama tão bem urdida que os próprios animais silvestres com suma dificuldade podem romper.

No tempo da floração, o verde-escuro daquelas sombrias matas se mescla de flores tão variadas em cor e forma que dão ao viajante aproximado de uma das margens do majestoso rio a ideia de um jardim paradisíaco.

Vivem naquele recesso encantador inúmeras espécies de animais, desde o réptil de grandeza descomunal até a onça, que vale ali pelo leão da África.

Nuvens de pássaros de todos os gêneros conhecidos e desconhecidos da ornitologia, de cores tão variadas que compreendem as mais raras combinações das sete primitivas, que se concretizam no íris, esvoaçam por cima daquele mundo impenetrável e penetram sua inviolável espessura, onde fazem, descuidosos e seguros, os ninhos em que guardam os frutos dos seus inocentes amores.

É a grandeza do rio lutando com a grandeza das selvas.

Agassiz descreve esse quadro que deslumbra a vista e excede os limites da imaginação humana, por estas palavras: "um oceano de água doce, orlado de matas gigantescas".

Naquele deserto em que não penetra a luz da civilização, porque nem quase penetrar pode a luz do sol, a pródiga natureza depositou, a mancheias, riquezas sem rivais, nem mesmo nas jazidas de brilhantes, de ouro e de carvão: as ricas e belíssimas madeiras, sem iguais no mundo; os frutos saborosíssimos e utilíssimos à nutrição; a seringueira, cujo leite se transforma na goma elástica, elemento imprescindível de todas as indústrias humanas!

Os mercadores de água doce, quitandeiros, como geralmente são chamados, vão ali em canoas, em igarités, colher frutos que trazem ao mercado de Belém, e lhes dão para as suas necessidades domésticas, chegando mesmo a fazer fortuna alguns mais diligentes, mais econômicos, ou mais favorecidos da sorte.

A castanha, sobretudo, dá ali com tanta profusão, de se encherem canoas em minutos.

Vendem-nas como as colhem, e o povo as consome como as produz a árvore, perdendo a indústria da extração do óleo da noz, superior ao da oliveira.

A abundância é inimiga da indústria! Os que aspiram a fazer fortuna, em geral estrangeiros e filhos de outras províncias, não se entretêm com aquele fácil engodo.

Penetram os inacessíveis desertos, como os argonautas afrontavam as iras de Netuno para colherem o velocino.

O pomo de ouro aqui é o leite da seringueira, que vale o que pesa, e pesa quase tanto como o ouro.

Somente nós, os donatários dessas minas inesgotáveis, somos os que menos colhemos do seu inestimável valor, porque mandamos ao estrangeiro a matéria-prima, que ele prepara e transforma em milhares de artefatos, que compramos a bom preço.

Vendemos por um, para comprarmos por dez!

Não admira que assim aconteça com esta espécie, uma vez que o mesmo se dá com o algodão, com as peles animais, com as madeiras, com todos os produtos naturais ou de nossa indústria em que mercadejamos!

## Capítulo XXVIII

Não admira que desfaleçam as indústrias, entre nós, uma vez que a raça branca, senhora do país, vive folgadamente, sem precisar apurar os meios de fazer fortuna, tendo a raça preta, sua escrava, a trabalhar para sustentar seu luxo — e até seus vícios!

Hoje que mudaram as condições do país, que todos só têm, para fazerem renda, seu trabalho ou sua habilidade, há de forçosamente mudar a face das coisas, e desenvolver-se, por necessidade, o espírito da iniciativa industrial!

Em menos de meio século, o Brasil não terá mais o vergonhoso comércio da exportação da matéria-prima que lhe voltam manipulada.

O algodão será pouco para suas fábricas de tecidos; as peles serão preparadas em seus curtumes para todos os misteres que se aplica hoje a sola estrangeira; a borracha será preparada aqui para as infinitas variedades de uso que lhe dão as indústrias europeias, desenvolvidas entre nós, e teremos mais a lã nacional com todas as suas aplicações; a seda também aplicada a fábricas nacionais, e o mais que pode produzir o país, que tem todos os climas do mundo e pode dar tudo que dão todas as nações industriais.

Em menos de meio século, graças ao trabalho livre, à extinção do braço escravo, que fazia ociosas três quartas partes da sociedade brasileira, teremos aquela prodigiosa transformação.

Salve três vezes o povo brasileiro, que coagiu os poderes da nação a darem o grande passo, que lavou a mancha do nosso nome e abriu as portas do templo do progresso moral e material ao império americano!

Se houve um fato de nossa vida político-social que possa determinar a decretação de um panteão nacional, esse fato foi a consagração em lei do movimento popular pelo abolicionismo.

Seus corifeus bem mereceram a apoteose!

José Faustino não refletiu sobre todas essas coisas que aí deixamos consignadas, levando o coração enlutado pelo receio de deixar só a família em terra estranha e pelo receio de ir, ele mesmo, afrontar os grandes perigos, que lhe referira o português de quem recebera a ideia de ir tentar fortuna no Amazonas.

Sentado junto à amurada do navio, olhava para aquele céu anilado, olhava para aquele mar sereno, que só é agitado pela pororoca, olhava para aquelas matas gigantescas, que às vezes lhe apareciam, olhava para aquelas praias de branca areia, cobertas de aves aquáticas, de tartarugas e de crocodilos, sem nada ver, porque seu pensamento, melhor diremos, seu espírito, vagava no espaço, cogitando exclusivamente em determinadas ideias.

Enfim chegaram ao porto de Manaus, onde o pobre, como uma tábua atirada às ondas do mar, andou quase ao impulso do vento, sem saber o que fazer.

Uns índios domesticados, que encontrou no abarracamento, fora da cidade, deram-lhe as indicações do que lhe era preciso fazer e se prontificaram a guiá-lo a um rico seringal.

Preparados, ele e os companheiros, com tigelinhas de barro, que se adaptam às árvores golpeadas para receberem o leite que corre das feridas, partiram para as brenhas. Em igarités de pequenas dimensões, atiraram-se ao grande rio, que cortaram na direção de um afluente, pelo qual subiram talvez umas trinta léguas.

Parecia a Queiroz que se achava em outro mundo, tão diferente era o meio em que se encontrava daquele em que vivera.

O trabalho era feito como a faxina em exército acampado diante do inimigo: todos armados dos pés a cabeça.

## Capítulo XXVIII

O inimigo ali eram os selvagens, que espreitavam seus movimentos para atacarem o que se afastasse do grupo ou mesmo o grupo, ao menor descuido.

Além disso era preciso que se prevenissem contra as cobras e as onças, tão ameaçadoras como o gentio.

José Faustino e seus sócios viveram naquele inferno por três anos, sem verem gente civilizada, sem saírem do meio das matas e de seus terríveis habitantes.

No fim daquele tempo, que lhes pareceu mais longo que três séculos, tinham amontoado pães de borracha crua que valiam por uma boa fortuna; mas como remetê-los para o mercado, que é a cidade de Belém?

Um só não podia expor-se a fazer a travessia, porque seria atacado pelos índios.

Se dividissem as forças, ficando metade no rancho e seguindo os outros com a mercadoria, seriam ambos os troços atacados, por serem poucos os que os comporiam.

A questão, pois, só podia ser resolvida descendo todos, mas assim ficava abandonado o trabalho.

A prudência exigia que fossem todos escoltando a carga, mas o interesse se opunha a isso.

Venceu em conselho a ganância, e decidiu-se que acompanhassem as igarités carregadas somente dois, ficando os outros na oficina trabalhando.

E, como Queiroz era o mais avisado em negócios e tinha, além disso, necessidade de visitar a família, resolveu-se que fosse ele um dos dois expedicionários.

A flotilha, composta de seis igarités, presos entre si por cordas de tucum, largou águas abaixo, embarcando o Queiroz na última e o companheiro na primeira.

José Faustino, à medida que a corrente o apartava do deserto e o aproximava do lugar onde deixara mulher e filha amadas, sentia o coração presa de sentimentos opostos.

Enchia-se de alegrias celestiais à lembrança de que ia abraçar os entes queridos, a cujo amor se sacrificara, vivendo a dura vida de três anos no horrível deserto.

Contraía-se à pressão de uma mão de ferro, pensando em mil desgraças que, na longa ausência, podiam ter sobrevindo.

De que serviria então o enorme sacrifício que se impusera?

Nesses pensamentos ia seguindo o curso das águas, quando, na foz do rio por onde desciam, foi a caravana atacada pelos índios. As águas, naquele ponto, formavam uma corredeira encostada à barranca, de maneira que os navios passavam necessariamente junto à terra.

Os índios, mestres em ciladas, tendo acompanhado a expedição, aproveitaram aquele lugar para darem pasto à sua ferocidade.

A luta foi tremenda entre os dois e a multidão selvagem.

Ao sibilar das balas respondia o silvar das flechas.

E, por muito certeiros que fossem os tiros, pouco diminuíam as forças inimigas.

Em menos de meia hora as igarités vogavam sem direção, tendo caído, feridos ou mortos, seus dois condutores.

Os índios, estendidos em linha na extensão percorrida pelos navios durante aquela meia hora, deram o sinal de triunfo desde que cessou o fogo de bordo.

Foi, então, para se ver aquela gentalha atirar-se ao rio do alto da barranca, como se atiram ao charco as rãs que se aquecem ao sol em alguma pedra.

Em poucos minutos a caravana era presa dos selvagens, que a conduziam até onde as águas novamente se espraiavam, a fim de encostá-la à praia e arrastá-la para a terra.

## Capítulo XXVIII

O que fizeram da presa não houve quem o pudesse referir. Provavelmente lançaram fora a carga, que não lhes servia para nada, e tomaram somente os igarités, que lhe eram de grande préstimo.

Aquele triunfo contra as armas de fogo, que os aterra, deu-lhes ânimo para acometerem o estabelecimento, desfalcado de dois guerreiros.

Prepararam, pois, suas hostes, e poucos dias depois os míseros, que se julgavam bem fortificados, se viram cercados pela multidão selvagem, uma parte da qual atacou-os pelo lado que reputavam seguro — o do rio, por onde subiram nas conquistadas igarités.

Os sitiados reconheceram suas embarcações — e, por vê-las em poder de inimigo, tiveram a dolorosa certeza de que seus dois companheiros haviam sido vítimas dos ferozes silvícolas.

Isso os desanimou, mas o instinto de conservação deu-lhes força para baterem-se como desesperados.

Dois dias durou a batalha, que iria além, por ser o rancho entrincheirado, se não escasseassem as munições.

Vendo-se reduzidos à falta de meios de defesa, fizeram conselho e resolveram atacar os igarités, a fim de neles se salvarem, fugindo para Manaus.

O plano foi fatal a quase todos, que pereceram flechados; entretanto um, mais feliz que seus companheiros, matou a tripulação de um barco e fugiu nele, apesar da perseguição de que foi alvo desde o estabelecimento até a vista da capital do Amazonas.

## CAPÍTULO XXIX

O companheiro de Queiroz que escapou à fúria dos selvagens levou quase um ano em Manaus, procurando meio de reatar o fio de suas especulações, tão brutalmente cortado quando estava, ou parecia estar, bem firmado entre a passada miséria e a futura opulência.

Cabem aqui as considerações que fizemos a respeito da vida em lugar pobre.

Manaus, embora cercada das prodigiosas fontes de riqueza do vale maravilhoso em que está situada, não tem indústrias, não procura explorar aquelas fontes, vive a vida geral do país: explorar meios comuns e principalmente empregos públicos.

O nosso homem lutou, portanto, com as maiores dificuldades, até que se desenganou de fazer carreira por ali.

Teve muitas propostas para voltar a seringais, porém não houve promessa que o deslumbrasse.

— Só quem está louco — respondia aos tentadores — arrisca a vida a uma efêmera miragem de fazer fortuna! Eu já sei praticamente o que é aquilo, e só lastimo que meus comprovincianos não tenham minha experiência e se atirem a tão perigosa carreira como a mariposa se atira à luz da vela. Se vão *cem* não voltam *dez*. Os *noventa* são devorados pelas febres, pelas feras, pelos índios, que valem por todos aqueles males.

## Capítulo XXIX

Mas os que voltam trazem algum pecúlio; eis aí um valioso estímulo para a pobre gente se entusiasmar pela imigração para o Amazonas.

E aí vão navios e valiosos subsídios ao insaciável minotauro!

O que mais repugna, mais do que condói ver a massa ignorante correr para o abismo, é haver almas de breu que, cientes do mal, vêm seduzir, com descrições aparatosas, seus irmãos que vivem felizes na condição em que nasceram.

Vivem, sim, felizes, porque os sertanejos têm da pródiga natureza quanto é mister à vida; mas qual o homem que não sente arder no peito a chama de uma insaciável ambição?

Tem pouco, quer ter muito — tem muito, quer ter mais — e, assim, nunca está satisfeito, embora nada lhe falte do que é preciso para viver comodamente.

Os habitantes do sertão do Ceará estão sujeitos à lei geral: vivem pobremente, mas vivem bem; isso, porém, não impede que, ouvindo falar das riquezas do Amazonas, se precipitem em busca de adquiri-las.

Desgraçados néscios, que deixam a realidade pela sombra e, na busca da sombra, se atiram à corrente que lhes dá trágico e horrível fim!

Filhos dos belos campos do Ceará, perdei essa ambição que vos devora *cem* por *um*, resisti aos que vêm, com seu exemplo, arrastar-vos ao abismo, que por bem rara felicidade não os tragou; contentai-vos com essa vida modesta e sóbria que vos legaram vossos pais, para quem os nossos rios, os nossos bosques, os nossos prados, toda a natureza sertaneja tinham encantos, que não trocariam por um trono, se fosse preciso deixarem tudo aquilo.

E eles acabaram em paz, felizes por acabarem nos braços dos entes que mais caros lhes eram.

E vós quereis sacrificar a aventuras arriscadas a doce satisfação de viver e de morrer no meio dos vossos, no lar onde então sempre vivas as recordações dos primeiros anos, que são os únicos anos felizes da vida!

\*
\* \*

O companheiro de José Faustino tinha pago bem caro a experiência e, ainda assim, dava-se por muito feliz de não ter tido a sorte dos que lhe partilharam a ilusão.

Resistiu, pois, às novas tentações, e desenganado de encontrar arranjo no Amazonas, fez cabeça para a terra, que deixou tão cheio de esperança e que já era a esperança única.

Partiu para Belém, onde devia tomar o vapor que o conduzisse ao Ceará, mas como estava na cidade em que o desgraçado companheiro deixara a família, entendeu dever procurar esta para dar-lhe a triste nova.

Antes de chegarmos à casa em que se refugiam as duas tristes mulheres, digamos algumas palavras sobre a vida que têm elas levado nos longos anos que passaram sem saber o que era feito do querido marido e pai.

Queiroz deixou-as com todo o dinheiro que lhe restava, reservando apenas o que era necessário para a viagem e para manter sua empresa. Prometeu-lhes que viria vê-las brevemente e quantas vezes pudesse, porém não contava que teria de internar-se tanto, e menos ainda que ficaria sitiado pelos selvagens, e passou, como vimos, três anos sem poder mover-se do estabelecimento.

A mulher e a filha choravam a ausência do amado homem, e ainda a condição em que ficaram, numa cidade onde não conheciam ninguém.

## Capítulo XXIX

Esperavam, porém, ter a prometida visita, e isso lhes dava consolações.

Passaram-se os meses, venceu-se o primeiro ano, e nem ao menos tiveram notícias de José Faustino, nesse tempo que lhes pareceu uma eternidade.

Começaram os receios de que tivesse acontecido alguma coisa desastrosa, que só assim poderiam explicar aquele silêncio.

O segundo ano levou aquele sentimento ao grau de desesperadora certeza, e o terceiro abriu a era do completo desengano.

Que fazerem, sem recursos, entre gente estranha?

O dinheiro que lhes deixara o bom amigo, apesar das maiores economias, estava a esgotar-se.

A mãe de Nhazinha estava como louca, mas a moça, por efeito de suas ideias a respeito do destino humano, recebia aquela provação com alma grande.

Por maior que seja nossa resignação, não ficamos por isso exonerados da obrigação de trabalhar por melhorar nossa sorte — da obrigação de lutar.

A vida é a luta, e a luta é condição de progresso para o espírito.

Nhazinha, pois, procurou uma saída para aquela posição angustiosa, que lhe pesava mais pela cara mãe do que por ela própria.

Havia, na vizinhança da pequena casinha que José Faustino tomou para elas, um homem de 40 anos, solteiro e rico, cuja fama não lhe era muito vantajosa.

O Sr. Pena passava por ser conquistador de moças pobres, que sem cerimônia abandonava na miséria, desde que satisfazia seus depravados desejos.

Esse homem, assim que viu a linda vizinha e, tomando o faro, reconheceu que era pobre e desvalida, fez plano de possuí-la.

Havia uma única dificuldade: era ter entrada na casa da que escolhera para sua vítima.

O demônio, porém, dizem, ajuda os seus, e Pena, sempre vigilante, achou propício ensejo de penetrar na fortaleza.

Foi o caso que D. Tereza teve um ataque que pôs Nhazinha em desespero.

A moça saiu à rua a pedir socorro e, naturalmente, quem primeiro encontrou foi o vizinho, que estava sempre à janela, por saber dos criados o que ia pela casa dos amos.

— Por favor, acuda à minha mãe que está morrendo — disse-lhe a moça, banhada em lágrimas e sem saber o que dizia.

O velhaco fingiu um dó que não dizia com a satisfação de sua alma danada, e correu aonde o chamavam, com a presteza com que o lobo penetra no redil pela porta que deixaram aberta.

Viu a senhora desmaiada e correu a chamar um médico, que não encontrou motivos de receio no acidente, realmente devido ao estado moral daquela alma, ajudado pelo enfraquecimento do corpo, mal pensado em todos os sentidos.

A pobre mulher voltou a si, contente de não ter-se livrado de uma vida, que só lhe era de dores e angústia.

Como poderá dispor-se a morrer quem deixa uma filha amada no mais completo abandono?

Mil torturas ao lado da filha adorada são um paraíso diante do inferno de deixá-la só neste mundo, onde há sempre a cercar a inocência ignorante mil lobos mais temíveis que as feras desse nome.

D. Tereza agradeceu com abundância de coração ao vizinho, que Nhazinha lhe disse ter corrido em seu socorro, e este fez praça de sua generosidade, pagando ao médico a visita e ao boticário o remédio.

## Capítulo XXIX

Desde esse dia, estabeleceram-se entre as puras senhoras e o velho devasso relações que só eram sinceras da parte daquelas.

Nem sombra de suspeita lhes passou pela mente de que o homem que tão caridoso se mostrara nutrisse a seu respeito sentimentos que não fossem os de verdadeira estima ou mesmo de compaixão.

Aquelas nobres almas jamais admitiriam que houvesse homem tão vil que se prevalecesse da miséria de duas mulheres para atirá-las ao abismo da ignomínia.

O Sr. Pena tinha, portanto, o campo franco por um lado, e bem defendido pelo outro, visto que a mulher virtuosa é fácil em dar liberdade, tanto quanto é invencível no reduto de sua honestidade.

Como velha raposa, o tratante não foi direito à presa, procurando primeiro cercá-la de favores, engordá-la, para dar bote seguro.

Não havia dia em que faltasse essa visita, e em cada uma trazia infalivelmente um prova de que, ausente de suas amigas, não se esquecia delas.

Notava habilmente o que faltava na casa para trazer-lho, o que fazia com tanta naturalidade que o mais esperto não descobriria no fato um motivo reservado.

O reconhecimento das duas nobres senhoras tocava o maior grau.

Pena, quando julgou ter bem preparado seus meios, começou a intrometer-se nos negócios íntimos da família, com certa liberdade que excedia os limites da simples amizade.

Sustentava que José Faustino era morto e dizia que era preciso procurarem um modo de viver sem mais contarem com ele.

As puras senhoras choravam loucamente e respondiam que não sabiam o que fazer, não tendo mais na vida senão a proteção de Deus.

Ele insinuava certas ideias, que D. Tereza tolerava por não poder julgar mal de tão bom homem.

"Era um espírito leviano", pensava ela, "e não pesa as palavras que diz."

Ele, porém, vendo que suas aberturas não eram repelidas, ia-se fazendo mais claro e mais positivo, até que chegou a falar de amor a Nhazinha.

A bela menina, mesmo acreditando que as visitas do Pena eram puras, sentiu tal repulsão à ideia de unir-se a outro homem, que não ao seu adorado Chiquinho, que começou a retrair-se diante do seu *bom* amigo.

Este já tinha se adiantado muito para poder recuar e, pois, transformou suas meias palavras em dizeres claros e precisos.

— A senhora não tem a quem recorrer e certamente não quererá morrer de miséria na flor da vida, quando tem à mão, dependendo só de uma palavra sua, a grandeza com todos os cômodos.

Acreditando sempre que o miserável não a queria senão para esposa, a moça julgou de seu dever abrir-lhe o coração e disse-lhe que já o tinha dado a outro, sentindo que lhe tivesse inspirado sentimentos a que não podia corresponder.

— É sempre o mesmo caso — respondeu o velhaco —, um pai que nunca mais virá em seu socorro — e um amante que nem por sonhos pode imaginar onde encontrá-la. Tão impossível é vir seu pai do outro mundo, como seu amante vir aqui livrá-la da posição desesperada em que a senhora se acha — se, contudo, ainda se lembra ele da senhora, uma vez que se deve julgar abandonado e esquecido.

Estas palavras caíram no coração da moça como chumbo fundido. Nunca pensou em semelhante hipótese, que, entretanto, era plausibilíssima.

## Capítulo XXIX

Evidentemente Chiquinho tinha toda a razão para crer que ela o abandonara e esquecera.

A moça quase desfaleceu!

Não fosse sua alma dotada de superior energia, ali mesmo, naquele momento, estaria resolvido, pela morte, o problema da sua vida.

Respondeu, pois, vencida de profunda emoção:

— É possível que o senhor tenha razão, mas em todo o caso não temos o poder de arrancar do peito um amor que acalentamos por muitos anos.

— Amor! Amor, minha bela, é achaque de quem tem vida folgada. A mulher que cai em seu estado não tem remédio senão aceitar a primeira mão que se lhe estende para suspendê-la do abismo em que vai precipitar.

Nhazinha julgou perceber as intenções do seu interlocutor e, revestindo-se de sua dignidade, respondeu-lhe:

— Eu acreditei que suas propostas tinham um fim nobre, e por isso é que lhe tenho prestado atenção.

O bandido deu uma gargalhada, que descobriu toda a hediondez de sua alma.

— Qual fim nobre, nem ignóbil, minha menina! Em sua posição é para dar graças a Deus encontrar um homem que se disponha a salvá-la por qualquer preço!

— Proíbo-lhe que continue a vir à minha casa, senhor.

— Não se faça de Lucrécia, minha cara. O tempo dessa época já passou. Aceite a proteção que lhe ofereço, que é melhor do que a senhora mesma solicitá-la.

— O senhor me insulta e eu não admito que continue nesse terreno.

— Está bom, está bom. Só lhe digo que mantenho a minha proposta.

Nessa mesma noite veio à casa das infelizes o companheiro de Queiroz, que noticiou a morte do bom homem.

CAPÍTULO

XXX

A dor que sentiu a infeliz família, por saber da morte de José Faustino, foi muito atenuada pela quase certeza, que já tinha, de sua triste orfandade.

Três anos de tormentos inauditos para chegarem a uma situação impossível!

Nem podiam viver ali, nem podiam sair dali!

Como fazer para romper aquele círculo de ferro incandescente?

O homem, naquelas conjunturas, desespera; a mulher, porém, espera!

Espera o quê? Não saberá dizer, mas o certo é que nunca desanima de todo.

É que o coração feminino e a organização feminina são muito diferentes do coração e da organização do homem.

Este tem um organismo disposto para os cometimentos que exigem têmpera de aço.

A mulher tem seu organismo fraco e delicado, como é mister para o desempenho das funções sublimes que caracterizam a mãe, a esposa, o anjo do lar.

Também por isso o homem se engolfa na materialidade da vida, ao passo que a mulher é naturalmente propensa à vida imaginativa.

Daí a diferença entre os dois sexos na hora da desgraça.

Um revolta-se e desatina, o outro sofre com resignação.

## Capítulo XXX

Um quebra o círculo que o constringe, com o desespero de quem não vê senão o mal presente, o outro espera a aurora que sucede à noite e, em vez de sucumbir, tem fé.

A fé é a força da alma, é o bordão do peregrino que todos somos na Terra; é a coluna de nuvens e de luz que nos guia no deserto da vida.

Um homem, na posição das nossas caras amigas, teria rompido as prisões pelo desespero e resolvido a questão a revólver; elas elevaram suas almas ao Pai de infinita misericórdia e procuraram o remédio para seus males no amor, que é o laço místico entre a criatura e o Criador.

Assim como é infalível o som quando se bate na tecla de um piano, assim as nossas preces sinceras, humildes e confiantes correspondem infalivelmente à misericórdia do Pai, que tem sempre os braços abertos para acolher os filhos que o procuram.

Ah, se a humanidade compreendesse o valor da prece, e soubesse fazer uma prece!

D. Tereza e sua filha, perdido seu natural protetor, e apertadas pela perseguição subterrânea do malvado que fez plano de colhê-las, não podiam razoavelmente esperar amparo de quem quer que fosse, pois que ninguém na terra, a não ser o seu algoz, conhecia suas misérias.

Não podiam esperar favor dos homens, mas sabiam que lá no Trono do universo há um olho que vê tudo, um ouvido que tudo ouve, e um coração que se abre ao incenso de pura adoração das almas fiéis ao seu amor.

— A Ti, Pai dos Céus, confiamos nossa sorte.

Foi esta a prece singela, concisa e expressiva da mais sentida confiança, que partiu do coração das duas pobres criaturas.

Um grito de dor, arrancado à alma que tem fé e esperança, vale mais que essas longas orações prodigiosas, que se leva mais tempo em dizer que em sentir.

Deus não precisa da nossa linguagem para conhecer nossas necessidades.

Deus não precisa, para mandar-nos o bálsamo, senão que lho peçamos em pensamento, com o coração contrito e humilhado.

Aquelas quatro palavras, ungidas da resignação e da fé, subiram da Terra ao Céu com a velocidade do pensamento e feriram o mais excelso atributo do Onipotente: o amor, que se manifesta aos mortais pela infinita misericórdia.

Os antigos politeístas, que atribuíam cada um dos fenômenos naturais ao impulso de uma divindade, supunham logicamente que as grandes convulsões dos mares eram obra dos imortais.

Às vezes, era o próprio Netuno quem levantava as ondas com seu tridente; às vezes, porém, o deus dos mares era insciente do movimento que outros imprimiam às salsas águas.

Nestes casos, se as tempestades punham em risco a nau de algum mortal por quem se comovia o iracundo deus, como aconteceu com Eneias, por quem lhe foi pedir a diva Vênus, não tinha mais que soltar aos ventos o famoso *quos ego*, duas palavras cabalísticas que destruíam, por encanto, a maléfica influência dos amotinadores das águas e faziam estas voltar humildemente ao seu fluxo natural.

A fábula nos fornece um belo símile do modo como se opera, invisivelmente para nós, o grandioso mistério do auxílio que recebemos do Céu, quando tiramos da nossa fraqueza a força de pedi-lo ao Céu.

A trirreme, em que o filho de Anquises levava a Roma, que ainda havia de nascer, os penates do reino de Príamo, que acabava de ser destruído, estava a ser devorada pelas ondas enfurecidas, perdido já o famoso Palinuro, quando, de repente, foi o piedoso Eneias surpreendido pela mansuetude, que substituiu a fúria do terrível elemento.

## Capítulo XXX

O troiano viu o fato estupendo e auspicioso; mas como saber o modo por que se operara e a causa que o determinara? Naturalmente acreditou, como acreditaria um materialista do nosso tempo, ser aquilo pura obra do acaso. Vem e passa a tempestade, como vem e passa a bonança.

Entretanto, para os que não admitem efeitos sem causas, e efeitos coordenados sem causas reguladoras e, portanto, inteligentes, não existe, não pode existir acaso, palavra vazia de sentido, que não pode explicar a ordem maravilhosa da natureza.

E foi por isso que o sublime Mantuano explicou a mutação da cena horrenda pela intervenção direta do poderoso deus do mar.

A prece, pois, das duas mulheres subiu de seus corações, como sobe em espiral o fumo do incenso que se queima em um turíbulo.

O efeito imediato que sente o que põe toda a sua confiança em Deus é a paz do espírito, bem incomparável, que faz risonha toda a natureza em torno de quem a possui.

D. Tereza e Nhazinha o sentiram tanto que esqueceram suas misérias e o perigo que as ameaçava da parte do miserável sedutor de moças desvalidas.

Já aquele desprendimento era um alto favor, porque valia por não sentir a menor dor quem estivesse sobre grelhas ardentes.

Entretanto, Deus permite que seus filhos amados cheguem à borda do precipício, para melhor conhecerem sua mão poderosa sustendo-os quando vão a se despenhar.

Há no Pará uma festa que abala toda a população de Belém e dos vários pontos da província, atraindo mesmo muita gente de províncias estranhas.

É a festa de Nossa Senhora de Nazaré, a que concorrem ricos e pobres, nobres e plebeus, tudo, enfim, que se move na rica cidade.

A força pública e autoridades são poucas para policiarem o enorme movimento que se opera de Belém para Nazaré, a pé, a cavalo, de carro, e até de carroça, pela longa alameda que liga os dois pontos.

Naqueles dias a capital fica despovoada — e, pois, ninguém cura de policiar uma cidade de casas fechadas.

No ano a que se refere esta despretensiosa história, a festa de Nazaré coincidiu com as cenas que temos descrito, passadas na pequenina casa de D. Tereza, em um arrabalde da cidade onde não havia, então, senão meia dúzia de casas pelo molde daquela.

Ao rebuliço da véspera, devido aos inúmeros romeiros que chegavam para a festa, sucedeu um silêncio tumular, no primeiro dia da festa, pela saída daqueles e de toda a população da cidade em romaria a Nazaré. Em romaria, dizemos, por usar do termo em voga, pois que de religiosa só tinha aquela festa, como todas do Catolicismo, o nome — só o nome.

A massa imensa de povo que concorre premune-se de matalotagem, segundo as posses de cada um, de músicas e de toda espécie de instrumentos que possam tornar alegre a romaria.

Em cada árvore, das que orlam a grande alameda, veem--se grupos de famílias cantando e dançando, e comendo, e bebendo — e foliando como em bailes.

Quem estivesse de fora, a tomar nota de todas aquelas cenas, recolheria a mesma impressão que produz a festa de carnaval em Roma.

Entretanto, ali se fazia tudo aquilo em honra à Senhora de Nazaré — em puro espírito religioso!

Já o dissemos em outra parte, e não perdemos em repeti-lo aqui: a Igreja só será um templo quando banir de si todo o ridículo e escandaloso espetáculo do culto externo,

## Capítulo XXX

quando só abrir suas portas aos que quiserem vir à casa de Deus, conversar com Deus pelo pensamento.

Isso de missas cantadas, com solos profanos ou sacros, isso de músicas instrumentais e vocais não passa de chamariz aos que dispõem de tempo para se distraírem.

Um herege, apreciando devidamente o modo por que se ostenta a Igreja chamada de Jesus Cristo, não pode deixar de reconhecer que um poder invencível a sustenta contra as práticas de seus ministros.

E é este o mais valioso argumento em favor da verdade da Lei de Jesus.

*
* *

Como quer que seja, a cidade de Belém jaz sepultada no mais completo silêncio, como sói acontecer durante as noites, como se fosse uma cidade abandonada por seus habitantes.

As casas estão fechadas, as ruas estão desertas.

No arrabalde em que moram D. Tereza e Nhazinha, todos se abalaram para a festa, até o malvado Pena, que tinha ido procurar alguma presa para sua danada profissão.

D. Tereza cose umas roupas, que alcançou com muito custo, e de que espera tirar meios de ir levando mais longe a dura vida.

Nhazinha borda uns lenços para o enxoval de uma moça, que lhe prometem boa paga.

Já passou a trovoada da tarde, infalível naquele lugar, como já o foi aqui no Rio de Janeiro.

A noite começa a envolver a terra em seu negro e fantástico manto.

Era o crepúsculo da tarde.

As duas mulheres trabalhavam e conversavam — e conversavam sobre todas as peripécias de sua vida, desde o Quixadá até ali.

— Deus lhe perdoe, mas o orgulho do nosso caro Queiroz foi que o perdeu — e nos perdeu. Se tivéssemos ficado onde vivíamos, onde todos nos estimavam, viveríamos pobremente, mas seríamos respeitadas, e o nosso bom amigo não teria sido vítima dos cruéis selvagens.

— É assim, mamãe, ou antes, parece que é assim; mas tudo tem sua razão de ser, e o que nos tem acontecido era preciso que se desse por nosso próprio bem. Viemos à vida purgar faltas, e é sofrendo que conseguiremos nosso fim.

— Que faltas temos nós, minha filha, para purgar com tanta miséria?

— É possível que não as tenhamos desta existência, mamãe, porém tivemo-las nas passadas; e a prova é que nascemos em um mundo de expiação. Se não as tivéssemos, nossa existência seria em um mundo superior, onde os Espíritos purificados fazem seu progresso, sem mais sofrerem as misérias da Terra.

— Quem te contou estas histórias, Nhazinha? Isto são histórias da carocha.

— Ninguém me contou. Eu li um livro que o tio padre tinha na estante, livro que ele nunca leu e que demonstra irrefragavelmente a verdade de nossas múltiplas existências.

— Não compreendo isso. Como é que não nos lembramos delas?

— É porque assim é preciso para fazermos nossas provas com a mais plena liberdade; mas sem aquela lei sublime, além de que nada é a perfectibilidade humana, acresce que não se pode deixar de condenar a justiça eterna, vendo-se uns nascerem perfeitos, outros aleijados, mudos e idiotas.

## Capítulo XXX

— É que nós não sabemos qual é o segredo da Providência.

— Não sabemos, com efeito, mas sabemos que Deus nos deu razão para discernirmos o erro da verdade, e que a razão abraça, exultante, a doutrina das vidas múltiplas. D. Tereza não gostava de embrenhar-se por essas conversas, temendo afastar-se da linha que lhe traçara a educação paterna, e tratou de variar de assunto.

— Já lá vão dois meses depois que escrevi ao Sr. Marcos Correia, pedindo-lhe meios de nos transportarmos à nossa terra natal, e nada de resposta.

— Quem sabe se a carta não se extraviou, ou... se eles não nos esqueceram, como nós os esquecemos?

— Nós! A prova de que não os esquecemos é que recorremos à sua amizade.

— Sim, recorremos, mas quando não tínhamos outro recurso. Enquanto julgamos dispensáveis seus favores, desprezamo-los a ponto de sairmos do Quixadá sem lhe dizermos adeus, ao menos por carta.

— Aí tens razão, mas eles devem conhecer que o Queiroz, e não nós, é quem teve a culpa desse procedimento realmente injustificável. Coitado do meu marido! Deus sabe que não o teve por mal.

As pobres caíram em pranto, que era sempre o desfecho obrigado de todas as suas conversas sobre as questões de sua vida.

Choravam, pois, quando sentiram passos no interior da casa, e levantando-se para verem quem ali estava sem sua licença, estacaram vendo aparecer-lhes a hedionda figura do Sr. Pena.

— Não se assustem, que não venho fazer-lhes mal. Eu gosto da concisão e dir-lhes-ei em duas palavras o que me traz aqui a esta hora. As senhoras estão sem meios de vida; venho oferecer-lhos em profusão, com a condição única da

menina ser minha companheira nesta vida. Preciso dizer-
-lhes que isto será por gosto, ou contra a vontade, com a
diferença de que, nesta última hipótese, retiro a promessa
de favores.

 Será preciso repetir a resposta que teve o infame? Sem
se magoar, antes com ar prazenteiro, redarguiu:

— Não querem? Quero eu.

 E batendo palmas, apareceram dois homens que tomaram por força a moça e saíram com ela.

## CAPÍTULO XXXI

Durante os três anos que levaram D. Tereza e Nhazinha na mais dura expiação, torturadas ambas pelo inexplicável silêncio de José Faustino — e torturada a moça pela perda do seu amado, agravada com a perseguição do Sr. Pena —, Chiquinho sofria contorções morais de o lavarem de todas as impurezas da alma.

Vimos como levou ele o primeiro ano do curso, depois de receber a acabrunhadora notícia, e o que fez durante as férias, que lhe foram de cruéis pesares por encontrar a cada canto uma lembrança dos tempos felizes.

Não há espinho mais pungente do que a recordação das venturas passadas quando se tem a alma oprimida por dores e aflições!

Partiu o moço para o Recife, por terra, para ver se descobria o recanto onde se ocultava a senhora do seu coração, tendo ao mesmo tempo obrigado seu pai a prometer-lhe que, durante aquele ano, percorreria todos os pontos da província onde se pudesse ter ocultado a desejada família.

Estava escrito que seriam infrutíferas todas as pesquisas do filho e do pai, por que se cumprisse a missão que eles e a família Queiroz tinham trazido à vida.

O estudante foi, desde o Quixadá até o Recife, viajando em zigue-zagues, por visitar quanta vila, cidade ou povoado havia no percurso e um pouco afastadas da estrada real.

Cada vez que se dirigia para um daqueles lugares onde era possível encontrar a querida família, o coração enchia-se-lhe de esperança, e a alma nadava em júbilo, como a criança quando se encaminha para o mato, onde armou laços aos passarinhos, que conta encontrar presos.

Também, quando tinha o desengano, ficava abatido, mortificado, descrente, de muitas vezes ter a ideia de acabar seus sofrimentos por um ato da mais rematada loucura.

Felizmente nunca se apagou de todo, naquela alma rica de energias, o lume da esperança e da fé, que é a estrela de Israel para os que estão sobre as ondas encapeladas do mar tempestuoso da existência.

Na alternativa de alegrias e desesperos, e de esperanças e desenganos, venceu o pobre moço a distância que separava a casa paterna da cidade onde ia preparar seu futuro, ou antes, um futuro para sua amada, que por si, sem ela, nenhum valor tinham as glórias do mundo e as mais elevadas posições sociais.

Levou, pois, seu segundo ano do curso jurídico aplicado exclusivamente ao estudo, que lhe servia de distração aos tristes pensamentos de sua alma enferma.

Ninguém a excedeu no ano, e até pensavam muitos que ele era o mais distinto estudante da faculdade.

Isso lhe dava prazer, e ao mesmo tempo lhe causava pesar, porque estimava a glória por causa de sua querida — e não a tinha mais para apreciá-la.

Feito o exame, embarcou para o Ceará e da capital seguiu para sua casa, fazendo os mesmos zigue-zagues e sentindo as mesmas emoções, como em sua ida para Pernambuco.

Nessa excursão foi tão malsucedido como na primeira, de modo que o moço chegou a casa naquele abatimento que sofre quem procura, sem achar, o único bem da terra.

Seu pai veio recebê-lo, talvez mais abatido, porque correu toda a província sem encontrar José Faustino.

## Capítulo XXXI

No Aracati, onde esteve o infeliz, já se sabe que não teve ele relações com ninguém; de modo que Marcos Correia não encontrou aí notícia alguma da gente, que já se tinha mudado para o Amazonas.

Parecia incrível que uma família pudesse sumir-se assim, de ninguém dar notícias, pelo menos, da sua passagem! O fato, porém, é que no Ceará, de norte a sul e de leste a oeste, não se a encontrava.

— Vejo que nada adiantou, meu pai.

— Nada — respondeu quase envergonhado o bom Marcos.

— Será possível que se tenha aberto a terra para engolir aquela família?!

— É, com efeito, inaudito o fato de sumir-se, sem deixar rasto, uma família inteira! Nem se sabe onde para, nem se encontra quem a tenha visto passar!

O moço curvou a cabeça e engolfou o espírito num turbilhão de pensamentos, que lhe acudiam e lhe fugiam de tropel.

Ora eram tristes como o canto da acauã, ora eram alegres como o raiar de um dia de primavera.

Por momentos, via Nhazinha sentada à soleira de uma linda casa de campo, tendo a seu lado um moço, que parecia querer magnetizá-la com seu olhar apaixonado, e que tinha plena retribuição de seu amor na languidez com que a bela menina entregava a face aos ardentes beijos.

O triste sentiu o abutre do ciúme, da raiva, do desespero cravar em seu coração o rijo e agudo bico, como figurava na fábula o suplício de Prometeu!

Quando, porém, aquela horrenda visão começava a apossar-se de sua alma, vinha em seu auxílio a memória das palavras gravadas na árvore que lhe servira de altar, onde fizera e recebera juras de amor eterno, e toda a sua natureza protestava contra a ideia de ter Nhazinha esquecido aquele a quem pedira, em delirante desespero, que não a esquecesse.

"Não, aquela alma não é feita da matéria humana, senão de essência divina", exclamou em seu íntimo, e com todas as forças de uma convicção inabalável. "Mais fácil é inverter-se a ordem natural do universo do que se apagar um sentimento brotado daquela fonte!"

E este pensamento, como a brisa fresca, que apaga os ardentes vapores dos sertões no estio, varria-lhe do peito a lava incandescente prestes a fazer erupção.

Surgia, então, na mente escaldada do nobre moço outro quadro, que a imaginação desenhava com formas arrebatadoras.

Debaixo de uma árvore, que crescia ao pé de um casebre arruinado, estava Nhazinha lendo aquele belo exemplar do *Eurico*,[18] de Alexandre Herculano, que ele lhe oferecera no dia de seus anos.

A moça tem as faces pálidas e um círculo arroxeado em torno dos olhos.

Sofre evidentemente de um mal que a vai lentamente consumindo.

A beleza angélica, que a fazia distinta entre as mais belas, parecia prestes a se fundir nas névoas, que precedem o despontar da velhice.

Aquilo era horroroso, mas dava ao moço os *gozos* da bem-aventurança, porque lhe dizia que Nhazinha envelhecia e se finava por sua causa — pelo amor que lhe tinha!

Assim é o homem!

Antes e acima de tudo o seu eu, o seu amor-próprio.

---

[18] N.E.: *Eurico, O Presbítero*, romance histórico datado de 1844, que narra o fim do reino visigodo, formado na região que atualmente compreende Espanha e Portugal, diante da invasão dos muçulmanos.

## Capítulo XXXI

Vendo a moça amada, feliz, ao lado de um novo amante, o jovem estudante sentia os calafrios dos danados; sentia alegrias celestiais, vendo-a abatida, acabrunhada, quase expirante, pelo amor que lhe jurara!

Quando, meu Deus, poderá a humanidade terrestre compreender, sentir e praticar a sublime lei do amor, que faz palpitar nosso coração pelo ritmo do coração de todos os nossos irmãos em Jesus Cristo?

Lá chegaremos — lá chegaremos, porque o mundo marcha sem cessar, e o espírito obedece à lei da perfectibilidade.

Já temos feito muito caminho, já perdemos de vista os tempos barbarescos em que o maior inimigo do homem era o homem.

Hoje, se ainda existe ódio entre irmãos, existe também o amor, que se manifesta pela piedade, pela compaixão, pela caridade, pela supressão da pena de morte, pelo reconhecimento dos direitos do homem, pelo respeito à liberdade, pela bem acentuada aspiração dos povos civilizados a acabar com as guerras e estabelecer o reino da igualdade e da fraternidade.

Já temos feito muito relativamente, mas em absoluto nada temos feito.

Balanceando os sentimentos humanos, encontramos neles mais arrastamentos para o mal que para o bem.

Um dia os princípios de luz e os de trevas se equilibrarão.

Mais tarde, e sempre pela lei da perfectibilidade, eles se desequilibrarão novamente, mas em vez de predominar o mal, como até aqui, dominará e elevará a humanidade o princípio do bem.

Nesse tempo, que Deus aproxime de nós, quem estiver nas condições do nosso estudante terá risos para a mulher adorada que se vir feliz nos braços de outro, e terá lágrimas para a que sofre por seu amor.

Não estranhemos, pois, que o moço sinta ainda como sente a maior parte dos homens de nosso tempo.

Erguendo-se daquela visão, começou a fazer sua piedosa romaria, que consistia em percorrer todos os lugares onde costumava passar ou pousar com sua amada.

São coisas fúteis e risíveis para os que não sofrem o mal do amor, mas são coisas sagradas para os que têm o coração ferido daquele mal.

E, além de sagradas, trazem-lhes uma grata consolação, porque fazem-se a ilusão de que as cenas passadas reanimam-se à sua presença.

Dido, abraçada com as relíquias do amor de Eneias, exclamava, para desafogar o peito intumescido: *dulces exuviae dum fata deusque sinebant*:[19] queridas lembranças de um amor que Deus e os fados extinguiram.

E são todos assim, os que choram a perda do ente que tem um altar em seu coração.

Depois de ter corrido todos os paços, outrora alegres e hoje tão tristes, de sua fazenda, Chiquinho tirou um dia para ir visitar a árvore sagrada em que Nhazinha gravara sua última vontade, aquele indefinivelmente terno: *não me esqueças*.

Foi por uma bela manhã de estio, quando o céu, limpo de nuvens, ostenta sua bela cor ligeiramente anilada, quando o ar é leve de quase não se lhe sentirem as ondulações, e transparente de se poder ver a distâncias incríveis, quando, finalmente, a brisa fresca e ligeira, como um silfo, roça

---

[19] Verso de Virgílio, *Eneida*, Livro IV, v. 651; exclamação de Dido, rainha de Cartago, à vista da espada e das vestes de Eneias, e do leito de ambos, antes de suicidar-se por ter sido abandonada por ele, por quem estava apaixonada. Melhor tradução seria: "Doces despojos, enquanto o permitiam os destinos e os deuses."

## Capítulo XXXI

brandamente com a ponta de suas asas de gaze a superfície das águas que docemente se enruga ao amoroso toque.

O Sol ainda não se anunciava senão pela serena claridade que espancava as trevas da noite.

Toda a natureza parecia emergir de um túmulo para vir aspirar a aura, os filtros da vida, que a aurora esparge a mancheias pelos campos.

O moço penetrou por entre o mato, que o novo proprietário não cuidava de arrancar, até o ponto de sua excursão.

Ia ler o testamento de Nhazinha!

Chegou-se ao tronco e automaticamente caiu de joelhos, como sói acontecer aos fiéis que visitam o túmulo sagrado onde foi depositado o corpo exangue do Redentor do mundo.

Seus olhos alagados pelas lágrimas não distinguiam a saudosa inscrição, e por isso não percebeu o moço que a mão do tempo procurava apagar aquele excelso conforto de sua alma.

Desde, porém, que passou a força da emoção, confrangeu-se-lhe o coração ao descobrir que a casca do possante cumaru, desfolhando-se todos os anos, já tinha quase apagado as letras traçadas pela mão de sua adorada.

Como a mãe extremosa que só acredita na morte do filho de suas entranhas quando lhe arrancam o corpo para o levarem aos vermes, o moço sentiu, diante da inscrição quase apagada, a maior dor que lhe ralara a alma pela perda de Nhazinha.

Pareceu-lhe que agora, sim, ela estava perdida por uma vez e para sempre!

— Tudo está acabado! Adeus, passado de venturas, sonhos dourados de meus verdes anos, dias alegres, que me embalastes nas asas de fagueiras esperanças! Tudo está acabado!

E o moço, tendo pronunciado aquelas palavras, largou a correr pelo campo, sem saber para onde, em busca da luz da razão, que lhe fugia como a de uma vela a apagar-se.

Correu sem saber, mas guiado por seu próprio espírito, até cair de cansado à porta da casa paterna.

Foi uma luta terrível a que sustentou o desditoso pai, que tinha posto naquele moço todo o seu amor, por chamá-lo a si, quando ele mesmo sentia-se desfalecido.

Milagre do amor paterno, ou misericórdia do Pai de amor, a luta decidiu-se pelo triunfo da razão; mas desde aquele dia Chiquinho não encontrou mais um riso nos ressequidos seios de sua alma.

Passou o resto das férias com o bom pai — e seguiu, no tempo próprio, para o Recife, dizendo a Correia que não mais voltaria ali enquanto não concluísse seu curso, que só ia terminar por fazer-lhe o gosto, que bem sabia quanto era, de o ver bacharel.

O desolado pai prometeu-lhe, então, que, nos três anos que faltavam, iria vê-lo em Pernambuco, sempre que pudesse, e assim fez, empreendendo a longa e incômoda viagem uma vez por ano, só para abraçar o caro filho.

Enfim chegou o dia em que o distinto moço viu terminarem as lides escolásticas, recebendo grau em presença do único amigo que Deus lhe deixara: seu adorado pai.

Francisco Correia era bacharel!

# CAPÍTULO

# XXXII

Por singular coincidência, muito comum nos romances, porque depende somente da vontade do autor, formava-se Chiquinho ao tempo em que se davam, no Pará, as cenas que descrevemos e as do nosso último capítulo sobre Honorina.

Neste — estará lembrado o leitor — foi dito que Jacó recebeu, à noite, na senzala, revelações de uma rapariga que lhe era afeiçoada, e que ficou muito contrariado por não encontrar, de manhã, a bela Honorina, a quem precisava prevenir do que se tramava.

As revelações feitas pela rapariga, em quem Jacó confiava, foram: que estava resolvido em conselho dos escravos envenenar a senhora com a tintura de timbó, que mata lentamente, incumbindo-se a mucama, que lhe ia todos os dias levar o café, de vazar na xícara a dose da mortífera preparação.

Quanto a Honorina, disse a rapariga, assentou-se em adiar todo procedimento a seu respeito, por causa do senhor, "que é capaz de estrangular a quem lhe tocar num cabelo da cabeça".

A ânsia do rapaz, por não encontrar Honorina, era devida ao receio de que começassem desde aquele dia a aplicar o veneno, se a rapariga não tomasse precauções para evitar tão grande mal.

Quais deviam ser essas precauções, só ela podia determinar, visto que nos arranjos internos da casa ele não tomava parte.

Ao demais, acreditou piamente em toda a história que tão oficiosamente lhe viera contar a parceira, cercando-se de precauções para não incorrer na cólera dos conjurados.

Quem negaria fé ao que revela um amigo, ou mesmo um desconhecido, desde que a revelação é plausível, e o que a faz treme ao pensamento de ser descoberto?!

O famoso cavalo de Troia, obra do astuto Ulisses, é a prova material da procedência de nosso juízo.

E note-se que Jacó não teve nenhuma Cassandra que o advertisse da insídia — só teve, pelo contrário, o manhoso grego que lhe explicou naturalmente a razão do que poderia causar suspeita.

Se, pois, um povo em massa desprezou os dizeres de seu inspirado vidente para abraçar as do agente do inimigo, que muito é que o pobre Jacó caísse no mesmo laço?

O certo, porém, é que Rafael, a alma danada dos escravos da fazenda da Conceição, tinha ciência certa das intenções de seu rival e procurou, pela astúcia, distrair-lhe a atenção e iludir-lhe a vigilância.

Era preciso que ele, certo como estava de que se faria alguma coisa, acreditasse que se ia fazer coisa muito diferente do que se tinha resolvido.

Ora, para chegar-se a esse fim, o essencial era que não desconfiasse ele do canal por onde lhe chegasse a notícia, e ninguém como o instrumento escolhido podia melhor prestar-se, por ser estranho às combinações feitas em sua presença, e porque lhe era, de há muito, presa por grande afeição.

Se bem escolheu, melhor justificou a escolha a sonsa rapariga.

## Capítulo XXXII

Fingiu admiravelmente o papel de traidora dos outros parceiros, dando como razão o amor que votava a Jacó.

E, para mais prender a confiança do rapaz, que odiava por vê-lo todo pendido para Honorina, disse-lhe que o plano primitivo de acabar com a senhora por meio da cascavel fora abandonado, porque considerou-se que descobririam o crime pelo fato de se ter depositado a cobra morta à porta do jardim, quando, se aí a matassem, deveriam removê-la para longe.

Jacó, pois, acreditou na bem combinada história, tanto que só pensou em prevenir o mal que se projetava fazer à senhora, sem mais se arrecear por sua amada.

Não tendo podido falar a Honorina antes de partir com o senhor, cogitou nos meios de falar-lhe, sem ser visto, no correr daquele dia, para que a moça prevenisse a desgraça.

Como fora combinado, partiu à vista de todos, pajeando José Gomes, e nesse ponto conseguiu a perfeita realização de seu plano, pois que não houve na fazenda quem não ficasse convencido de que efetivamente ele se afastava para longe, com o senhor, por oito dias.

A meia légua da casa, o capitão despediu-o como prometera a Honorina, e o moleque foi largar o cavalo em um pasto bem distante, onde não pudesse ser descoberto pelos companheiros.

Sabendo que Honorina costumava levar todos os dias o pequeno ao banho no rio, veio pelo mato, com a sutileza do caçador, escorar a moça naquele ponto.

Com efeito ela não faltou ao que era de costume, e isso facilitou-lhe a missão de comunicar tudo o que sonhara à noite.

Honorina ficou muito pensativa, sem dizer palavra, e sensibilizada ao ponto de derramar lágrimas.

— Por que chora? — perguntou o rapaz, que não via no caso motivo para tanta emoção.

— Não sei — respondeu-lhe a moça. — Choro porque assim o exige meu coração. Sinto horror pelo que querem fazer aqueles desgraçados; mas não é isso que me arranca lágrimas, porque isso será prevenido, desde que estamos avisados. O que me faz chorar é coisa estranha à desgraça que ameaça a senhora; é uma tristeza que sinto por mim, por ti, por meu senhor.

— Não tem razão, Honorina. Se houvesse intenção de fazer-lhe mal, quem me avisou do que se resolveu a respeito da senhora tê-lo-ia feito a respeito do que premeditassem contra você. Mas, pelo contrário, o que me disseram é que adiaram o ataque que estava resolvido contra você — e as razões que tiveram são palpavelmente procedentes; logo essa sua tristeza não tem o menor fundamento.

— Pode ser, mas eu não tenho forças para forrar-me a um sentimento triste como de morte.

— É que sua alma sensível comoveu-se profundamente com a simples perspectiva de um crime tão hediondo.

— Deixa-me com as minhas tristezas, Jacó, e, pelo amor que me tens, vela por mim — vela de dia e vela de noite. Por cima de nossas cabeças está suspenso um perigo desconhecido!

— Não pense nisso, Honorina. Eu tenho a ponta do fio dessa trama infernal, urdida por nossos parceiros, guiados pelo perverso Rafael. Se mudarem de ideia a seu respeito, eu saberei incontinente — e incontinente tomarei providências para aparar o golpe.

Não há força no mundo capaz de resistir ao homem que ama, porque quem ama tem fé, e a fé remove montanhas.

— Durma tranquila, que, além da proteção natural que têm as almas boas, você tem a velar por sua segurança um homem que se transformará em um leão se alguém ousar tocar-lhe com um dedo.

## Capítulo XXXII

Aquelas palavras, ditas com a segurança de quem tem fé, dissiparam os terrores de Honorina, que acabou por zombar de seus imaginários receios.

Separaram-se, pois, os dois amantes, quase certos de que nenhum mal os ameaçava, e seguiram, a moça para a casa, e o rapaz para o mato cerrado, onde ficou de espreita.

CAPÍTULO

# XXXIII

Rafael não dormia. O moleque era dessas naturezas que julgam nada terem feito enquanto falta alguma coisa do negócio em que estão empenhadas.

Era o contraste de certos indivíduos, que confiam mais na ação do tempo do que na sua diligência.

Depois de ter, como dizia, "mudado as guardas", abandonando seu primeiro plano; depois de ter mandado misteriosamente insinuar a Jacó coisas que não pretendia fazer, reuniu-se novamente com os conjurados, na noite desse dia em que partira José Gomes com seu pajem improvisado.

— Chegou o momento decisivo — disse aos sócios, que inconscientemente se tornaram seus subordinados, pela lei de sempre dominar a inteligência associada à energia. — Temos, é certo, oito dias diante de nós, mas a gente nunca deve perder tempo por contar com ele. Vamos, pois, esta noite fazer o que temos de fazer, e deixemos o resto dos oitos dias para os que só pensam no dia de amanhã. Saibam que hoje mudei completamente, ou quase completamente, de resolução. Queríamos acabar com a jararaca da senhora para podermos viver mais folgadamente, e eu achei meio de vivermos completamente folgados sem corrermos o risco de ir dar com os lombos numa cadeia, e com o pescoço numa corda. Achei o meio de sermos senhores de nós mesmos, em vez de termos um senhor, por melhor que seja.

## Capítulo XXXIII

Quem não prefere a liberdade, embora cercada de trabalhos e perigos, à escravidão, por mais suave que seja, ainda mesmo sem cuidados e maus-tratos? Diz-se que o boi solto lambe-se todo, e diz-se uma verdade, que se funda no sentimento natural que alimenta todo o ser. Ter o direito de fazer o que nos vem à cabeça é a única real grandeza da criatura humana — é a sublime consagração de sua superioridade sobre todos os seres da criação. Quem não tem aquele direito, e é sujeito a uma vontade estranha, vale menos que o animal selvagem, desce da supremacia humana à ínfima posição da besta de carga, do cavalo de sela, do boi de carro. Vocês não preferem ser livres no deserto a serem escravos do melhor senhor, e na mais bela cidade?

Todos, a uma voz, disseram:

— Mil vezes antes viver livre com os brutos do que escravo com os nossos semelhantes!

E nós diremos: calcule-se o horror de uma condição que provoca aquela explosão contra a natureza!

Rafael continuou:

— Pois, meus amigos, tenho aqui no coco uma ideia que leva direto, como um fuso, ao que vocês querem. Hoje mesmo encontrei no mato um caiambola que me descreveu a vida que ele e seus parceiros levam no alto da serra do Banabuiú, onde criaram um asilo seguro contra a dura lei que os fez escravos. Fugiram ao senhor, e são hoje senhores, não de seus irmãos, como fazem os brancos, mas de si mesmos, de toda a criação que Deus pôs a serviço do homem, de fazerem o que lhes parecer mais conveniente. Sentem saudades da vida social, porque o negro também tem alma, e a alma é essencialmente sociável; mas gozam a sublime vantagem de não terem quem lhes tolha o exercício livre de sua vontade. Vivendo entre feras, sentem-se mais felizes do que no tempo em que viveram entre homens! Eu, pois, tendo conversado com aquele habitante do deserto, tomei a resolução de quebrar, como ele, os grilhões da escravidão, ainda que fosse preciso arriscar a vida e condenar-me a nunca mais voltar ao mundo. E como resolvi dar este passo, vim procurá-los para dizer-lhes: quando romper o dia já serei um homem, e todos deixaremos de ser puros animais domésticos, se vocês quiserem me acompanhar.

— Todos te acompanharemos — exclamaram os negros com o mais vivo entusiasmo.

— Muito bem. Eu contava com isso e ajustei com o meu amigo de ontem irmos encontrá-lo na lagoa do Mato, para ele nos guiar daí até onde tem o seu asilo, que transformaremos em uma povoação de negros livres.

— A que horas devemos partir daqui?

— Logo que apontar a estrela dos caçadores, as mulheres e crianças estarão de pé para, de manhã, quando Honorina sair de seus aposentos, convidarem-na a ir ver o fenômeno da subida do peixe em lotes, que esta manhã tanto lhe atiçou a curiosidade. Eu amo aquela negrinha e não poderei viver contente sem a ter comigo. Faço questão, pois, de levá-la conosco, por bem ou por mal.

— Já te dissemos que fica por nossa conta levá-la à Malhadinha — disseram em coro as negras.

— Pois nós, os rapazes, vamos esperá-las na Malhadinha com as nossas trouxas, contendo o que pudermos apanhar em casa.

— Pena tenho de não poder levar tudo o que existe aqui para nos pagarmos de tanto que temos trabalhado para os que têm vivido do nosso suor.

— E a malvada, Rafael? E a tal Sra. Maria Felícia? Fica impune de suas perversidades?

— Deixemos a Deus castigá-la e tratemos de nós, que já não fazemos pouco — respondeu o rapaz, com ar de quem já sente os nobres sentimentos animais da liberdade.

## Capítulo XXXIII

E não tinha a educação, que é o esmalte daquele precioso dom!

Por aí se pode fazer uma ideia do que será a humanidade quando, ao pleno exercício da liberdade, puder adjuntar a luz da razão e da consciência, dois faróis que nos foram dados para usarmos, com segurança, daquela excelsa faculdade.

Todos os negros acharam bom o que disse Rafael, que, por sua energia e atividade, se constituíra o diretor daquelas vontades, acostumadas à obediência passiva.

Ninguém dormiu na senzala à espera da aurora auspiciosa, que devia marcar a época de sua elevação à ordem de verdadeiros seres humanos.

Honorina também não pôde conciliar o sono, porém esta por outra razão.

Seu espírito sentia o terror do desconhecido! Entretanto, Jacó lhe havia trazido uma notícia bem tranquilizadora!

Enquanto contou com o perigo, a rapariga esteve sempre sobranceira ao receio!

Quando, porém, seu amigo lhe anunciou que a tempestade era passada, sua alma tomou-se daquele sentimento e de um modo invencível!

Queria desfazer aquela impressão, mas parecia-lhe ouvir uma voz que dizia: adeja por sobre tua cabeça um perigo iminente!

De quem vinha aquele aviso, não podia saber a bela crioula, mas sua alma talvez o soubesse, e por isso levou a noite imersa em cruel tristeza.

Jacó é que dormiu tranquilo, oculto debaixo da mata de pau branco, que ficava por detrás da casa.

## CAPÍTULO XXXIV

Os passarinhos já começavam a ensaiar os leves trinados com que costumam saudar os primeiros e frouxos raios da luz do astro do dia.

Os galos amiudavam o grave canto, que muitas vezes serve para orientar o caçador perdido nas escuras matas.

Toda a natureza parecia agitar-se diante dos primeiros arrebóis da manhã.

No campo a gente, e tudo quanto tem vida, dorme e acorda com a natureza.

E é talvez por isso que a vida ali é mais longa do que nas cidades.

Deus deu o dia para o trabalho e a noite para o descanso, mas o homem bem raramente se conforma com as Leis de Deus — e, neste ponto, o habitante da cidade emenda o dia com a noite, tanto no trabalho como no descanso.

Dorme muito tarde — acorda muito tarde.

Na fazenda da Conceição estava tudo em movimento na senzala, desde que despontou a estrela d'alva, como tinha planejado o moleque Rafael.

Este e os pretos tomaram as trouxas e partiram contentes para a morte social, porque iam para a liberdade.

Rafael ia na frente, ufano de seu plano, e só receando que Honorina lhe escapasse, o que era para ele um aguamento no prazer que lhe inundava todo o peito.

## Capítulo XXXIV

Tanto que chegaram ao ponto ajustado com o caiambola, pararam, e o moleque pôs os dedos indicadores e anular na boca e soltou agudo assobio, que foi correspondido por outro igual.

Em breve estava feita a apresentação dos novos sócios da república negra, e Rafael, deixando a carga no ponto do encontro, partiu com dois companheiros para a Malhadinha, onde ia esperar o remate de sua obra: a bela e apetecida Honorina.

— Boa viagem, e pouca demora. — Disse o caiambola, acrescentando: — Lembre-se de que não estamos entre amigos.

Os três rapazes responderam por sinais e foram-se, por entre o mato, para o esconderijo em que ajustaram esperar as pretas com Honorina.

Esta, tendo passado mal à noite, saiu a respirar o ar puro da manhã, que dá saúde ao corpo e alegria ao espírito.

No terreiro encontrou as raparigas ensaiando novo passeio para o rio, por ter o admirável fenômeno reaparecido na Malhadinha.

Honorina sentiu vivo desejo de ver o que tanto maravilhava aquela gente e perguntou se era longe o lugar onde se dirigiam.

— É muito perto — responderam —; em uma hora estaremos de volta.

— Esperem, que eu vou ver se o menino está dormindo para ir com vocês.

Era a atração do abismo, que no mundo moral pode ser chamada o arrastamento do espírito para o destino que lhe foi traçado na vida.

Quem não terá visto tomarem-se resoluções sem razão de ser e resultar delas o que chamamos uma desgraça?

Por que assim se procede?

Nossa vida é um mistério, que só se aclara pela morte.

É somente depois que despimos a pesada casca material que podemos ver o que nos é vedado enquanto estamos no cárcere que nos limita os horizontes.

Então conhecemos que tudo aquilo que fizemos inconscientemente estava no compromisso que tomamos quando nos foi concedida a nova existência, para repararmos as faltas do passado e prepararmos o futuro.

Muita vez, o que matou pelo fogo, um inquisidor, por exemplo, vem sofrer o que fez sofrer: morrer pelo fogo, único meio de pagar sua dívida.

Em tal caso, marcha-se para o sacrifício de modo que ninguém, nem a própria vítima, penetra a razão de tal marcha.

Dizemos "foi a fatalidade", porque desconhecemos a lei que rege tais fatos.

Dizemos "foi uma desgraça", porque não sabemos que de tal sacrifício resulta a remissão de culpas que tolhiam o progresso daquela alma.

Honorina tinha sua dívida, sem o que não teria voltado à Terra.

Tinha sido orgulhosa, veio numa casca e em condições desprezíveis.

Como orgulhosa, não praticara a verdadeira caridade, que consiste menos em fazer esmola que em amar o próximo com sentimento de igualdade, e, pois, precisava sofrer para lavar-se dessas máculas; e todo sofrimento que lhe vier foi por ela pedido, embora tenha a liberdade de não o aceitar, de revoltar-se, de reincidir na culpa.

Os ensejos nos são dados para cumprirmos nossa missão; e bem feliz é aquele que sabe aproveitá-los.

Já sabe, pois, o leitor por que aquela mariposa se atirava inconscientemente para a chama.

Não lastimemos, portanto, antes peçamos ao bom Deus que lhe dê as energias precisas para receber de boa vontade o amargo cálice, que a deve purgar das fraquezas que a

## Capítulo XXXIV

impedem de subir às vias célicas — ao mundo dos Espíritos redimidos e felizes.

Oh! vós todos que sofreis na Terra, tende sempre presente ao vosso espírito que o sofrimento é o meio purificador da alma; e que a perde, atirando-se novamente ao charco imundo das paixões que matam, aquele que o não recebe com paciência, oferecendo-o em homenagem ao Alto Espírito que nos veio ensinar o caminho da eterna felicidade, morrendo em uma cruz por nosso amor.

Desgraçados são somente os que se revoltam contra o médico das almas, que lhes dá a amarga teriaga para salvá-los da morte!

Lá vai a bela e boa Honorina a seu triste destino, tendo sido burladas todas as precauções de Jacó, àquela hora tranquilo e mergulhado em doce sono, porque assim era preciso.

Em meia hora estava a pequena coluna feminina no ponto do caminho em que havia uma garganta estreitada por dois morros alcantilados.

As negras iam a rir e a saltar, contentes de terem dado conta de sua perversa missão, mal sabendo que terrível será a conta que devem prestar pelo mal que então faziam, pois que não há mal que fique impune.

Quanto a Honorina, aquela alegria das companheiras apagou-lhe da alma os tristes pressentimentos que lhe perturbaram a paz durante a noite.

Ia, pois, muito tranquilamente caminhando para o lugar a que a guiavam quando viu sair de uma moita o moleque Rafael, que veio direto a ela, alegre de parecer louco.

— Estás pilhada, minha bela senhora preta! Até hoje foste a joia do senhor, olhando para nós como para teus escravos. De hoje em diante hás de ser a minha joia, gozando conosco as alegrias da liberdade, que vamos ter pela fuga.

A gentil rapariga ficou interdita diante daquela inesperada aparição.

Já sabia quais eram os planos do moleque a seu respeito e, portanto, julgou-se irremediavelmente perdida.

A honra, porém, tem seu instinto, como a vida, e a da mulher sobrepuja a tudo o que se possa imaginar de vivaz.

Honorina venceu o espasmo do primeiro momento e, tomada de indignação pelo que lhe dissera o moleque, exclamou:

— Eu não sei se sou joia de meu senhor; sei, porém, que ele te castigará pela ousadia que tens de me falar assim.

Rafael não a deixou continuar e disse-lhe com diabólico sorriso:

— Teu senhor me castigar! Eu não sou mais seu escravo, como tu és minha! De hoje para sempre eu serei um homem e tu serás minha mulher, que te escolhi, não sei se por amar-te ou por desejo de te abater o orgulho, nivelando-te com teus parceiros e tornando-te tão desprezível como eles.

— Quem te disse — replicou a moça — que eu me considero melhor que os outros? Eu me tive sempre na conta de escrava, tão escrava como estas mulheres.

— Mas desprezavas estas mulheres, por serem, como vocês chamam, mulheres perdidas!

— Desprezar não é a palavra. Eu me condoo de vê-las esquecerem a mais alta nobreza da mulher.

— Pois bem; eu quero que não mais te condoas delas, sendo igual a elas.

— Isso nunca! — exclamou a moça com um brado de tanta dignidade que quase subjugou o perverso.

Este, porém, reassumindo seu natural cinismo, respondeu com uma gargalhada, dizendo:

— Estás aí, estás no papo. Daqui, minha senhora, vamos todos para um mundo novo, onde não há senhores, onde

## Capítulo XXXIV

todos seremos livres, onde finalmente o Sr. José Gomes nenhum poder terá. Lá veremos quanto vale este teu "nunca" que parece ter partido dos lábios de uma rainha. Rainha serás, mas do meu coração, ou de algum dos meus companheiros, que me possas preferir. Em todo o caso, descerás a nivelar-te conosco, sendo tão boa como estas raparigas que sempre te pareceram desprezíveis ou dignas de teus condoimentos, como disseste. Dize, pois, adeus ao teu Jacó, e partamos já que o dia não tarda.

Dizendo assim, o moleque tomou a mão da moça, para fazê-la andar com as outras, que à sua voz puseram-se em marcha.

Honorina repeliu a mão do miserável e, estacando, bradou com decisão:

— Só em postas me arrancarás daqui!

— Anda para diante — disse o moleque —, senão eu chamo minha gente e levo-te a força!

— Não há força que me arranque daqui!

— Manoel, Benedito, venham.

De um e de outro lado da garganta, saltaram os dois negros chamados, e reuniram-se a Rafael.

— Vamos ou não vamos?

— Acudam-me! — gritou a rapariga, conhecendo que efetivamente tinha caído num laço e que estava em poder do malvado. — Acudam! Acudam!

A voz da pobre rapariga perdeu-se no espaço e nem sequer chegou aos pés de Deus,[20] pois que nenhum socorro lhe veio.

Os três negros chegaram-se a ela e, de mangas arregaçadas, intimaram-na a seguir por seu pé, sob pena de levarem-na amarrada.

---

[20] Expressão idiomática característica da época. O autor afirma repetidamente, no decorrer da obra, a eficácia da prece e a rapidez com que o socorro ao aflito é articulado.

É impossível descrever o desespero daquela alma pura, sentindo-se arrastada para o prostíbulo, sem que lhe aparecesse um protetor ou coisa em que pudesse pôr esperança.

Quis descrer da Providência divina, que é a estrela dos bons, mas uma aragem sutil, que lhe passou pela face, imprimiu-lhe na alma um sentimento de fé, como talvez poucos tenham tido na Terra.

— Não — segredaram-lhe à alma —, Deus não permite nunca que o mal triunfe do bem, e se há exemplos de boas criaturas sucumbirem aos ardis de malvados, é porque elas desesperam, o que vale por negar a Deus.

Aquelas vozes, obra de sua imaginação sobre-excitada, ou de algum Espírito protetor, que lhas soprou, produziram o efeito do *quos ego* sobre a tempestade que se levantara, furiosa, em seu espírito.

Não tinha, não podia ter esperança em qualquer auxílio da Terra, mas tinha fé viva em que viria algum auxílio do Céu.

Aquela prova foi tremenda para a filha de Olzman, mas a pura criatura teve a intuição de sua missão e curvou a cabeça, resignada e cheia de confiança.

Venceu nessa primeira e mais dura prova de sua vida!

Sem mais opor a resistência desesperada que prometera, seguiu o bando das desgraçadas, que a tinham tão indignamente arrastado para a perdição.

Rafael exultou por ver naquela rápida modificação a prova de que a rapariga não era tão dura de queixo como lhe parecia e, portanto, que muito fácil lhe seria, ao contrário do que supunha, levar a cabo seu danado plano.

Já estava dia claro, e, conquanto os fugitivos estivessem a mais de um quarto de légua de casa, não convinha perder tempo nem precauções, enquanto não estivessem a salvo de toda perseguição.

## Capítulo XXXIV

O moleque, pois, apressou o passo e tomou uma vereda pelo mato, para ir ter com os companheiros, que o esperavam na Lagoa do Mato.

Quando lá chegaram, já não estava o caiambola, que, em vista da longa demora e de vir clareando o dia, partiu a passo dobrado, por ser dos estatutos de sua sociedade não ficar nenhum de seus membros, dia claro, fora das trincheiras de sua fortaleza: a serra com suas quebradas.

Deixou, porém, bem explicada a rota que deviam seguir até o pé da serra, onde os esperaria — e para não haver perigo de se desviarem, concertou com os pretos de ir quebrando galhos de árvores por onde fosse passando.

Assim ninguém poderia persegui-lo — e os fugitivos teriam marcos por todo seu caminho.

Rafael, à vista das precauções tomadas por seu novo amigo, compreendeu quanto lhe era preciso imitá-lo e deu ordem à caravana de partir sem demora.

Honorina nem sequer tentou mais resistir, parecendo-lhe que estava muito longe de seus protetores, e confiando unicamente na proteção de quem tantas graças lhe fizera até ali, não sendo a menor delas dar-lhe, na vil condição em que nascera, a luz da razão e da consciência, que é ofuscada, em todos os de sua raça, pelas trevas da ignorância.

Marchou, pois, como o condenado marcha para o patíbulo, contando com o decreto do perdão, ainda mesmo nos degraus da forca.

Marchava e orava!

Ao meio-dia chegaram ao pé da serra, onde os esperava o caiambola, que, vendo Honorina ao bando, deu um grito impossível de saber-se se era de prazer ou de espanto.

CAPÍTULO

# XXXV

Ao tempo em que se consumava o rapto de Honorina, cuja alma superior mais se admirou do que se incomodou com o fato de não ter Jacó vindo em seu socorro; ao tempo em que Rafael dava aquela risada satânica, que fez estremecerem as fibras da alma da bela crioula, surgia no pátio da fazenda da Conceição, como já dissemos, o bom José Gomes.

Meia hora antes chegaria ele a tempo de evitar o crime e, talvez, desgraças irreparáveis!

Por lei, ou por acaso, chegou tarde, e, pois, cumpram-se os destinos da triste, que perdeu seus dois dedicados protetores, porventura para melhor conhecer que a única proteção infalível é a que nos vem daquele que está sempre com o seio aberto para acolher as humildes súplicas dos que recorrem à sua misericórdia.

Ah! Se os infelizes, que se julgam nas condições do cogumelo ou da lesma, pudessem perceber as sublimes relações do homem com Deus!

Se pudessem ver como a gota d'água vem ao sequioso quando a pede com fé e amor!

Não importa; tudo vai ao fim que foi talhado pelo Criador.

O que hoje crê, já houve tempo em que não creu! O que hoje não crê, tempo virá em que será obrigado a crer!

O mundo marcha, mas não é somente o mundo físico que marcha, senão igualmente o mundo moral; e não é

## Capítulo XXXV

privilégio da espécie humana progredir, senão também de cada um de todos os espíritos humanos.

Materializa, tua crença queima-te as asas de subir!

Enquanto, pois, Honorina elevava seu pensamento ao protetor invisível, que dá na medida do que merece quem lhe pede, seus protetores visíveis, José Gomes e Jacó, chegavam à casa da fazenda, um pela frente, o outro pelos fundos.

Vinham com o coração cheio de amor: amor de pai, que não tem fim, e amor de amante, que varia com o tempo.

José Gomes só trazia consigo um pesar: era o de ser obrigado a dizer àquela que mais amava na Terra: "foram inúteis meus esforços — a tua boa vontade quebrou-se contra a fatalidade —, Lucrécia foi arrebatada pela onda que a sepultará no seio do oceano de perdição que afoga todos os de sua raça."

E nesse pensamento, que lhe pesava, chegou ao terreiro, onde ficou, por algum tempo, montado em seu cavalo, sem se mover para apear-se.

Jacó, tendo acordado quando o dia já era claro e toda a natureza viva se achava em movimento, correu a casa para ver Honorina e cercá-la de seus cuidados e da proteção que só dele podia ela esperar, na ausência de seu senhor.

Vinha incomodado consigo mesmo por ter dormido até àquela hora, julgando, em consciência, ter merecido a censura de sua amada, que não diria, mas sentiria quanto é indigno de confiança um protetor que dorme tanto.

Também o rapaz não podia explicar aquele fato, quando era acostumado a despertar com os pássaros, e tinha se deitado com o propósito de levantar-se ainda mais cedo!

Soavam-lhe aos ouvidos as palavras da encantadora rapariga: "pelo amor que me tens, vela por mim — vela de dia e vela de noite" — e a tristeza da moça, pronunciando aquelas palavras, comunicou-se ao seu espírito.

Ela dissera: "adeja por sobre nossas cabeças um grande perigo" — e eu tive a coragem — a covardia, de dormir!

O preto ia tocado por um furacão, que lhe remoinhava no peito; tanto que esqueceu o plano de ocultar-se aos parceiros, enquanto estivesse ausente o senhor, e marchou direto à casa.

Não viu aí o menor movimento, parecendo-lhe que todos ainda estavam dormindo — e isso lhe deu vida.

Admirou-se, porém, de não ver Honorina que, muito antes daquela hora, já estava todos os dias tratando da criação no terreiro, e aquilo lhe fez bater o coração, que é no homem o mensageiro das desgraças desconhecidas.

Com passo mal seguro, dirigiu-se para a senzala por ver o que faziam os negros, certamente já acordados; mas não tinha andado duas braças quando apareceu, à porta dos fundos da casa, ainda com as roupas de dormir, o menino Tancredo, esfregando os olhos e gritando por Honorina, que era quem dele cuidava.

Jacó sentiu fugir-lhe o sangue das veias, fazendo, por uma operação rápida de espírito, a ligação dos dois fatos: a ausência de Honorina no terreiro àquela hora e ainda sua ausência junto do menino.

Sem poder dizer por que, correu à senzala e viu o completo abandono em que estavam todos os repartimentos de tudo o que pudesse servir à vida de seus habitantes.

Nem as foices, machados e enxadas ali estavam, como se todos os pretos tivessem partido para o trabalho, mas a prova de que eles não se tinham retirado para o trabalho era a falta das roupas das camas e de tudo o que ali ficava sempre.

O preto ficou estatelado!

Sua natureza rude não lhe deu para compreender de relance a significação do que via, mas, considerando

## Capítulo XXXV

bem, chegou a deduzir o que desconhecia pelo que lhe era conhecido.

— Fugiram todos! — exclamou.

E, levando mais longe o raciocínio, exclamou de novo:

— Meu Deus! Será possível?!

Como o tigre mal ferido solta aos ares um rugido de raiva e de dor, que ecoa, medonho, nas quebradas da serra, o negro arrancou do peito uma imprecação inarticulada, que teria feito Rafael tremer até a alma se lhe fosse dado ouvi-la.

— Ao inferno que vás, lá mesmo irei eu arrancar-te o coração!

E, falando assim, tinha a fisionomia de Satanás, descrita pelo cego de Albion no momento em que ameaça, de punhos cerrados, o astro que concentra em si toda a luz, para difundi-la pelos mundos que se movem em torno de si.

O espírito humano, embora mergulhado num mar de dores e de males, não aceita o que lhe pesa senão quando não tem mais hipóteses fagueiras a imaginar.

Jacó não fazia exceção à regra, e, pois, tendo concentrado todas as fúrias no coração, sentiu brotar-lhe da alma um raio da luz da esperança.

— Talvez tenha abandonado seus danados planos pelo de se livrarem do cativeiro!

E o desgraçado, agarrando-se a essa frágil tábua, experimentou alívio e quase pediu a Deus que protegesse os fugitivos.

— Mas por que não me convidaram para a partida? Temeram-se de que os denunciasse? Ah! Nunca faltaria à confiança que pusessem em mim, e, se não os acompanhasse por amor de Honorina e mesmo do meu senhor, seguramente não cometeria a infâmia de denunciá-los. Demais, meu senhor está fora, e, portanto, que receio foi esse?

Terão executado o plano de acabarem com a senhora, e fugiram com receio do castigo? Então Honorina está ao lado do cadáver, ou, porventura, da moribunda. Vamos, vamos ver se é isto o que aconteceu.

De poucos saltos o rapaz estava fora da senzala, atravessava o pequeno pátio que o separava da casa e penetrava nesta, passando pelo menino, que continuava a choramingar por Honorina.

Foi direito à sala, para onde dava o quarto da senhora, tendo em mente gritar dali por Honorina, mas horror!... na sala estava, fresca e corada, a Sra. Maria Felícia, que se ergueu aterrada de ver a cara do precito, que trazia o negro.

Este, desconcertado por ver o contrário do que imaginara — uma desgraça, como meio de varrer de seu espírito a maior desgraça —, perdeu quase a razão e, chegando-se para a senhora, que julgou ver chegada sua última hora, perguntou-lhe, como quem fala de igual para igual:

— Honorina?

A consciência é o olho da justiça indefectível posto ao lado do espírito humano, e inseparável dele como a sombra é inseparável do corpo.

Não há uma palavra, um pensamento, uma ação que não passe por aquela infalível pedra de toque do bem e do mal.

E, tanto que a consciência julga, a alma sente que fez bem ou que fez mal.

Pode desprezar aquele juízo, que ilimitada é sua liberdade, mas crava-se-lhe um espinho, que é uma espécie de prenúncio dos futuros castigos, porque não há falta que fique sem punição.

Se a advertência da consciência é, porém, aproveitada, que doce sentimento inunda os seios da alma, como o perfume delicioso da ambrosia enchia a atmosfera sagrada do Olimpo!

## Capítulo XXXV

O homem, apesar de vir a esta vida remir culpas passadas, por sofrimentos às vezes bem duros, não é, contudo, abandonado às suas próprias forças, à sua liberdade cega, como seria se a Deus fosse indiferente sua perda ou sua salvação.

O supremo Criador e Regedor do mundo sente por todos os seus filhos verdadeiro amor de pai, e, se pune os que delinquem, pune-os para corrigi-los, para limpá-los, para impeli-los a desenvolver sua perfectibilidade.

Neste sublime intuito, Ele deu a cada um, com a liberdade de seguir o bom ou mau caminho, o que é condição de mérito ou demérito, a consciência que o ensina a distinguir um do outro aqueles caminhos.

Vê-se nesse cuidado o sublime paternal amor!

D. Maria Felícia só usava de sua liberdade para o mal. Era livre de fazê-lo, mas do que não era livre era de livrar-se do espinho que se lhe cravava na alma toda vez que cerrava ouvidos à voz de sua consciência.

E o sentimento que tais espinhos lhe produziam dava-lhe a convicção de que, assim como o bem chama bens, o mal só pede mal.

Vendo, pois, uma das vítimas de sua perversidade apresentar-se-lhe com ares furiosos, em vez de submissos e súplices, entendeu que era chegada a sua vez de receber mal pelo muito mal que tinha feito.

Para ela, naquele momento, estavam escritas na cara do negro as fatais palavras do festim de Baltazar.

Tinha razão de pensar assim, considerando o mundo à sua feição, mas a ordem moral da humanidade assenta sobre outra base, e a verdade é que os míseros cativos, se não tinham o pleno conhecimento, tinham a intuição dessa ordem admirável, que dá asas ao homem para subir dos abismos do seu nada às alturas resplendentes de luz e de glórias.

Nem se pode explicar, senão em honra desses espíritos oprimidos, o fato de suportarem os flagelos atrozes sem procurarem pagar mal por mal.

São brutos, é certo; mas os brutos se revoltam muitas vezes, e são tanto mais temíveis quanto maior é sua mansidão.

Os escravos, porém, apesar de brutos, têm razão e inteligência, e não é lícito pensar que não conheçam a superioridade de sua força sobre a do seu opressor.

Por que não usam dela para se livrarem dos bárbaros castigos e dessa vida de misérias indescritíveis que lhes inflige um para trezentos?

Eles mesmos não o saberão dizer, mas o segredo desse verdadeiro fenômeno moral é que a consciência de cada um segreda à sua alma que tudo quanto sofrem foi por eles próprios pedido, quando o Senhor lhes fez a graça de conceder-lhes esta existência como meio de repararem atrozes crimes, que lhes acarretaram suplícios indescritíveis.

O homem negro, pensando que vive pela primeira vez, não pode deixar de acusar o amor e a justiça do Eterno por tê-lo feito nascer em miserável condição, enquanto outros nascem em condições superiores.

O espírito desse mesmo homem, porém, tem a consciência de que o que o seu *eu* toma por mal é um bem que lhe fez o Pai de amor e de justiça.

Daí uma espécie de luta surda e íntima entre o eu e o espírito, querendo o primeiro revoltar-se, e tentando o segundo conformar-se.

Daí a explicação desse fato assombroso de trezentos escravos sofrerem as cruéis injúrias de *um* só homem.

Temem-se da força da sociedade e cedem principalmente à sua força moral — dir-nos-ão os filósofos da velha escola.

Que teriam os escravos a perder, rebelando-se e acabando com seus senhores?

## Capítulo XXXV

Seriam cruelmente castigados? Mas em castigo morriam eles todos os dias, e às vezes por faltas insignificantes. Seriam condenados à morte? Que é a morte para homens que nunca conheceram a vida?

O caso, porém, é que os escravos bem sabiam que o imperador não sancionava pena de morte, e, portanto, que o maior mal que lhes traria a revolta era a galé perpétua — cativeiro muito mais humano que o dos senhores.

Há, pois, uma razão incompreensível aos filósofos da velha escola, que jamais poderão explicar a subserviência de tantos a um — das vítimas ao algoz.

D. Maria Felícia, com a consciência do mal que praticava, supôs o moleque disposto a vingar-se e a vingar seus parceiros, e, pois, a voz ficou-lhe pegada na garganta e não teve palavra para responder à pergunta: Honorina?

Jacó não reparou a perturbação da senhora e repetiu:

— Honorina? A senhora sabe dela?

Vendo que o moleque estava desarmado, e que nenhum mal lhe faria, a víbora sentiu renascerem seus instintos ferozes e, com tal ou qual energia, exclamou:

— Quem sou eu e quem é você para me falar assim?

— Perdoe-me, minha senhora — disse muito humildemente o negro, caindo em si da excitação que o dominara.

— Eu creio que roubaram Honorina, e vim ver se ela estava com a senhora.

— Comigo, desavergonhado?! Eu já dei confiança a algum negro de estar comigo?

E, dizendo estas palavras, desandou uma bofetada na face do rapaz, a qual o fez recuar uma braça.

Entrou nesta emergência o dono da casa, que, vendo a cena, e para terminá-la, disse a Jacó:

— Vai tratar do cavalo.

O moleque não podia mover-se, que seu espírito estava preso a uma ideia que o retinha ali. Precisava dizer ao senhor o que se dera.

— Que queres? Não ouviste o que te ordenei?

— Ouvi, mas peço ao senhor que me venha ouvir cá fora sobre coisas graves que se deram em sua casa.

José Gomes tremeu àquelas palavras e, de cabeça baixa, prevendo horríveis desgraças, saiu com o preto para o terreiro, onde este lhe contou, chorando e maldizendo-se e exprobrando-se, o que se tinha dado antes daquela manhã, e naquela manhã.

— Por que não me disseste isso antes? — perguntou o bom homem, pálido e trêmulo, como se lhe tivesse caído um raio aos pés.

— Porque não quis expor meus parceiros a um duro castigo, esperando poder prevenir tudo.

Enquanto assim falavam, bradava a mulher lá dentro:

— Miserável! Vive com os escravos como se fossem seus iguais!

CAPÍTULO

# XXXVI

Deixamos os fugitivos no momento em que chegavam ao pé da serra, no ponto em que os esperava um dos habitantes da pequena república negra, que poderia ser chamada a *Libéria* do Banabuiú.

Talvez lhes tivesse passado pela mente fazerem daquele ponto imperceptível, um mundo — daquele pequeno centro humano, um grande estado.

E parece que não era outra sua intenção, pois que estavam atraindo população, como o prova o fato de vir um deles aliciar os pretos da fazenda da Conceição.

Mal avisados andaram, se tal foi seu pensamento.

Os brancos não admitem em seu seio o escândalo de uma organização negra!

Ou é maldição do Céu, semelhante à que caiu sobre a cabeça do povo deicida, que nem pode extinguir-se, nem pode constituir um estado, ou é maldição dos homens, que à semelhança dos brâmanes, consideram o negro do modo por que a raça ariana considerava os párias, os thelvando-las e as demais tribos indígenas da Índia; o certo é que, tendo-se formado a república dos Palmares, em Pernambuco, tanto fizeram os filhos da raça privilegiada, que acabaram com aquele tentame da raça desprezada.

Pode ser que sejam mais felizes os escravos de José Faustino, criadores da república, ou colônia negra de Banabuiú, mas receamos bem que, alargando seu círculo, não possam ocultar o ninho onde a pobre águia conta resguardar os ovos da vista do caçador.

Aquele agenciador de imigrantes, que seduziu os escravos de José Gomes, deu, à vista da caravana constituída por estes, um grito, que, dissemos, era impossível saber-se se era de prazer ou de espanto.

Os recém-chegados estacaram àquele grito — e tremeram de susto, supondo que ele indicava algum perigo.

Ao condenado, que se acha a passar a linha que separa a terra do castigo da terra da promissão, o voo de uma ave, a corrida de uma lebre, o próprio ruído de seus passos parece prenúncio da maior desgraça: a mão de ferro do malsim, que o vem surpreender à porta do paraíso para arrastá-lo ao tenebroso inferno.

Os negros estavam neste caso.

Já punham a mão no fecho da porta da salvação, já prelibavam as alegrias da vida de homens livres, que sua alma antevia como um sonho — e eis que seu guia espanca aquelas alegrias, desfaz o encantamento daquele sonho, soltando aos ventos um grito, que não podia significar senão "mouro na costa"!

Pobre alma humana, sempre joguete de meras fantasias!

Ora se deleita com encantadoras miragens, ora se atormenta com imaginárias preocupações!

E a vida é isto! E isto constitui toda a nossa vida!

Não levaram os desgraçados muito tempo na cruel dúvida, porque Honorina, arrancada a seu espasmo moral por aquele grito, meio humano e meio bestial, soltou um brado de alegria, que só ela e o caiambola podiam compreender ali.

— Simeão! — exclamou a moça, correndo para o preto de braços abertos.

— A Pérola Negra! — exclamou Simeão, abrindo também os braços para receber a querida menina, que trouxera ao colo e que amava como filha!

## Capítulo XXXVI

— Deus é cheio de misericórdia — soluçava a moça, estreitando o velho amigo, em quem viu um protetor, enviado do Céu para salvá-la do abismo para onde a queria arrastar o miserável Rafael.

Simeão também chorava, mas chorava de prazer material, por ter junto de si, de sua gente, a menina que sabia tanto como os brancos — e que podia servir-lhes para defendê-los contra os brancos.

Naquele momento, solene para os dois, o chefe da república negra, pois que Simeão o era, sagrou a bela e pura Honorina rainha daquele povo.

Sempre a colocação segundo o merecimento!

Não se canse o que realmente o tem — não se amofine com as intrigas dos invejosos, que os Césares e Napoleões não podem desaparecer no meio da obscura multidão, e os Cincinatos hão de ser arrancados ao arado no dia em que for preciso salvar a pátria.

Se virdes um homem de fama e nomeada descer até desaparecer, conclui por uma de duas: ou não estava na altura de sua fama, ou apareceu outro homem superior a ele.

A lei é imutável: a colocação segundo o merecimento.

Rafael, desfeito o susto, perguntou ao seu guia donde conhecera a crioula e que relações tinha com ela.

— Nasceu na casinha em que eu nasci, criei-a em meus braços, amo-a como filha e estimo-a como minha superiora, como minha rainha, porque é santa como uma imagem do altar, e sabe mais que um doutor. Ela nos livrou de cometermos um crime... que afinal cometemos, depois que ela nos deixou. Mas juro-lhe que nos deixaríamos esfolar sem repelirmos o algoz, se ela conosco estivesse. Em Quixeramobim, foi-nos roubada por um senhor, que me pareceu bom homem, e nunca mais tivemos notícia dela, e, com o tempo, apagou-se a impressão de seus conselhos e... o desespero nos levou a tirar a vida ao homem que nos martirizava dia e noite. Eis a nossa história, Honorina, quero dizer, Pérola Negra, porque é por este nome que tu és sempre lembrada por teus velhos companheiros, a quem milagrosamente vais ser restituída. A tua, tu nos contarás lá em cima, onde estão os outros, que têm tanto interesse como eu em conhecê-la. Oh! Como ficarão contentes quando eu lhes disser: trago-lhes aí a nossa Pérola Negra!

— Deus te pague, Simeão, as alegrias que deste à minha alma, triste até a morte. Exulto de saber que a pobre menina ainda tem um lugar no coração de seus velhos amigos. Mas, antes de tudo, dize-me: tiveste alguma notícia de minha mãe? Ainda viverá a pobre, ralada das mais cruéis dores que lhe devem ter causado a minha separação? Depressa — depressa, responde-me, que eu trago no coração esta chaga, que não cicatriza. Ah! Da mísera condição do escravo, o que mais lastimo é não acreditarem os senhores que eles também têm coração — também amam — também sentem o despedaçar da alma, quando bárbaras mãos cortam santos laços que prendem pais a filhos, irmãos a irmãos, marido à mulher! Dize-me, Simeão, dize-me depressa se sabes da minha mãe, se ela é viva ou morta.

O preto enrugou a fronte, ainda há pouco tão lisa pelas alegres expansões de sua alma, e, baixando os olhos, respondeu com voz cavernosa:

— De tua mãe, Pérola Negra, sei tanto como tu. Em Quixeramobim, onde nos deixaste, ela também nos deixou. Sabes, como eu, que foi ela vendida a um homem do Aracati, por onde não andamos, porque o Maciel dirigiu-se para as bandas de Crateús, por onde demos mil voltas, sofrendo sempre os rigores daquele homem sem alma e sem coração. Já próximo do termo desta viagem, inútil para nosso verdugo, pois nós lhe desmanchávamos todo o negócio,

## Capítulo XXXVI

dizendo invariavelmente ao comprador que sofríamos moléstias internas — já quase no fim desta tormentosa viagem, de que resultou nossa condição atual, encontrei um arrieiro que me disse ter conhecido a velha Marta, no Aracati, maltratada pelo senhor, porém contente porque sua filha lhe ensinara umas coisas que a consolavam.

— Pobre mãe! — exclamou a rapariga. — Vendo-te, Simeão, meu espírito fez-se a ilusão de que ia vê-la entre os meus companheiros. Foi uma luz, para fazer mais negras as trevas! Seja tudo como Deus for servido!

Os fugitivos instaram com Simeão para que partissem, e Rafael pensava no singular acaso, que fizera sua presa encontrar um conhecido e amigo que, sem dúvida, defendê-la-ia contra seus ataques.

Começaram a subida, indo Honorina pela mão de Simeão, e continuando Rafael a parafusar nos meios de reduzi-la.

"Parece que o demônio protege certas pessoas! Quem havia de imaginar a possibilidade de vir eu encontrar este entrave, no momento de satisfazer meus desejos, tendo afastado esta rapariga de todos os que poderiam protegê-la! O tal Simeão ama-a como filha, e diz que os outros a amam por igual. Logo arranquei-a a dois para cercá-la de muitos protetores! Não tem dúvida, é o demônio que a protege! Agora, Sr. Rafael, é preciso tática: fingir amor louco, louco ao ponto de querer voltar para a casa do senhor, a fim de obrigar os tais amigos, pelo receio de serem descobertos, a trabalharem por mim, fazendo pressão sobre a tal rainha para me aceitar por esposo. O essencial é isto; mesmo porque marido lá em cima vale o mesmo que amasiado cá embaixo, pois estes negros não têm padre que faça casamentos. Está dito, é este o meu caminho, e a bicha que esperneie o quanto quiser, e o Jacó que chuche no dedo."

O perverso, a princípio azoinado com o inesperado sucesso, recobrou de pronto sua habitual alegria, que era a expressão externa do cinismo de sua alma.

Na frente da caravana, Honorina pediu a Simeão que não a levasse para o deserto, revelando-lhe que amava a Jacó, e que seu bom senhor lhes daria a liberdade ao dia de seu casamento.

— Não posso fazer-te a vontade, minha filha, porque nosso regulamento não permite que saia deste círculo que nele teve entrada. Sinto que tenhas sido arrebatada por este patife, que me pareceu um bom moleque; prometo-te defender-te contra sua perseguição, mas levar-te para baixo, não posso — não posso, porque o que isso fizer será morto pelos outros.

Honorina chorava, lastimando sua sorte que confessava ser uma maravilha, em comparação da que esperava, quando caiu no laço do malvado.

Simeão, compadecido de tanta dor, lembrou-se de um expediente que sanaria todo mal.

— Não chores, minha filha. Se o que te faz chorar é a separação do teu amado, eu farei com que venha ele também a nós, e terás satisfeitos os votos de teu coração.

A moça aceitou o alvitre, mas, se lhe sorria ter consigo o amado de sua alma, repugnava-lhe unir-se a ele por laços que não fossem sagrados pela religião.

Demais, ela e seu amado não estavam no caso de preferirem aquela vida de morte ao cativeiro, que para eles era nominal.

Além de que o amor que a prendia a José Gomes não era desses que se apagam com o tempo.

Calou-se, pois, esperando mais propício ensejo para melhor abrir seu coração ao pai de Lucrécia, a alcançar dele a graça de trazê-la para a casa que lhe era condição de vida.

## CAPÍTULO XXXVII

José Gomes era paciente, e tanto que suportava a mulher terrível que lhe coubera por sorte; porém a dor que sentiu pelo que lhe comunicara Jacó foi mais forte que sua natureza.

Quando se tem um transtorno de fazer perder toda a calma, sente-se uma invencível necessidade de descobrir-se um culpado, sobre quem se despeje toda a bílis.

O pobre Jacó foi quem carregou a culpa daquele desastre, que tornou José Gomes quase furioso.

Quem o conhecesse em sua inalterável pachorra duvidaria, vendo-o naquele estado de exaltação, que fosse o mesmo, ou que estivesse em seu juízo.

Arrancava os cabelos, batia com os pés, praguejava aos céus e à Terra, com a ideia de que a pura filha de outras eras fosse arrastada à perdição por um miserável escravo, que prometia esquartejar tão depressa o colhesse às mãos.

— Para que ficaste tu aqui, desgraçado? Sabias que havia um plano tenebroso e não tiveste a vigilância precisa para fazê-lo abortar! Tu, tu somente, és o responsável por tamanha desgraça!

— É verdade, meu senhor, eu não soube cumprir o meu dever, mas mereço seu perdão, atenta a circunstância de ser tão interessado como o senhor em proteger e defender a querida Honorina.

— Qual perdão! Quem é causa de tamanha desgraça não pode ter perdão — e eu o que sinto é que não possa reparar o mal ainda mesmo com tua morte.

— Estou pronto a receber seu castigo, meu senhor, confessando que o mereci; mas declaro que, se há feitiço, aquele malvado m'o botou.

— Feitiço! Feitiço foi tua preguiça — tua safadeza, de aproveitares minha ausência para dormires, quando mais devias velar!

— Tem razão, meu senhor, eu sou o único culpado, e praza aos céus que vosmecê faça efetiva sua ameaça de tirar-me uma vida que pesa hoje mais do que quanto suplício há no inferno.

O moleque humilhou-se tanto e tão conscientemente, que José Gomes sentiu remorsos de tanto magoá-lo.

"Afinal", pensou ele, "ninguém mais empenhado do que ele, como disse, em proteger e defender aquela que era senhora de seu coração. Foi uma fatalidade o que aconteceu, ou foi para que se cumpra a vontade de Deus. Este infeliz não pode, com justiça, ser acusado de culpa numa desgraça que seria ele o primeiro a dar a vida por evitar."

A tempestade limpou a atmosfera. O homem de boa alma aparecia depois de dissipadas as pesadas nuvens.

— Jacó, perdoa meus transportes, atendendo a que minha dor me desvairou.

— Mas o senhor teve razão. Eu é que fui o culpado, e meu tormento será por toda a vida.

— Não tem culpa, meu filho, quem não pode esmagar a cabeça da víbora que tem de morder a pessoa mais amada.

— Mas eu, meu senhor, se tivesse revelado a vosmecê o plano de Rafael, teria esmagado a cabeça da víbora, e não o fiz.

— A intenção é tudo, Jacó; e a tua, querendo evitar o mal sem expor a duros castigos os que o meditavam, foi boa, foi digna de uma alma nobre.

## Capítulo XXXVII

— Parece que sim, porque Honorina a aprovou, mas o que é verdade é que foi por eu ter seguido aquele caminho que tudo se perdeu.

— Nunca te arrependas de ter seguido à risca os deveres de cristão.

— É verdade, mas não foi seguindo-os que alcancei o triunfo do bem contra o mal.

— Louco! Blasfemas! O bem não pode ser vencido pelo mal; e se nos parece o contrário, é porque não compreendemos ainda o verdadeiro mal. Nem tudo o que nos parece mal é mal, e nem tudo o que temos na conta do bem é bem.

— Não sei destas distinções, meu senhor; o que sei é que perdi Honorina e que essa divina criatura vai arrastada para a vida crapulosa de meus parceiros.

— Enganas-te, homem. Deus muitas vezes suscita lances deste para provar a fé de seus servos, ou para fazê-los sofrer as maiores torturas, que são a lixa de sua lepra; mas, no momento em que tudo parece perdido, desce o anjo da misericórdia e sustém à beira do precipício o que parecia irremediavelmente condenado a cair nele.

— Será possível que Honorina se salve?

— A Deus nada é impossível; e eu tenho fé que minha querida filha, embora precise sofrer a cruel tortura que lhe foi infligida, será protegida pelo anjo do Senhor.

— Oh! Meu Deus! Fazei o milagre, ou arrancai-me a vida, porque eu não poderei resistir à vista da minha amada poluída pelo mais infame dos homens.

— Tenhamos fé, Jacó, e o milagre se fará. Asseguro-te que Honorina nunca se perderá.

O negro caiu de joelhos, chorando e orando, e quando ergueu-se era um homem.

Sacrossanta religião, que tens bálsamo para todas as feridas, que dás vida aos mortos e esperança aos que se veem perdidos!

Se a lei que encerras é uma mentira, se a morte acaba tudo, essa mentira é sublime, porque alenta e vivifica!

O que pode consolar, num lance como este, o infeliz que não crê em Deus, que não crê na imortalidade da alma? O desespero é seu único sentimento, e a morte, sua esperança!

Comparai o quadro da vida de um crente com o da vida de um materialista, e dizei com a sinceridade do homem de bem: pode-se vacilar na preferência?

Naquele desespero, que levaria o incrédulo ao suicídio, bastou vibrar uma corda da harpa do crente: a fé, para fazer surgir a esperança que transpõe os abismos e atrai a misericórdia do Onipotente!

Jacó, abatido pela dor, julgava impossível que se salvasse a pureza do corpo da sua amada; à voz, porém, de seu senhor, já restituído a seus sentimentos naturais, compreendeu, num momento, que aquele que pode manter os mundos suspensos no espaço, mais facilmente poderá salvar a virtude da baba impura do vício.

Daniel atirado aos leões, como carniça, trouxe-os, respeitosos, a lamber-lhe os pés.

Crer, ter fé, é a verdadeira distinção entre o homem e o bruto.

Erraram, pois, os que definiram o homem um animal racional, quando deviam tê-lo chamado um animal que tem fé, que crê em Deus.

José Gomes começou furioso contra Jacó; esgotada a bílis, fez contramarcha no sentido de desculpar o rapaz, a quem só ele tinha inculpado, e por último já se amofinava por ver que ele não queria convencer-se de sua inocência no que acontecera.

Foi para o bom homem um gosto ver surgir a esperança naquela alma, que se perderia facilmente nas trevas do desespero.

## Capítulo XXXVII

— Basta de choro — disse, por fixar aquele último sentimento. — Vamos ser homens, vamos procurar meios de apanhar o bandido do Rafael, que talvez seja este o melhor expediente para salvarmos Honorina, guiando-nos a Providência em tais diligências.

— Tem razão, meu senhor. Vamos já bater mato, que sendo tantos os fugitivos, devem necessariamente deixar traços de sua marcha para onde quer que se dirijam.

— Depois, a não terem arrombado as portas para tirarem da cama a Honorina, não podem ter partido daqui senão de manhã, quando ela naturalmente saiu, e, portanto, têm poucas horas de marcha. Corramos, que bem precioso tempo temos perdido.

— Para onde nos dirigiremos?

Os dois começaram a pensar, por orientarem-se no ponto de partida de suas diligências, e eis que vem a eles, festejando-os, *Tigre*, um cão preto, de robusto corpo, de excelente índole, e muito bom amigo de José Gomes.

— Aí vem o nosso guia! — exclamaram a um tempo.

CAPÍTULO

# XXXVIII

Simeão parecia ter criado asas nos pés, tal era a pressa com que subia a serra, ardendo em desejos de comunicar aos outros o prazer que lhe enchia o peito por ter encontrado e levar-lhes a Pérola Negra.

"Como vai ficar alegre o nosso deserto!", pensava o preto, subindo e esfregando as mãos. "Assim como uma vela enche uma sala de luz, do mesmo modo Honorina vai dar alma e vida à pequena cidade negra do Banabuiú! Nossos dias não serão somente para o trabalho — nossas noites para o sono reparador. Teremos horas de regozijo, expansões da alma, que nos têm faltado. Teremos um centro de luz, em torno do qual beberemos alegrias e coragem. E eu como sou feliz de poder dar à Lucrécia um modelo superior a tudo o que podia imaginar!"

Pensava e andava para diante o pobre preto, como quem tem pressa de levar a amigos a felicidade que lhe enche a alma.

No alto da serra, aonde Honorina chegou deitando a alma pela boca, já se via o trabalho do homem de envolta com a pujança da natureza.

Um imenso roçado, onde o milharal expandia ao vento seus galhardos penachos e o mandiocal formava o supedâneo daquelas colunas mais altas que um cavaleiro, denunciava a aproximação da habitação humana.

## Capítulo XXXVIII

No meio daquela mata frondosa, que acabavam de atravessar, a perspectiva de obras do engenho e esforço do homem causou alegria aos negros que deixavam o mundo em procura da liberdade. Todos, pois, saudaram jubilosos a nova pátria, onde iam sepultar seus dias, menos a infeliz Honorina, que via nela o desterro de sua alma, apenas suavizado pela companhia de seus antigos sócios de infortúnio.

Entretanto, mesmo essa consolação lhe era amarga, porque faltava naquele grupo, que lhe trazia à mente as recordações da infância, o ente mais querido de seu coração: sua mãe, cujas saudades se avivavam naquela companhia.

A triste rapariga chorava, pois, enquanto os outros exultavam. Chorou pela mãe, chorou por Jacó, chorou por José Gomes — seus amores da Terra, que julgava perdidos para sempre, pior que se os tivesse acompanhado à mansão da paz.

E, por associação de ideias, chorou também por Nhazinha, a boa menina que lhe esclarecera a razão e que lhe era ligada como irmã.

Atravessando o espaço ocupado pelas plantações, descobriram o pátio do povoado: um campo limpo, onde se exercitavam em corridas mimosos cordeirinhos, e dava saltos e corcovos um bando de cabritos.

Além, na face oposta, apareceram umas dez casas de pau a pique, cobertas de palha de carnaúba e tendo em torno uma multidão de aves de terreiro.

A um sinal de Simeão, saiu daquelas pitorescas casinhas toda a população do povoado que avançou, com demonstrações de íntima satisfação, para o batalhão negro, que vinha reforçar suas fileiras.

Eram desgraçados como eles, que procuravam, como eles, as auras da liberdade, longe do rebuliço do mundo, da vida social; e isso era o que bastava para serem bem-vindos.

Quem sofre de certos males aprende a ter dó de quantos padecem dos mesmos.

Os dois grupos avançaram, pois, um para o outro, como se fossem membros da mesma família que o vento da adversidade separou e que um favor do Céu reunia.

Simeão apresentou os novos sócios, com aquela expansão que dá a satisfação da alma e, chegando Honorina, disse apenas:

— Vocês vão ficar contentes de chorar; trago-lhes aqui nossa Pérola Negra.

Um brado de alegria partiu dos peitos dos escravos de José Faustino.

— Viva a Pérola Negra! Viva a nossa querida amiga!

— Viva a nossa rainha! — bradou com sublime emoção o preto Simeão, no que foi, sem relutâncias, acompanhado por todos, que repetiam: — Viva a nossa rainha! Viva quem veio trazer-nos a alegria e a felicidade!

Honorina, sem prestar atenção ao que diziam, abraçou, comovida, os que tanto se alegraram com sua presença, e em breve recebeu novo choque, apresentando-lhe Simeão a sua Lucrécia, para quem pediu todos os seus cuidados, para que a fizesse tão boa como ela mesma era.

— Lucrécia! Aqui?! Não é a sua filha aquela que me recomendou, na previsão de vir eu a ser feliz?

— É ela mesma, que entendi dever trazer para junto de mim, não só para ter o prazer da sua companhia, como para dar à filha a liberdade do pai.

— Ah! Neste caso foram inúteis os incômodos que tomou o meu bom senhor!

— Como?! Pois te lembraste de mim, Honorina?

— Duvidas acaso? Eu te dei minha palavra.

## Capítulo XXXVIII

E a boa rapariga contou tudo o que lhe acontecera depois que a comprou José Gomes, em Quixeramobim, terminando pela viagem que este empreendeu para fazer efetiva a promessa por ela feita.

— Havia apenas 24 horas que ele tinha partido, quando fui arrastada para aqui...

— Arrastada?! — exclamaram todos. — Não vieste por tua livre vontade?

— Como poderia eu vir por minha vontade, se nem pensar podia em encontrá-los aqui, e dir-lhes-ei: ainda que contasse com isso, jamais deixaria o homem que me ama e me trata como se eu fosse sua filha.

— Muito justo, muito justo. Quem vive bem lá no mundo não tem razão para fugir-lhe e condenar-se a este limbo, de que só a morte pode abrir as portas. Mas quem te arrastou para aqui contra tua vontade? Dize-nos, que não perderemos tempo em discutir: castigaremos já o miserável.

Rafael já se preparava para a defesa, começando a farsa que imaginara na subida da serra, quando Simeão interveio, dizendo:

— Honorina já me referiu o caso, e eu lhes peço que deixemos esta questão para mais tarde.

A voz de Simeão tinha poder sobre a alma daquela gente, e, pois, ninguém mais se preocupou com a questão, fundindo-se os dois grupos em um único, tomando Honorina a filha do chefe, o qual levou-a para sua habitação.

"Aqui, ao menos", pensou a pobre rapariga, "estou resguardada contra os infames projetos de Rafael, que julgou ter-me presa em suas garras. Se, pois, tenho razão para sentir a perda dos bons amigos, maior tenho para dar graças a Deus pela proteção visível que me deu, fazendo que meu ofensor me trouxesse para o seio de outros amigos."

\*
\* \*

Em pouco tempo, Lucrécia e Honorina eram uma alma em dois corpos, e, como duas mimosas flores que exalassem diferentes eflúvios, constituíram uma atmosfera moral, pela troca de seus sentimentos, em que ambas se achavam a gosto.

A Pérola Negra, como todos ali chamavam Honorina, sem o querer, foi de fato a rainha daquele pequeno povo, mas seu jugo era sobre os corações.

Até os escravos de José Gomes, que não tinham podido bem apreciá-la, foram subjugados pela força de sua superioridade.

Somente Rafael fingia respeito que não sentia.

O moleque era tenaz. Tinha feito plano de possuir a crioula, e só a morte lhe apagaria aquele pensamento.

Não viu no fato de ter-lhe ela escapado das mãos, no momento em que a julgava indefesa, senão um simples capricho do acaso; e, como este é cego, esperou, com a maior confiança, que um dia se voltaria também para ele.

Começou, pois, a pôr em jogo as novas armas que forjara: apresentar-se como louco de amor pela Pérola Negra.

Não fez mistério de sua paixão, antes ostentou-a, apresentando-se triste de não poder comer, nem trabalhar, nem dormir.

A necessidade de concorrerem todos para o bem comum, senão o sentimento de fraternidade, que une os que sofrem o mesmo mal, ou temem o mesmo perigo, levou a colônia negra a tomar em consideração o mal-estar de um de seus membros.

Fez-se uma assembleia para se deliberar àquele respeito, o que deu infernal satisfação ao tratante.

## Capítulo XXXVIII

Corriam-lhe as coisas à feição! Ali, no seio da assembleia nacional, Rafael explicou seu procedimento em relação à Honorina, raptando-a para dar satisfação a seu insano amor.

Os negros tomaram interesse por ele, embora não aprovassem seu procedimento, em razão de não partilhar Honorina o amor que ele lhe votava.

Aproveitando aquelas boas disposições, que não lhe escapavam, traçou franca e resolutamente seu plano: casar com Honorina, ou voltar a seu senhor para sofrer os castigos de sua falta e os horrores da vida de escravo.

— Encontrarei nas dores do corpo — exclamou como louco — uma distração para as dores da alma!

Grande foi à perturbação que produziram aquelas palavras no seio da assembleia.

O pobre diabo tinha razão, não sendo culpado de amar com violência a Pérola Negra: mas a ruína pública era certa, se ele executasse aquele louco plano!

Como remediar o mal, tendo a moça declarado que seu coração era de outro e que por nada do mundo se resolveria a trair seu amor?

Uns tantos tomaram logo o partido do farsante, entendendo que os caprichos de uma mulher não eram motivo suficiente para pôr-se em risco a vida da nação e dos seus cidadãos.

Outros, porém, entendiam que Pérola Negra tinha o direito de ser respeitada em sua liberdade, no que há de mais sagrado: o direito de dispor de seu coração.

A discussão foi larga e animada, terminando, como era de prever, pelo parecer de se coagir Honorina, como único meio de se evitar que se descobrisse o refúgio de tantas criaturas, que só pela fuga, e até por crimes, puderam recobrar a liberdade, que Deus lhes deu e que os homens lhes confiscaram.

Só o bom Simeão ficou firme em seu posto de sustentador dos direitos da Pérola Negra, da rainha do pequeno povo, custasse o que custasse.

Não houve argumento, não houve rogos, nem mesmo houve ameaças que demovessem a alma inflexível de Honorina da firme resolução de morrer, antes que despir o cândido véu da virgem pura e casta para se chafurdar na lama podre a que a queriam arrastar.

Ela fazia sentir quais tinham sido, e quais eram realmente as vistas de Rafael, alma devassa, incapaz de sentir o fogo sagrado, que dizia abrasá-lo; as suas palavras iam perder-se contra os corações de bronze da gente que punha o interesse acima de todas as considerações.

A moça chegou a desanimar, quando lhe disseram: a nossa segurança depende de uma palavra tua, e, se não a pronunciares espontaneamente, seremos obrigados a arrancá-la pela força!

Que mais lhe era preciso para convencer-se de que sua perda era inevitável?!

Pediu três dias para resolver, e levou-os, hora por hora, implorando a proteção de Deus, do seu anjo da guarda e de Olzman.

No dia da resposta, quando todos vinham ansiosos recebê-la, quando Simeão lhe dizia ao ouvido: "sê tranquila, que eu corto a questão, matando o miserável", e quando ela mais confiada na proteção invisível que na do velho amigo, cujo pensamento repeliu, dizia afoitamente — não —, um ruído surdo partiu do mato, do lado por onde se descia para os campos habitados.

Os braços que já se levantavam para tomá-la à força e entregá-la a Rafael, que abriu os seus para recebê-la, caíram fulminados à vista de soldados que corriam para o ajuntamento.

## CAPÍTULO XXXIX

José Gomes e Jacó, abatidos pela desgraça que inopinadamente lhes frustrara os planos de alegre futuro, criaram ânimo, quando veio a eles, como se tivesse sido mandado, o cão fiel que os cobriu de carícias.

O cão é, dentre todos os animais, o mais dedicado ao homem, e já houve um filósofo que disse ser ele superior ao homem.

Conhecem-se fatos de cães que morreram de fome sobre a cova em que se afundara o amado senhor.

De perceber os nossos sentimentos, regozijando-se com as nossas alegrias, e comovendo-se com os nossos pesares, coisa é de que não é lícito duvidar.

Ele sente, até, os males iminentes sobre a casa, que ama como sua, e dá sinal chorando lugubremente, donde a crença popular de que o uivo do cão é agoureiro.

Há mesmo uma certa comunicação de nossos pensamentos e volições, por modo que ele compreende o que dele queremos, independentemente de mímica ou de qualquer gesto.

Quem escreve estas linhas conheceu um cão tão ligado ao feitor de sua chácara que bastava este dizer: "Vai fazer tal ou tal coisa", para ele executar a ordem como se compreendesse a linguagem humana!

Refere-se o caso de um viajante que teve necessidade de pousar no mato e que partiu do pouso deixando aí um saco de dinheiro, que costumava trazer no arção da sela.

O cão, que vira o senhor partir esquecendo o saco, cercou-lhe o cavalo, por não deixá-lo andar, e tão insistentemente o fez que o homem, desenganado de poder prosseguir a viagem, foi obrigado a remover o obstáculo, tirando dos coldres uma pistola e matando com ela o cão.

Imediatamente depois lembrou-se do saco que deixara e reconheceu que o que o cão queria era obrigá-lo a voltar para apanhá-lo.

Que dor não foi a do pobre homem quando conheceu que tinha pago bem por mal, matando o amigo fiel, que se expôs à morte para salvar-lhe a fortuna!

Em oposição a este quadro, conhecemos o de um cão que, em um naufrágio, em que um cavalheiro, bem conhecido da sociedade fluminense, perdeu um filhinho arrebatado pelas ondas, foi levar-lho à praia, onde chorava inconsolável, abraçado à desolada esposa, tão cruel infortúnio.

Que alegria e que reconhecimento inundaram aqueles sensíveis corações!

O cão é o amigo, o companheiro, o guarda e muitas vezes o guia do homem!

Tiveram, pois, inteira razão José Gomes e Jacó, quando, à vista de Tigre, exclamaram:

— Aqui está o nosso guia!

Os dois homens tiveram a intuição de que aquele aparecimento lhes era um auxílio enviado por amigos e protetores invisíveis, e, pois, chamaram o cão e foram à porta da senzala indicar-lhe que precisavam saber para onde tinham ido seus habitantes.

Tigre abaixou a cabeça, farejou largamente e saiu, ganindo, em zigue-zagues, até o terreiro do fundo da casa, onde, sentado sobre os quartos traseiros, começou a uivar.

José Gomes perdeu a esperança; mas Jacó, cuja natureza era mais animal, e por isso melhor compreendia os sentimentos animais, disse ao senhor:

## Capítulo XXXIX

— Vê? Ele chora a perda de Honorina, a quem era excessivamente dedicado. Já lhe descobriu o faro no meio do que deixaram os outros pretos.

Dizendo isto, chegou-se ao cão e, batendo com a mão direita na coxa, disse-lhe:

— Vamos, Tigre, avante!

O cão saltou sobre os quatro pés e, cheirando novamente a terra, partiu direto pelo caminho que levava à Malhadinha, demorando-se de espaço em espaço para deixar que chegassem o senhor e o moleque.

Da Malhadinha, onde procurou por algum tempo o novo faro, enfiou-se pelo mato até a Lagoa do Mato, onde novamente pareceu ter pedido a pista dos fugitivos.

Enfim, tendo-a descoberto, seguiu, sempre esperando de vez em quando os dois homens, pelo ínvio bosque que envolve a serra.

— É possível que tenham vindo por aqui, por esta mata cerrada? — perguntou José Gomes, desconfiado de que o cão surgisse à pista de algum bicho, antes que a dos negros.

— Não tenha dúvida, meu senhor, que Tigre bem sabe o que lhe pedimos.

Começou a ascensão, e tão sem precauções que, se os negros estivessem mais atentos, teriam ouvido o crepitar dos galhos que quebravam os que os perseguiam.

Já quase a chegar à chapada, Tigre parou e deitou-se à espera de seus guiados.

Mal estes se aproximaram, levantou-se e, em vez de continuar a marcha, veio a eles, fazer-lhes festa, muito alegre, como quem sentia o gosto de ter desempenhado sua missão.

Jacó compreendeu o que aquilo queria dizer, e fez ciente ao senhor de que os fugitivos estavam bem perto dali, razão pela qual Tigre, para não denunciá-los, não tinha querido prosseguir.

Houve conselho sobre o que convinha fazer, e o da prudência venceu o da ansiedade que tinham de salvar Honorina.

— Se nos apresentarmos, eles são muitos, nos matarão — disse o moleque.

— Porém o que há de ser de Honorina, entregue àqueles bandidos?

— Pior será se desaparecermos, porque nem agora nem depois lhe poderemos valer.

— Tens razão. E que fazermos?

— Meu senhor, fique aqui com Tigre, que eu vou ver o que eles fazem, e saber o que pretendem fazer. Depois, e segundo o que eu observar, resolveremos o que for preciso.

— Vai, vai, que eu esperarei aqui.

Era no ponto em que, julgando-se livres de todo perigo, os negros tinham feito alto para fazerem uma ligeira refeição.

Jacó, com a habilidade de consumado caçador, tomou chegada até o ponto de ver a gente e de ouvir-lhe a conversa.

Viu Honorina ao pé de Simeão, e ouviu toda a história deste, pela qual soube que a rapariga estava sob a proteção dos velhos parceiros.

Voltou, pois, alegre e com seu plano feito.

Referiu tudo o que colhera a José Gomes, que partilhou sua satisfação, e resolveram acompanhar os negros até o arrancamento definitivo, pois nenhuma dúvida tiveram mais de que eles se dirigiam para o esconderijo dos pretos do Queiroz.

Completada a exploração e conhecido o lugar onde se acoitavam, ficaria Jacó, para estar a par dos sucessos e proteger Honorina em qualquer emergência prevista, voltando José Gomes a preparar forças para atacar o quilombo.

## Capítulo XXXIX

Não se demoraram muito tempo naquela discussão, porque ouviram bem claro o ruído da marcha dos quilombolas.

Foram lentamente acompanhando-os até a chapada, onde, ocultos por entre os ramos da mandioca, assistiram à toda cena, que já foi descrita, do encontro e fusão dos recém-chegados com os antigos habitantes do deserto povoado.

Seguros de ser aquele o ponto terminal da fuga, e tranquilos quanto à sorte de Honorina, desceu José Gomes a cumprir sua missão, e ficou Jacó para desempenhar a sua.

Enquanto o primeiro vai a Quixeramobim pedir forças ao destacamento, que não pôde obter senão depois de longas caminhadas do comandante para a delegacia de polícia, e desta para aquele, esteve o moleque comendo frutas silvestres e as que pôde tirar do roçado, com risco de ser descoberto e executado.

Felizmente, logo que caía a noite, todo o povo do lugar se recolhia às casas, de modo que Jacó podia, colando-se às paredes e às portas, ouvir tudo o que lá por dentro se dizia.

Calcule-se qual seria o desespero daquela alma, sentindo levantar-se a tempestade sobre a cabeça da sua adorada Honorina, sem que aparecesse o socorro que José Gomes fora buscar!

Não há nada tão enfadonho como esperar; e quando se espera mais que a salvação da vida, porque se trata de salvar o objeto de todos os afetos do coração — esperar é, em tais casos, sofrer as torturas eternas, porque cada minuto tem a duração de séculos.

A Jacó parecia que esperava havia séculos, e que em vão esperaria por séculos!

O pobre rapaz já começava a desanimar e, em seu desespero, tinha resolvido salvar sua amada, ainda a custo da própria vida.

Todos os dias aumentava o perigo, observando ele de casa em casa a conversão dos amigos de Honorina aos tenebrosos planos de Rafael.

Quando se fez a intimação à moça para se render por bem, sob pena de obrigarem-na a render-se ao miserável pretendente, o desgraçado perdeu a cabeça; e não fora a concessão dos três dias para a final decisão, estaria tudo acabado naquele dia, e José Gomes, se viesse com o socorro, não teria a quem socorrer.

Também este contava os minutos que passavam inúteis para o fim que concentrava todas as potências de sua alma.

Apesar de ter deixado as coisas bem paradas, e de ter a mais plena confiança no moleque que deixara por sentinela vigilante, parecia-lhe que tudo mudara num momento, e que só chegaria a tempo de chorar irreparáveis desgraças.

"Jacó", pensava ele, "tendo sempre a mente preocupada exclusivamente com aquele objeto, Jacó se precipitará à fogueira para salvar Honorina de qualquer perigo; mas Jacó, sozinho, não poderá salvar aquela querida criatura, que ficará perdida, e ele morto. Terei a desgraçada sorte de assistir a essa dupla e terrível cena?"

E José Gomes, como se aquilo não fosse uma cogitação imaginativa, sentia frio suor banhar-lhe a fronte, e o coração contrair-se como para cessar de palpitar.

Ia ao delegado; não tinha chegado ainda da fazenda. Ia ao comandante do destacamento; tinha saído a uma diligência.

Por fim chegou o delegado e voltou o comandante, mas apareceu uma dúvida: se o lugar para onde se pedia a diligência pertencia a Quixeramobim ou ao Riacho do Sangue.

Nas sociedades mal-organizadas, o maior embaraço à ação da justiça procede sempre das autoridades.

José Gomes alcançou a força quando já desanimava e talvez já fosse inútil, o que por fortuna não sucedeu.

## Capítulo XXXIX

Quis a Providência que chegasse ele no momento preciso, em que o triunfo de Rafael parecia seguro, segundo as vistas humanas.

Ao aparecimento da força, Jacó, que estava de faca em punho, por detrás da casa e já prestes a se atirar no meio dos negros, soltou um grito de alegria, que parecia mais de loucura.

Uma debandada horrorosa, de homens e de mulheres, fez desaparecer, como por encanto, a gente que estava no terreiro.

Quando a força, que vinha numa carreira vertiginosa, chegou ao ponto da reunião e cercou as casas, já os negros corriam mato afora com o desespero da anta, ou com a velocidade do veado, tocados pela matilha.

Só não dispararam Honorina e Lucrécia, que ficaram estáticas diante do que viam e lhes parecia um verdadeiro milagre.

O próprio Simeão, entre a filha e a força, que lhe parecera armada, à vista dos soldados, não hesitou na escolha.

Encontraram-se então, sós, no lugar destinado para o sacrifício, as duas crioulas, Jacó e José Gomes.

A alegria que encheu o peito dos três que tanto se amavam fez eco no coração de Lucrécia, quando Honorina lhe apresentou os dois queridos homens, que tinha aprendido a estimar.

Por sua parte, José Gomes sentiu imenso prazer ao encontrar a rapariga que tinha ido ver no Quixadá.

## CAPÍTULO XL

A quatorze para quinze léguas da cidade de Belém, na estrada que leva a Bragança, encontra-se, no lugar em que houve um importante quilombo destruído pelo conselheiro Brusque, um aldeamento dos índios tembés. O fato de ter sido o aldeamento construído por negros fugidos lhe dava um certo aspecto de povoado, como os nossos.

Vê-se daí que o simples contato do inculto com o civilizado aproveita àquele e dá força ao anexim que diz: chega-te aos bons e serás um deles.

Aqueles pretos, natureza mais rude que a dos indígenas americanos, só de verem, aprenderam, embora imperfeitamente, um sistema de construção mais regular que a dessas tabas selvagens, onde uma oca vale por uma cova.

Isso vem ainda mostrar como o homem será o fruto de suas próprias obras — abrirá por seu esforço o caminho de seu progresso, sem que haja privilegiados e excluídos primordialmente.

Originariamente, o negro é estúpido, tanto que o cafre é considerado o primeiro elo da cadeia humana, nas quase infinitas variedades que manifesta a intelectualidade humana em nosso planeta.

Originariamente, o selvagem americano é tão suscetível de instruir-se como o branco.

Entretanto, por obra da convivência do preto com o branco, apesar deste não se preocupar com aquele, pode

## Capítulo XL

ele ensinar ao selvagem, se não as regras, ao menos a prática de muitos aperfeiçoamentos humanos.

É verdade que os trezentos pretos que formaram o quilombo, destruído em 1863, já não eram cafres exclusivamente, mas crioulos — mescla de sangue negro e de sangue branco, o que dá um particular vigor às faculdades intelectuais; isso, porém, tratando-se de escravos que nunca receberam a luz da instrução, não altera quase os termos da comparação.

O certo é que o aldeamento dos tembés tinha um tal ou qual aspecto, e até mesmo certos cômodos, de uma povoação civilizada.

O Sr. Pena tinha estreitas relações com o *tuchana*, ou chefe daquela gente, com quem tratou negócios, por muitos anos, como regatão que foi, até fazer a fortuna que lhe dava para passar vida folgada.

Os regatões, precisamos dizê-lo, são negociantes que mercadejam com os índios, subindo pelo Amazonas e seus afluentes até suas tabas, onde trocam bugigangas por produtos naturais de grande valor.

Para se fazer ideia da usura que empregam os regatões, além de corromperem as mulheres e as filhas dos pobres selvagens, transcreveremos aqui uns poucos trechos do relatório do conselheiro Brusque:

"No Gurupi, um corte de calças de algodão ordinário, que custa nesta cidade 1$000, é dado ao índio em troca de um pote de óleo de copaíba, que contém de uma canada[21] e meia a duas canadas, e que vale, por conseguinte, neste mercado 20$000.

"Uma arma de fogo ordinária, do valor de 5$000, é dada em troca de três potes de óleo.

---

[21] N.E.: Antiga medida portuguesa de capacidade, equivalente a 1,5 litro.

"Um barril de pólvora, que custa 17$000, é equivalente a oito potes."

O Sr. Pena exerceu a profissão de regatão, e tantas fez que teria a sorte de muitos outros, assassinados pelos índios, se não tivesse abandonado o negócio.

Deixou, porém, um nome sobre o qual choviam os ódios e maldições de quase todas as tribos indígenas com quem teve negócio.

Os tembés não lhe queriam mal, e até lhe eram um tanto devotados, porque o bandido repartia com eles uma mínima parte de seus lucros, para colher-lhes o serviço de acompanhá-lo em suas excursões odiosas.

Também por isso, o ódio que certas tribos votavam ao Sr. Pena refletia com igual violência sobre os tembés.

O índio é essencialmente vingativo, e, devido a essa paixão dominante na sua raça, os guerreiros da tribo *Juberi*, da grande nação *Ypuriná* ou *Ipurinã*, cuja última maloca fica acima do *Yubituirá*, juraram lavar a honra das suas mulheres, poluída por aquele regatão e seus companheiros e comparsas tembés, custasse-lhes embora a vida.

Sabiam que o inimigo habitava o baixo Amazonas, entretanto que eles ocupavam as margens do médio ao alto Purus. Que importa, porém, a imensa distância, quando arde-lhes no peito a chama da vingança?

Bem próximo de seus aldeamentos foi o estabelecimento de José Faustino, tão desastradamente por eles destruído.

Procuravam, pois, os juburis descobrir a residência dos tembés, dos quais saberiam onde encontrar seu principal inimigo: o perverso regatão.

Já tinham mandado expedições na direção conhecida, porém todas tinham voltado desanimadas, tanto tinham andado sem colher informações seguras.

Foi nesse desespero de sua alma que os selvagens atacaram José Faustino e seu estabelecimento, por se vingarem dos filhos da raça maldita, do mal que lhes fizera um deles.

## Capítulo XL

Já sabemos que da gente do estabelecimento escapou um para contar a história da sua destruição. Ainda não dissemos, porém, que o chefe daqueles desgraçados, que foram procurar a fortuna onde a morte é quase certa — José Faustino —, foi apanhado ainda vivo pelos selvagens.

Os juburis não são antropófagos, e, pois, reconhecendo que o prisioneiro ainda estava vivo, fizeram conselho por decidir: se deviam abandoná-lo ou acabar com ele.

— Nem uma, nem outra coisa — disse o tuchana. — Este homem pode nos ser útil para descobrirmos o Pena. Nenhum mal nos fez, não podemos ter repugnância em guardá-lo conosco.

A resolução foi tomada naquele sentido, e imediatamente os curandeiros da tribo aplicaram ao moribundo a ciência que nossos sábios não possuem para tais e muitos outros casos reputados incuráveis.

Também, que tem feito o governo do nosso país no sentido de colher, em glória de nossa terra e bem da humanidade, tanto saber perdido nas selvas?

Custa muito dinheiro uma comissão médica que não dá nenhum resultado político!

E talvez seja melhor não se ter curado disso, porque seria dinheiro perdido, nomeando-se para aquele fim, não médicos, porém filhotes!

O caso é que nas florestas do Pará e do Amazonas existe, ignorada do mundo, uma farmacopeia tão vasta, e talvez mais importante que a consagrada pela Ciência do mundo!

Em poucos dias o nosso amigo Queiroz estava bom e na pujança de todas as suas forças.

Os juburis trataram de *domesticá-lo*, como diziam entre si — e o pobre homem, que amava a vida pela mulher e pela filha, não lhes deu muito trabalho, esperando poder fugir ao menor descuido.

Acompanhou quantas expedições fizeram aqueles índios, e numa delas encontrou um córrego, onde deparou com uma jazida de brilhantes, capaz de fazer a riqueza de uma nação.

Costumava ele trazer seus objetos de uso em um saco feito da pele do caititu. Aproveitou-o, pois, para acomodar avultada quantidade das preciosas pedras.

Preparado estava para fazer a felicidade da querida família, uma vez que era ele do número dos infelizes que fazem consistir a felicidade nos bens da Terra, sem repararem quantas vezes o rico inveja a paz de espírito do pobre.

Estava contente com a riqueza que tinha encontrado, e dava parabéns a si mesmo por ter caído em poder dos selvagens; mas, para que tanta riqueza lhe pudesse servir, era preciso voltar à família, à vida social. E como consegui-lo?

Uma noite, que era de festa na taba, chegou-se a ele o tuchana e disse-lhe qual o fim por que lhe havia poupado a vida, e prometeu-lhe a liberdade se ele lhe descobrisse o inimigo que jurara exterminar.

José Faustino ignorava completamente a existência dos tembés e do Pena, mas aquela promessa fá-lo-ia descobrir a pedra filosofal, ou a quadratura do círculo, tal era o sentimento que o oprimia por viver ausente de D. Tereza e Nhazinha, cujas imagens lhe apareciam em sonhos, sempre banhadas em lágrimas.

Ofereceu-se, pois, para guiar uma expedição, prometendo descobrir o que tanto desejava o tuchana.

Este aceitou-lhe a promessa e partiu com ele, acompanhado da flor de seus guerreiros.

A esquadra de igarités largou Purus abaixo, navegando somente de noite, e metendo-se em sangas, onde ficava oculta, durante as horas do dia.

## Capítulo XL

Do Purus passou a expedição ao Amazonas, onde as precauções foram exageradas, por causa da navegação que ali fazia a gente civilizada.

Em Breves, 148 milhas distante de Belém, José Faustino mandou aprisionar uma embarcação em forma de lancha, que se retirava da corrente para evitar a pororoca, e foi contente de apanhar um dos tripulantes, de quem teve todas as informações a respeito da situação dos tembés.

Aproveitaram os expedicionários o primeiro lugar onde puderam esconder na floresta seus barcos, e dali fizeram a viagem por terra, acampando sempre de dia e marchando durante a noite.

\*
\* \*

A Providência dispõe os elementos esparsos por modo que, sem percebermos a razão, eles se ligam e produzem o efeito determinado, parecendo-nos que tudo foi obra do acaso.

Quis o Regedor da ordem universal, por cuja vontade se movem os mundos, suspensos no espaço, e se regulam os mínimos fenômenos que afetam nossa vista, que os juburis chegassem à taba dos tembés à mesma hora em que o Sr. Pena penetrara no recinto povoado, trazendo num carro, para o qual pôs mudas de légua em légua, a pura filha de José Faustino, a triste noiva do inconsolável Chiquinho.

O ex-regatão, amigo do tuchana dos tembés, combinou com este, mediante larga soma, levar à sua taba uma moça com quem tinha de desposar-se ali, segundo o rito indígena.

Tudo ficou ajustado para a noite da festa de Nazaré, e o bandido, aproveitando a emigração de toda a população da cidade, arrebatou, como vimos, a cobiçada presa, contando que nenhum poder, da Terra ou do Céu, lha arrancaria das garras.

A moça nenhuma resistência opôs, porque, conhecendo que estava perdida, caiu em delíquio.

Metida no carro com o miserável, este deu ordem aos dois bandidos, que tomaram a boleia, para largarem a toda disparada.

Naquela corrida vertiginosa pela larga estrada que vai da cidade ao marco de uma légua, o mais aprazível passeio de Belém, o Sr. Pena estava atordoado, sem saber o que fazer daquele corpo inanimado, que lhe parecia morto.

Sentiu arrepios de frio ao contato daquelas mãos geladas, e pedia a Deus, em quem nunca acreditou, que o fizesse chegar depressa ao fim da viagem.

O carro voava, tomando de légua em légua mudas frescas, e Nhazinha, que pouco a pouco foi voltando naturalmente a si, manteve-se como adormecida para não atrair a atenção do infame.

Para onde a levava? Pouco importava saber, uma vez que estava em seu poder.

A moça pedia a Deus a morte, como única salvação para sua honra, mil vezes mais cara que a vida.

Em vez, porém, do que pedia, sentia fugir-lhe o torpor dos membros e a perturbação do cérebro.

Que horror!

Se pudesse encontrar uma arma qualquer, faria por si o que pedia a Deus, sem que Deus a ouvisse.

Não se descreve o estado daquela alma!

Do meio para o fim da viagem, a moça sentiu rebentar-lhe, como de uma rocha rebentou pura linfa, ao toque da vara de Moisés, a fé que a tinha abandonado — a fé no poder do Pai, que é toda força dos míseros filhos.

E, com a fé, veio-lhe a esperança.

## Capítulo XL

Que podia esperar aquela criatura, presa nas garras do seu algoz?

Não sabia — não poderia responder, mas sentia esperança, e aquela esperança lhe enchia o coração.

A pomba, apanhada pelo milhafre, está irremediavelmente condenada; mas se o caçador fizer fogo ao que se reputa senhor de sua presa?

Oh! Esperar, saber esperar, eis no que consiste toda a sabedoria humana.

Nhazinha, pois, naquela desesperada situação, elevou seu pensamento ao Senhor do Céu e da Terra, e, confiada em sua misericórdia, ficou tranquila — esperou um incidente qualquer que a livrasse da ignomínia.

Era já pela madrugada quando o carro parou.

O Sr. Pena saltou fora, como se lhe tivessem aberto o esquife em que fora encerrado.

Foram os esbirros que vieram tirar a moça, que, apesar de muito nervosa pelo abalo que sofrera, marchou com dignidade para o casebre que lhe foi designado.

Gritar — resistir, para quê?

A moça bem sabia que nada podia esperar da gente que cercava o carro, e que auxílio só lhe viria do Alto.

Entrou, pois, na casa com o donaire de uma rainha.

## CAPÍTULO XLI

A ideia da morte é o terror dos que não creem na existência das almas.

Devia ser o contrário: devia temer-se mais da morte o que acredita na alma imortal e responsável, que tem de colher, depois desta vida, o prêmio prometido a quem faz bom uso de sua liberdade, e que tem de sofrer o castigo das faltas que cometeu.

É que enquanto este espera, aquele nenhuma esperança pode ter.

É que o espírito, muito embora embebido no viver do materialismo, recua espavorido diante da perspectiva do "nada".

Ser o primeiro da criação, sentir, como André Chénier, que há *alguma coisa* especial e superior na criatura humana, e, no fim, reduzir-se essa primazia, essa superioridade, esse *quelque chose*[22] do imortal poeta, ao mesmo *nada* em que vão acabar o cogumelo e a lesma — toda a vasta escala vegetal e animal, é certamente para causar horror!

Dir-nos-ão: antes acabar no *nada* que viver eternamente no inferno.

Não, não há nada tão repulsivo ao ser racional como a hipótese de sua redução ao *nada*. Os próprios condenados ao inferno não trocariam sua posição pela dos *niilistas*.

---

[22] Alguma coisa (francês).

## Capítulo XLI

Cumpre, entretanto, dizer: penas eternas, inferno, demônios, não passam de criações humanas, que já fizeram seu tempo, que só tiveram razão de ser enquanto o homem foi carnal, foi material, de obedecer mais às paixões que à razão e à consciência.

Em frente do materialista, que não promete à humanidade senão sua extinção no *nada*, o que campeia hoje não é mais esse espiritualismo tirânico da Igreja, senão o espiritualismo que promete a todos os homens um progresso indefinido, como Espíritos imortais, até o alto grau de saber e de virtudes dos anjos.

Esta perspectiva, em perfeita harmonia com a superioridade do homem sobre todos os seres dos três reinos da natureza, esmaga a doutrina materialista, falsa em seus fundamentos e repulsiva em suas consequências.

Independentemente de tudo, o materialista treme horrorizado à ideia da morte, e a prova temo-la no Sr. Pena, que, supondo Nhazinha despedida da vida, imaginou o que lhe podia acontecer e quase enlouqueceu vendo o seu corpo pendente de uma forca.

Quando o tratante viu entrar a moça por seu pé, e tão senhora de si que parecia uma rainha pisando nos salões em que vai receber as homenagens de seus súditos, sentiu-se indignado contra sua própria fraqueza.

Batendo o pé, exclamou, tomado de ira: "Já podia estar tudo aviado se eu não tivesse sido tão tolo de supô-la morta! Não importa. O que não foi feito até agora, vai ser feito agora mesmo!"

Dizendo assim, e tendo ordenado a seus esbirros que não permitissem que alguém se aproximasse da oca, avançou para a moça como o lobo sedento atira-se ao cordeiro.

Nhazinha, apesar de ver chegado o terrível momento, não fraqueou em sua fé.

Frágil e delicada, repeliu, entretanto, o assalto tão energicamente que o Sr. Pena, cambaleando, como um touro sobre o qual a mão calosa do magarefe despeja esse tremendo golpe de machado na dura nuca, foi amparar-se na parede oposta.

— É forte! — exclamou por entre os dentes —, mas eu lhe mostrarei qual dos dois pode mais! Também, para que me cansar? Melhor é fazer como o gato com o rato, que não lhe pode escapar.

E voltando-se para a moça, com ar zombeteiro, disse-lhe a rir:

— Para que este luxo? Não sabe que ninguém a pode salvar? Aqui todos me obedecem, e, portanto, todos concorrerão para obrigá-la a ser mais amável comigo. Não se canse, pois que debalde me repele. O difícil era tirá-la donde lhe podia vir proteção — e isto, bem vê que facilmente consegui. Agora, minha cara, sua posição é a da fruta que, se escapar às pedradas das crianças, não escapa a seu próprio destino, que é cair de madura. Aqui pode fazer mil planos de defesa, que de minhas mãos não se livra.

— Eu bem sei que estou em suas mãos —, respondeu a moça, com soberano desprezo —, mas sei antes de tudo que há um poder superior a todos os poderes, que ouve os brados dos aflitos quando estes têm limpo o coração, e que nunca recusa sua proteção aos que nele confiam.

— Que pândega! — exclamou em gargalhada o perverso.
— Levanta teu brado ao teu poder superior, enquanto eu te aperto em meus braços. Pede ao teu Deus que te livre de mim, se tem tanto poder.

A moça ia repelir o novo assalto, mais enérgico que o primeiro, quando um brado horroroso, semelhante ao estampido de um vulcão que de súbito irrompesse, fez parar o malvado como estatelado, petrificado.

## Capítulo XLI

O mau traz sempre a consciência conturbada, e por isso tudo lhe causa susto.

O assassino, por mais que seja endurecido, que disfarce o que lhe vai pelo íntimo, estremece ao ruído da palha que cai, do vento que agita as árvores, do ar que corta o espaço, de seus próprios passos.

Dormindo ou acordado, persegue-o o fantasma do crime.

Assassino!... Assassino!... Assassino! É a voz que lhe soa sempre e por toda a parte!

A alma limpa de paixões lodosas tem a paz inalterável, que é o rocio divino a suavizar-lhe os sofrimentos inseparáveis da vida terreal.

O malvado, pois, estacou aturdido ao inesperado ruído, que não era senão o regougar dos índios jurubis atacando a taba de seus inimigos.

Estavam estes dormindo tranquilamente quando se deu a invasão, com que, nem de leve, podiam contar.

A surpresa do ataque fê-los tíbios, de fortes que eram, e tão tíbios que iam sendo trucidados, de oca em oca, como mansos carneiros.

Os que tomaram armas foram mortos, e os que se abateram foram feitos prisioneiros, desgraça pior que a morte.

José Faustino não quis tomar parte no assalto, convencido de que a carnificina seria horrível.

Não o intimidava a ideia de bater-se, mas sim a de precisar matar seus semelhantes, sem ter para isso a mínima razão de ofensa.

Ficou, pois, fora do campo, à espera do resultado da luta, para exigir o prêmio ajustado: sua liberdade.

Os assaltantes, senhores da posição, embriagados com o fácil triunfo, desprezaram as cautelas sempre necessárias na guerra, e, quando menos pensavam, foram, por sua vez, surpreendidos pelos tembés — um fraco grupo, é verdade, mas composto de homens decididos a vender caro a vida ou a liberdade.

Tinha esse grupo à sua frente o tuchana, que caiu de chofre sobre os inimigos desprevenidos e fez horrível matança, enquanto os ofensores não saíram do espasmo que lhes causou aquela imprevista resistência.

Foi esse choque tremendo da raiva contra a raiva, e raiva de selvagem, que levantou aquele bramido semelhante ao ronco do trovão, semelhante ao estertor vulcânico.

O Sr. Pena sentiu um profundo estremecimento, que lhe fez quase cessarem as pulsações do coração no peito, e um como ranger de dentes lhe trouxe aos ouvidos tétrica entoação da encomendação dos mortos.

Quis falar, e não pode articular uma palavra — quis marchar para a moça, pálida, porém serena como o anjo da esperança, e seus membros estavam hirtos, da rigidez cadavérica.

Com a boca aberta, com os cabelos eriçados, com todo o corpo inteiriçado, o malvado era a imagem viva e horripilante do precito, quando, segundo a lenda católica, é intimado da sentença irrevogável de sua eterna condenação.

A porta abriu-se de repente, uma horda selvagem invadiu o teatro donde o desgraçado provocara a cólera celeste.

Tinha cessado a luta lá fora, pela extinção dos poucos tembés que ousaram tomar as armas para defender o lar e a terra sagrada da pátria.

A terra sagrada da pátria!

E tem o pobre índio o direito de considerar sua a terra onde nasceu, onde seus avós pisaram como senhores o solo que o estrangeiro calca hoje com o pé tirânico do conquistador?!

Pobre íncola brasileiro! Teu nome desaparecerá da história das gentes, e esse solo amado, em que recebeste o batismo da natureza, será calcado pelo arado de estranha

## Capítulo XLI

raça, a quem não podes resistir, porque ela é a civilização e tu és a selvageria; porque ela é a luz e tu és as trevas!

A porta abriu-se de repente. Foram os juburis que invadiram a casa, onde o Sr. Pena desafiava a Deus, e Nhazinha elevava seu pensamento a Ele.

Um brado horroroso partiu do peito dos invasores: "É o nosso demônio!"

Os juburis tinham reconhecido o regatão.

Não há maior poltrão diante do perigo que aquele que tem levado a vida na prática de todas as infâmias.

Afeiçoa-se às delícias torpes, que só a carne dá, e treme à ideia de ver essa carne, fonte de todos os seus gozos, rolar, inanimada, na terra.

Não é assim com o homem que antepõe o dever espiritual ao gozo carnal.

Este vê surgir uma aurora de resplendente luz lá onde a sua matéria afunda em tenebrosa noite: nessa noite do sepulcro.

E, se teme a morte, porque em toda a humanidade existe o essencial sentimento que chamamos instinto da conservação, resigna-se à sua perspectiva, porque alenta-o doce e suave esperança.

O Sr. Pena era todo matéria — e matéria podre!

Sua alma, afogada naquele charco imundo, não tinha sequer a intuição do alto destino posto por Deus à humanidade.

Era o verme que só cura de cevar-se na sânie!

À vista dos selvagens, e, principalmente, ouvindo-lhes a exclamação, sentiu o gelo da morte correr-lhe pela espinha, e nem coragem teve para tentar um esforço pela vida, último protesto da natureza humana desfalecida.

Como um autômato, ficou na posição em que o encontraram e, sem fé nem esperança, extinguiu-se antes mesmo de morrer.

Os índios saciaram sua sede de vingança no corpo vil que tinha deturpado tantos corpos que lhes eram caros.

Sua empresa tinha sido coroada do mais brilhante resultado.

Dos tembés, uns tinham morrido, outros estavam prisioneiros, e poucos tinham podido salvar-se pela fuga.

Do regatão, a máxima injúria tinha tirado máxima desforra.

Já o dia vinha clareando quando aqueles selvagens deram por finda a obra de destruição que se haviam imposto.

O tuchana deu ordem aos seus para conduzirem os prisioneiros, e foi ter com José Faustino, a quem agradeceu o feliz êxito da expedição e concedeu a liberdade, tirando-lhe, porém, tudo que ele trazia consigo, a deixá-lo seminu.

Lá se foi o brilhante plano do mais brilhante futuro, que o mísero acalentara como a compensação de seus dolorosos sofrimentos.

A liberdade, porém — o sublime dom que o Pai fez a sua privilegiada criatura —, já lhe era uma satisfação àqueles sofrimentos, principalmente sendo esmaltada pelo gosto prelibado de ir abraçar a mulher e a filha, os dois entes que unicamente amava na vida.

Enquanto a horda se embrenhava pelas matas, a se ocultar durante as horas em que o Sol espalha a luz pela superfície da Terra, José Faustino tomava a precisa orientação para dirigir-se mais certeiramente ao lugar onde deixara o ninho de seus mais caros afetos.

Seguiu o pobre homem em direção oposta à que levava a filha, que tivera a poucos passos de si e que fora metida no libambo dos prisioneiros dos juburis.

Que triste fatalidade!

# CAPÍTULO

# XLII

No momento em que o miserável Pena arrebatara a moça, filha de D. Tereza, caiu esta sem sentidos, com o coração traspassado pela mais aguda espada de dor que lhe podia sobrevir.

Sua filha, sua única companheira na vida — a mimosa flor do jardim de sua alma, regada com os mais puros eflúvios do amor materno — perdida!

Perdida, não por ter recebido o beijo do anjo da morte, mas por ter sido arrastada ao prostíbulo pelo demônio da concupiscência!

Despertando do mortal delíquio, D. Tereza, como louca, saiu a bradar por socorro, sem que alguém lhe aparecesse.

A pobre mulher não desanimava, ou antes, era tocada por sua alma, sem consciência, a correr e a bradar por socorro.

Quem lhe acudiria, se toda a cidade estava em Nazaré?

Já o corpo, debilitado pelo excessivo trabalho e pela escassa alimentação, vergava e cedia ao cansaço, quando por milagre — por verdadeiro milagre — uma janela se abriu e deixou passar uma cabeça de moço.

D. Tereza mal podia mover as pernas, tendo concentrado todas as fracas forças no órgão da voz, de que esperava a salvação.

Vendo uma criatura humana, acendeu-se-lhe na alma o lume da fé — e aquela luz a extinguir-se adquiriu a intensidade máxima para correr e para bradar:

— Valha, senhor, a uma mãe, a quem um miserável bandido acaba de roubar o único bem que lhe restava na vida: a filha do coração — um anjo de pureza, que vai ser atirado à lama em que se espoja seu vil arrebatador!

O moço comoveu-se àquela singela narração e, vencendo por esforço da alma a moléstia do corpo que o prendera em casa, correu à porta e convidou a mísera a entrar.

— Entre, senhora, e descanse um pouco, enquanto me visto para sair a ajudá-la no empenho de salvar sua filha.

Com a força que só um coração de mãe pode dar à debilidade mortal, D. Tereza marchou para onde a convidava o moço, que lhe aparecia como a estrela polar ao navegante perdido nas trevas que envolvessem o oceano.

O moço fê-la sentar e, vendo a extrema fraqueza daquele corpo macilento, correu a buscar um copo de leite e um cálice de vinho, que felizmente tinha em casa.

— Tome isto, minha senhora, que talvez precise andar muito.

— Obrigada, senhor, mas não tenho disposição para tomar alimentos — nem os tomarei enquanto a minha santa Nhazinha me não for restituída.

— Nhazinha?! Chama Nhazinha à sua filha?

— É como a chamam desde menina os de casa e os que a conhecem.

O moço firmou a vista na senhora, para quem ainda não tinha olhado, e, dando um gemido, que parecia arranco de agonizante, exclamou:

— D. Tereza de Queiroz!

— Como me conhece? Donde me conhece?

— Vamos, vamos, depressa — bradou o moço, sem mais responder. — Vamos salvar a sua e a minha vida.

Dizendo assim, tomou a mulher pela mão e saiu, quase arrastando-a, tal era a sofreguidão com que queria chegar... aonde?

## Capítulo XLII

Ali é que se podia dizer: procurar agulha em palheiro. Nem era possível saber o rumo que levara o bandido, tampouco descobrir na cidade uma pessoa que os ajudasse a fazer a diligência.

Quem tem uma ideia fixa, máxime se é dessas que concretizam todos os anelos da alma, não reflete, não raciocina, só vê o que tem na mente e não pesa os embaraços.

Nessas ocasiões, que ninguém deixa de encontrar na vida, o homem não passa de um louco, ou monomaníaco, de loucura ou monomania transitórias.

O moço, pois, saiu tomado dessa loucura, sem plano, a fazer o que fizera D. Tereza: correr as ruas desertas da cidade.

Andaram os dois, mudos ao lado um do outro, engolfados ambos em mortais ansiedades, e andaram por quase todas as ruas da cidade, sem encontrar vivalma.

Já começava a transparecer no horizonte a luz difusa, que preludia a claridade do sol, quando o cansaço, que era extremo em D. Tereza, tomou também o moço.

O espírito pode não sentir o efeito de suas íntimas ligações com o corpo, mas este não deixa por isso de sentir o efeito das leis a que está sujeito.

Aqueles espíritos não perceberam o cansaço que resultara do desmedido esforço, mas os corpos, nem por isso, deixaram de gastar sua energia.

Nesse estado, os dois loucos conheceram que suas pernas se negavam à continuação do trabalho que se lhes exigia, e, como se tivessem combinado, pararam há um tempo e sentaram-se nos degraus do adro de uma igreja.

D. Tereza, nascida e criada no seio da religião cristã, desde que chegou diante daquele lugar sagrado, sentiu verter da alma enrijecida pela dor uma lágrima, que é sempre o prelúdio do recurso ao Ser que tem nas mãos os destinos do universo.

D. Tereza, comovida, mas naquele momento pelo sentimento religioso, ajoelhou e elevou o pensamento, ungido pela humildade e pela fé, ao Pai de amor e de misericórdia.

Talvez aquela prece subisse aos pés do Senhor, na hora em que Nhazinha se batia contra o tigre, que jurara ao demônio rasgar o seio inocente e puro para lançar-lhe a semente da mais torpe das paixões carnais.

Talvez fosse por efeito da oração da mãe que a filha foi socorrida pelos selvagens, no momento preciso em que a falta daquele socorro seria sua ruína moral.

Como quer que fosse, D. Tereza sentiu um suave calor pelo corpo e uma doce placidez no espírito.

Ao sentimento imoderado, que a arrastara ao desespero, substituiu o sentimento de pesar, suavizado pela resignação.

Oh! A resignação, nos mais cruéis transes da vida, é o orvalho do céu para as flores da alma que emurchecem ao calor do desespero ardente!

O moço companheiro da boa senhora fora acalentado no berço com a mais pura e poética das canções: a que se dedica à Virgem Mãe dos homens, fora educado pela santa mãe na sublime doutrina do Mártir do Calvário.

Veio, porém, o soão da desgraça e queimou as sementes da fé, regadas com os carinhos maternais, e largou em seu lugar os germes da descrença e do ceticismo, que dão os vermes destruidores do sagrado lenho, sem o qual ninguém pode subir onde subiu e nos espera o que no-lo deixou como penhor de seu amor e como sinal de nossa adesão à sua Lei.

O moço, pois, era materialista, era ateu, era mais que isso: era cético.

O abalo que sofrera, sabendo o que se dera com a sua Nhazinha — e a coincidência, que ele e muitos julgariam casual, de vir assim atribulado parar nos degraus de um

## Capítulo XLII

templo, resolveram-lhe os seios da alma e acordaram-lhe sentimentos adormecidos.

Diz o profundo Causette: junto do túmulo do ente querido, não há coração que não se curve à verdade e que não brade com o mais profundo sentimento: "Meu Deus! Meu Deus!"

Ao desgraçado companheiro de D. Tereza afigurou-se aquele lugar o túmulo moral de seus mais sentidos afetos — dos únicos que lhe embalaram a alma em sonhos de ventura.

E, como disse o sábio que vimos de citar, curvou a cabeça, curvou o joelho e recitou do íntimo de seu ser uma prece, talvez mais fervorosa que a de sua companheira, porque vinha mais de longe, mais do fundo.

Terminada a oração, ergueram-se e olharam-se, para se reconhecerem à luz do dia, que já bruxuleava no horizonte.

Estavam ambos acabrunhados pela dor, mas ambos sentiam um bálsamo que lhes apagava o desespero.

— O senhor...

— Sou um desgraçado, que viu a luz da felicidade no fuzilar de um relâmpago, e que mergulhou nas trevas do isolamento, ora mais enegrecidas pela dor de ver maculada a mulher que amou, que ama com ardor e que o esqueceu e o abandonou com a mais cruel ingratidão.

— É o Chiquinho! Meu Deus! Como são impenetráveis vossos desígnios!

— Sou o Chiquinho, que daria a vida por descobri-la, e que hoje a daria para não tê-la descoberto. Eu só queria, D. Tereza, ouvir da senhora, de seu marido, de sua filha, a razão por que me fugiram, como se foge de um leproso. Depois, empregaria todas as energias de minha alma em arrancar de meu coração este amor que me tem envenenado a vida, que tem sido alimentado por uma esperança louca. Louca, sim; porque é loucura amar a mulher que nos foge, o que vale por nos repelir.

— Está enganado, meu amigo. Nhazinha nunca deixou de amá-lo, e sofreu sempre torturas mortais, sendo obrigada a fugir do senhor.

— Mas quem a obrigou? Por que fugir de mim?

— Não é aqui que lhe posso contar nossa desgraçada história. Baste-lhe saber que a desgraçada menina chora sua perda como a da única felicidade desta vida.

— Meu Deus! Não compreendo nada do que me diz, mas vamos adiante, vamos ver se podemos salvá-la, porque, se não o conseguir, darei ao demônio esta vida de desespero.

Os dois ergueram-se do adro e seguiram sempre, sem rumo, pois que ambos eram desconhecedores da cidade.

Aquele, porém, que tem fé tem o melhor guia quando se aplica ao bem — tem o seu guia invisível, ministro do Senhor, que lhe sugere as ocasiões oportunas, os encontros eficazes, os lances salvadores.

Um pouco adiante da igreja ficava o quartel de polícia, para onde Francisco Correia, ou antes, o doutor Francisco Correia, foi guiando os passos de D. Tereza, como um cego a conduzir outro cego.

Não tardaram a descobrir a sentinela postada à porta do quartel.

Foi a luz para quem se debate nas trevas!

O doutor correu à polícia, expôs o que se dera e pediu auxílio.

Um oficial, acompanhado de alguns praças, pôs-se em movimento, para a casa do delegado de polícia, que era quem podia conduzir a diligência.

Felizmente acabava de chegar o delegado, que estivera toda à noite na festa.

Era bom homem, e tomou o mais vivo interesse pelo fato que punha em risco a honra de uma moça honesta e bem-educada.

## Capítulo XLII

Requisitou mais força e despediu escoltas por todas as estradas, certo de que o bandido tinha preparado esconderijo fora da cidade.

Conhecia-o bem, e marchou ele, com a última escolta para dar-lhe busca em casa, a ver se descobria alguma coisa que o orientasse.

O doutor e D. Tereza o acompanharam.

Como se sabe, a casa desta ficava ao pé da do Sr. Pena, e, pois, o delegado serviu-lhe de guia para tomar novamente a casa que deixara abandonada.

Nesta e na do Pena, que foi revistada com o maior empenho, não se encontrou o menor indício do crime.

O delegado, porém, estava cheio de confiança, que comunicava aos interessados, de que suas diligências seriam coroadas do melhor sucesso.

Esperou, pois, ali até meio-dia e, tendo de cuidar de outros negócios, mandou ficar a sua escolta, e deu ordens no quartel para que fossem ter lá as que despachara para as estradas, conforme fossem chegando.

O doutor lembrou-se de que D. Tereza estava em jejum e foi a uma venda, ao pé, arranjar almoço, que veio confortável.

A triste senhora recusou, mas, a instâncias do que lhe era o único arrimo na vida, tomou algum alimento.

Foi então a ocasião de contar ao moço a história que lhe prometera, e que terminou pela morte de José Faustino, lá para o Amazonas.

— Nunca perdoarei àquele desgraçado amigo — disse o doutor depois que D. Tereza calou-se — ter-me julgado tão mal. Essa falta de confiança em meu caráter fechou-nos a todos a porta da felicidade e abriu-nos a das desgraças, que ora nos oprimem. De todos foi ele o mais feliz, porque é o único que já não sofre as misérias desta vida de dores e pesares.

— Mas, meu amigo, como acontece que se ache aqui, tão longe de seu pai que o estremece?

Foi a vez do doutor contar sua história, já bem conhecida do leitor, terminando por dizer:

— Formei-me, nutrindo sempre a esperança de descobrir a amada do meu coração. Voltando à província, comecei a exploração de toda ela, de um a outro extremo. No Aracati, encontrei, por mera casualidade, uma preta velha, que me reconheceu. Era a que foi ama de Nhazinha. Calcule do prazer que inundou minha alma, tendo, depois de tantas fadigas, o fio condutor ao ponto de meu mais ardente desejo. Encontrar uma das escravas da minha amada era saber onde estava ela aninhada. Sôfrego, inquiri da preta, metendo-lhe uma moeda de ouro na mão, o lugar onde se ocultava a família querida. A pobre velha chorou — chorou de coração, e respondeu-me por entre soluços que seu ex-senhor tinha partido para o Amazonas.

"'Teu ex-senhor! Então ele vendeu-te?'

"'Não era capaz disso', me respondeu a preta. 'Foi obrigado a dar-me em pagamento de dívidas.'

"Compreendi vagamente o que a senhora acaba de dizer-me: que o Sr. Queiroz, ficando reduzido à extrema pobreza, fugira do lugar de seu nascimento, obedecendo mais ao orgulho que ao coração."

— Ao orgulho, meu amigo, ao orgulho; que Deus lhe perdoe, mas que o perdeu, e a nós.

— Parti do Aracati, já tendo uma tal ou qual orientação em minhas pesquisas. Fui a meu pai, disse-lhe o que havia descoberto, pedi-lhe permissão para vir fazer aqui e no Amazonas minhas explorações, e aquele excelente amigo foi o primeiro a dizer-me: "Parte já, meu filho, e Deus te dê a felicidade que mereces."

"Corri à capital, tomei o primeiro vapor da companhia e cheguei aqui ontem ao meio-dia. Por fatigado da viagem,

# Capítulo XLII

e muito abatido do enjoo, não pude acompanhar a gente da cidade a Nazaré, aonde desejava ir; não que meu espírito encontrasse prazer ou interesse em assistir a festas, mas por ser possível encontrá-los naquela.

"Estava pensando no que me ocupa sempre o pensamento, quando ouvi gritos de socorro. Não sei o que senti, mas uma voz íntima me dizia: corre em socorro daquela aflição — e um não sei quê me impeliu, posso dizer, mais que minha vontade, a abrir a janela. O resto a senhora sabe; mas o que não sabe, nem eu posso explicar, é esse encadeamento de circunstâncias que nos levou a encontrarmo-nos, quando, sem ele, eu passaria por aqui, iria ao Amazonas e perderia a última esperança de encontrá-los, o que seria a morte fulminante de minha alma. Há, certamente, algum poder invisível que encaminha os sucessos para um determinado fim, que vemos, que julgamos muito casual, mas que é obra daquele poder, de uma vontade superior, que só por suas obras se nos revela.

"É cego quem não vê essa influência constante nos fatos humanos! Eu vi hoje o dedo da Providência, que não é senão esse poder, ou sua vontade, que nós tomamos por 'acaso'. E, em minha alma, esse fato fenomenal imprimiu um sentimento de confiança tão profundo que lhe digo: Nhazinha será salva! Como — por quem — de que modo, não sei; mas sei que será salva por quem facilitou nosso encontro, pelo modo como ele se deu, tão extraordinariamente. Graças! Sinto renascer a fé perdida!"

# CAPÍTULO

# XLIII

Passou o dia em tristes, porém consoladoras, conversas entre o Dr. Correia e D. Tereza.

O objeto de tais conversas, já o conhece o leitor, foi Nhazinha, a divina criatura que se achava àquelas horas, pensavam os dois, em perigo maior que o de vida, porque era o perigo de sua honra.

Por descansarem das mágoas, que avivam falando da moça, entretiveram-se algumas vezes com o triste fim de José Faustino.

Fora aquilo uma grande desgraça, que trazia enlutado o coração da terna esposa, mas, diante da maior desgraça, que viera à moça, a morte do esposo perdia as cores negras com que fora vista até ali.

Mistérios do coração humano, ou lei posta pela misericórdia do Pai do Céu.

Se um mal maior não desfizesse o menor; se em vez dessa divina operação, se desse à humana acumulação, ou soma dos males que caem sobre o homem na Terra, não haveria constituição moral capaz de resistir ao peso de tantas dores e aflições.

Há, pois, uma sábia e paternal disposição, que não impede o ser humano de sofrer as dores que lhe acarretam suas faltas, mas que faz umas neutralizarem a ação de outras, de modo que se sofre tudo quanto é preciso para lavar-se a alma, porém por partes, gradativamente, sem acumulações impossíveis de se suportar.

## Capítulo XLIII

Às seis horas da tarde daquele tristíssimo dia, voltou o delegado de polícia, já meio desesperançado, por terem se recolhido quase todas as escoltas sem haverem colhido vestígios, ainda os mais fugazes, do malvado, em cuja pista saíram.

— Ainda não estão perdidas todas as esperanças — disse o delegado, mais consultando o desejo que tinha de animar aqueles pobres corações, que o sentimento que nutria sobre a possibilidade de qualquer sucesso. — Ainda me falta uma patrulha dirigida por um rapaz que é o de minha maior confiança. Esperemos e confiemos.

Não tinha, porém, o bom homem acabado de pronunciar estas palavras, e o sargento, a quem acabava de referir-se, apresentou-se-lhe, dizendo:

— Duas léguas em torno da cidade, não ficou sítio que eu não batesse, e afirmo a V. Sa. que não descobri vestígios da passagem do tal homem, nem houve quem lhe pusesse em cima os olhos.

— Bom; vão descansar, para continuarmos amanhã a perseguição ao malvado.

Dito isto, ia a retirar-se, aborrecido e comovido pelas lágrimas da pobre mãe, mas nesse entrementes apresentou-se na sala um homem coberto de andrajos e de um aspecto tão selvagem que metia medo.

A barba esquálida descia-lhe até a cintura, e o cabelo desgrenhado, como se não tivesse levado pente há meses ou ano, terminava com a barba.

O rosto era quase oculto naquela mata revolta.

Via-se que era um ser humano, mas parecia um conjunto de urso, de preguiça e de orangotango.

Todos os que se achavam ali, o delegado, o moço bacharel e a desolada dona da casa, recuaram, instintivamente, à vista daquele espectro, que, vendo o efeito produzido por sua presença, receou dizer quem era, por que não se desse algum desastre, e, pois, resolveu tomar as devidas precauções.

Parou, pois, no meio da sala, admirado de ver ali dois homens desconhecidos e, voltando-se para D. Tereza, disse-lhe, com voz a mais natural possível:

— Permite que me sente para descansar um pouco do grande cansaço que me prostra? Fiz uma viagem tão longa e mortificante que me sinto exausto de forças.

Aquela voz não era estranha à aflita senhora; mas onde e quando a tinha ouvido?

Procurava, como em desespero, lembrar-se; porém, a memória não a ajudava.

O recém-chegado quase não pôde esperar a licença que pedira; sentou-se e voltou a falar.

— O senhor é o dono da casa? — perguntou ao delegado de polícia.

— Não, senhor, sou o delegado de polícia desta cidade e estou aqui em desempenho de minhas funções.

O homem demonstrou uma ansiedade mortal, mas conteve-se, o que fez o delegado, que tinha prosa de esperto, suspeitar dele: — que fosse algum criminoso, perturbado por saber que estava na presença de um agente da justiça.

O homem dirigiu-se então ao doutor, fazendo-lhe a mesma pergunta que fizera ao delegado.

— Não sou dono da casa; sou um amigo velho que veio acudir a esta senhora em uma desgraça que lhe aconteceu.

— Amigo velho da casa! Então posso falar-lhe em particular, porque tenho coisas importantes que revelar.

Todos acreditaram que o desconhecido queria falar do que lhes tinha presa a atenção, e, pois, o doutor não vacilou em pôr-se à disposição do sujeito.

— Onde podemos conversar, D. Tereza, eu e este homem?

— Aqui mesmo, Chiquinho, porque eu convido o Sr. delegado a entrar comigo para a sala de jantar.

## Capítulo XLIII

— Pois então deixem-nos sós.

Entraram o delegado e a dona da casa, mas ainda não tinham tomado assento e já o desconhecido, que se mantivera em dolorosa contenção, dirigia-se ao moço nestes termos:

— Não vejo aqui a moça! Ter-lhe-á acontecido alguma desgraça?

— Que tem o senhor com o que pudesse acontecer a essa moça? — perguntou o doutor.

— Tenho tudo. Eu sou o pai dela, que naturalmente deram por morto! Diga, diga, por piedade, se lhe aconteceu mal.

— O Sr. Queiroz! — exclamou o moço.

— Fale baixo, senhor, para que minha mulher não ouça e sofra algum revés em sua razão.

— Sua mulher só terá satisfação em tornar a vê-lo ressuscitado, principalmente nas dolorosas condições em que se acha, tendo-lhe sido raptada por um bandido a filha querida — a minha cara Nhazinha.

— Que diz, senhor?! E quem é o senhor? — perguntou, caindo na cadeira em estado de quase não ouvir a resposta.

— Eu sou o Chiquinho, que Deus permitiu fosse o apoio de sua desgraçada mulher no mais desesperado transe de sua vida.

— Meu Deus! É para enlouquecer! E eu vinha com o coração cheio de amor, contando encontrar as duas queridas de minha alma!

— Tenha coragem, meu amigo. Deus nunca desampara os que confiam em sua misericórdia. Confie e espere.

— Esperar o quê, se, após tantos golpes, vem este encher a medida?

— A medida dos que creem e sabem que o sofrimento é o remédio que expurga a bílis podre de nossas almas nunca se enche, Sr. Queiroz.

— Ah, meu amigo! Perdoe-me o mal que lhe fiz e tenha pena de mim! Nunca houve, na Terra, um homem tão desgraçado.

— Está enganado. Se olhar para baixo, verá inúmeros que sofrem o mesmo que o senhor e ainda outros males, que o não afligem.

— Qual!...

— Não prossiga nesse caminho de perdição. Não há quem não encontre entes mais desgraçados. Aquele que sofre, em vez de olhar para aqueles que riem, o que aviva suas dores, deve olhar para os que choram, o que as suaviza.

— Mas, meu amigo, como viver, tendo perdida a filha, que era os meus encantos, por quem suportei tormentos infernais, por quem senti prazer do céu, vendo-me livre?!

— Tê-la-á, Sr. Queiroz.

— Tê-la-ei! Mas como? Poluída por um miserável!

— Não. Deus não permite que o mal supere o bem. Sua filha lhe será restituída, pura como sempre foi.

— Crê nisto, meu amigo?

— Tenho a mais completa confiança.

— Mas como será isso se ela está nas mãos de seu raptor?

— Não sei como será; mas será. Também ninguém poderia crer em sua aparição, e o senhor aqui está.

— Tem razão. A Deus nada é impossível.

E o desgraçado chorava, mas participava daquela confiança que animava o moço.

— Vá prevenir minha mulher de minha presença, mas tome cuidado, que não haja desgraça sobre desgraça.

— Fique descansado, que eu lhe trarei sua mulher sem nenhum acidente.

— Deus o guie nessa empresa.

O doutor entrou na sala, onde esperavam ansiosos o resultado da conferência, tanto o delegado como D. Tereza.

## Capítulo XLIII

— Que há? — perguntaram os dois, sem se poderem conter.
— Não há nada. É um pobre homem, que parece louco e que veio dizer a D. Tereza que seu marido ainda vive.
— Que diz?! Será possível?!
— Qual! Aquilo é um louco, D. Tereza.
— Mas se fosse verdade, Chiquinho?
— Se fosse verdade, melhor.
— E como se há de verificar, Chiquinho?
— Eu me incumbirei disso, D. Tereza, mas receio que a senhora receba grande choque vendo seu marido.
— Não tenha receio. Alegria não mata, ainda mais agora que é uma verdadeira compensação.
— Então, se a senhora visse hoje seu marido, não tinha abalo?
— Teria o de grande satisfação.
— Pois o homem deu-me as provas de que o Sr. Queiroz é realmente vivo.
— Louvado seja o Senhor, que me dá esta alegria no dia da minha maior angústia!
— Quer então ver seu marido?
— Ah! Se fosse já!...
— Pois ele está aí na sala.
— Será verdade?! — exclamou a mulher, correndo para a sala, onde não viu senão o maltrapilho.
— É este o Sr. Queiroz; abrace-o.
D. Tereza olhou para o homem e, dando um grito, atirou-se em seus braços.

# CAPÍTULO

# XLIV

É mesmo assim.

As dores desta vida são sempre suavizadas por motivos de alegria.

O homem que não passa por ela como o boi pelo caminho por onde puxa o carro, o que estuda todos os fenômenos humanos, procurando a lei que os rege e a causa dessas leis, descobre necessariamente o que só escapa aos que desprezam aquele estudo, ou temem de o fazer.

No exame das dores e alegrias da Terra — dois fenômenos que se observam em todo ser humano, embora varie de homem a homem a relação de um para outro — chega-se à compreensão da lei da expiação, que tem por causa a justiça do Eterno.

Não há um homem, por mais feliz que seja, em quem não se dê o fenômeno do sofrimento moral; logo este fenômeno é o resultado de uma lei eterna e imutável.

Por que e por quem foi posta semelhante lei?

Evidentemente porque todos os homens têm dívida a pagar naquela moeda, que é a única a satisfazer a Justiça divina.

Evidentemente foi posta por Aquele que fez da expiação humana o meio de pagarmos a nossa dívida.

Pelo lado oposto, o que se vê?

Vê-se que não há um homem, por mais desgraçado que seja, que não tenha motivos de alegria; logo este segundo fenômeno é igualmente resultado de uma lei eterna e imutável.

## Capítulo XLIV

Por que e por quem foi posta semelhante lei? Evidentemente porque a expiação, que atraímos por nossas faltas, e que é a manifestação da justiça indefectível, levar-nos-ia a ver em Deus simplesmente a severidade do juiz, sem um sentimento meigo de pai.

Evidentemente foi posta por Deus, que quer o castigo da falta, mas que nunca esquece que o pecador é seu filho.

Assim, pois, se a dor revela a justiça do Senhor, a alegria revela seu amor pelos homens.

E como o Criador é pai de justiça e de amor, todas as criaturas, na Terra, o que vale por dizer todos os que têm culpa, oferecem infalivelmente os fenômenos da dor e da alegria.

Ali, naquela casa, ainda há pouco repleta exclusivamente de tristezas, surge, como por milagre, um motivo de grande satisfação: a ressurreição de um morto querido!

Podia o fato dar-se um dia antes, ou um dia depois; mas, se a justiça eterna reclamava aqueles sofrimentos, o amor eterno dispôs de modo que viesse o rocio da alegria no momento em que mais abrasados estavam aqueles corações.

O recém-chegado, apesar de sua fadiga, não teve ânimo de privar-se, enquanto repousasse, da satisfação que lhe dava o fato de estar ao lado de sua mulher.

Esta, apesar de conhecer que o marido precisava de repouso, não pôde vencer o ardente desejo de saber a que devia aquele milagre.

José Faustino, pois, contou sua história, desde que saíra de Belém até a carnificina dos tembés, que foi a causa de sua libertação.

O delegado de polícia, tendo conhecimento, por aquela história, do crime horrível que se dera na vizinhança, saiu de casa de D. Tereza, dizendo que ia ao quartel dar ordens para se prosseguir na diligência começada contra o Pena, mas que ele precisava ir aos tembés tomar conhecimento do fato.

Efetivamente, muito antes de romper o dia, o homem partiu com uma valente escolta, indo todos a cavalo.

Levaram todo o dia em viagem, e por felicidade tiveram de parar em um dos pontos onde o Pena tinha suas mudas; de modo que aí souberam, casualmente, que o tratante passara por ali com a moça, em um carro.

"Faço de uma via dois mandados", pensou o bom homem, que estava consternado com a desgraça da estimável família de José Faustino, "dou caça aos juburis e tomo a pista do bandido, que me tem incomodado desde ontem."

Seguiu dali em diante com precaução, a ver se podia surpreender o malvado, porém não teve mais dele a mínima informação.

Não havia por aqueles matos onde se recolhesse, não havia outra estrada senão a que seguia com a escolta; onde então se metera o patife?

"Querem ver que ele foi direto para os tembés, e que lá se teve de haver com os selvagens? Isto é o que se poderia chamar castigo do Céu!"

Já era noite quando chegaram à taba abandonada, e, pois, dormiram sob as armas, que bem podia ser que os selvagens ainda estivessem por ali e os viessem atacar.

De manhã, ficaram horrorizados do espetáculo que se lhes ofereceu.

Homens, mulheres e crianças jaziam estendidos pelo chão, dentro e fora das casas, já em estado de decomposição, e muitos quase devorados pelos corvos, que faziam nuvem naquele lugar.

O delegado deu ordem para se enterrarem os mortos e, aberta imensa vala, foi assistir aos enterramentos.

Comovia-o aquela imensa destruição, mas não queria ausentar-se, por ver se descobria entre os cadáveres o do raptor e talvez o da infeliz moça, que tudo indicava terem vindo para ali.

## Capítulo XLIV

Examinava, pois, os cadáveres que eram atirados à vala, e já desistia da ideia que o preocupava, fazendo plano de seguir além pela estrada real em busca do miserável, quando os soldados, que tinham ido correr as casas, bradaram de uma:

— Aqui está um corpo que não é de índio!

O delegado correu para aquele ponto e, tão depressa pôs os olhos no cadáver, todo mutilado, reconheceu o Pena.

— Pagou com a vida sua infâmia!

Mandou atirá-lo à vala e, acabada a operação, foi bater o mato em redor por ver se descobria os juburis, que sem dúvida tinham aprisionado a pobre moça.

Reconheceram logo o lugar onde passaram o dia, e seguiram-lhes os traços até onde tomaram as embarcações e subiram rio acima.

Desenganado de os alcançar, deu a voz de contramarchar e, na tarde do terceiro dia, foi encontrar a família, ansiosa por sua chegada, pois que, em sua ausência, nada tinham conseguido seus agentes.

— Como haviam eles de descobrir o birbante, se ele foi daqui meter-se na boca do lobo?

— Para onde foi? — perguntaram há um tempo os três. — Descobriu-o então?

— Descobri-o. Ele foi homiziar-se na taba dos tembés; mas os juburis o mataram onde ia cometer o negro crime.

— Deus do Céu! — bradou D. Tereza. — Então minha filha foi também vítima dos selvagens!

— Se tivesse sido, minha senhora, seria isso mais consolador para a senhora do que se o malvado tivesse realizado seu nefando intento. Não é mais grato aos pais chorarem a morte de uma filha do que a sua desonra?

— Mil vezes — respondeu José Faustino. — Mas o que colheu sobre a minha desgraçada filha?

— Colhi a certeza de que não foi morta, porque não encontrei cadáver de mulher que não fosse indígena.

— Então foi aprisionada! — exclamou, chorando, o desolado pai. — E eu a tive a dois passos de mim, e não tive o menor sentimento de que estava ali!

— É que assim devia ser, por ela e por nós — ajuntou o Dr. Correia.

— Seja feita vossa vontade, Pai do Céu — disse José Faustino, baixando a cabeça e regando o chão com suas lágrimas.

— Eu saí em perseguição dos juburis — continuou o delegado —, mas já levavam muita dianteira, e apenas descobri o sítio onde entraram no rio.

— É exato — disse o pai da moça —; foi numa sanga, onde deixamos os igarités.

— Precisamente. Foi nessa sanga que lhes perdemos a pista, pelo que concluí que tinham embarcado, e dei ordem à minha gente de retroceder.

— Meu Deus! Antes não me tivessem dado a liberdade, porque eu lá poderia defender minha pobre filha.

O doutor estava silencioso, como quem está absorto em algum pensamento.

— A que horas deram os índios na taba dos tembés? — perguntou a José Faustino.

— Deve ter sido depois de meia-noite.

— E a que horas calcula que o malvado chegara à taba? — perguntou ao delegado.

— Pela hora em que passou no lugar onde descobri-lhe os vestígios, deve ter chegado das duas para as três horas da madrugada.

O moço respirou, como quem sacode imenso peso de cima dos ombros.

Elevou os olhos e deu graças a Deus, dizendo por pensamento: "Senhor, assim como a salvastes de um perigo, salvai-a dos que ainda a ameaçam."

## Capítulo XLIV

E, feita esta prece com a firmeza da fé que nutria desde o dia de seu encontro com D. Tereza, volveu desafogadamente à questão.

— Onde habitam os juburis?

— Nas margens do Purus — disse José Faustino.

— Bem. Eu vou já me preparar para seguir no primeiro vapor para o Amazonas, onde pedirei força ao presidente para atacar os selvagens, e trar-lhes-ei Nhazinha, ou morrerei com ela. Se não me tiverem de volta em três meses, rezem por minha alma.

José Faustino quis acompanhá-lo, por dizer que conhecia melhor que ele o lugar da habitação dos selvagens, e, portanto, melhor poder encaminhar a força.

O moço, porém, fez-lhe ver que D. Tereza não devia ficar só, e que ele, no Amazonas, tomaria um guia seguro.

O vapor saiu dentro de dois dias, e os três levaram aquele tempo a falar dos sucessos que originaram tantas desgraças.

José Faustino confessou sua falta e chorou todas as misérias e infortúnios de que fora ele o único autor.

No dia da partida reuniram-se todos e o delegado, que ficou amigo daquela gente, e juntos encomendaram a Deus a causa santa pela qual o distinto moço ia expor a vida.

Foi doloroso o adeus, que encerrava a esperança, ou a eterna separação.

CAPÍTULO

# XLV

Os juburis, já de si desconfiados, mais se tornaram tais depois do que fizeram aos tembés, julgando que seriam por isso perseguidos.

Tomaram, pois, os prisioneiros, que não eram muitos, e puseram-se em marcha, sem pensarem senão em vencer a longa distância que os separava da sua terra.

Com as maiores precauções foram fazendo a arriscada travessia, só viajando quando caía a noite e ocultando-se nas espessas matas desde que começava a raiar a luz do dia.

Já se achavam acima de Manaus, próximo a Jaburá, quando veio sobre sua esquadrilha, uma canoa, que tomaram por inimiga e por isso atacaram com toda a fúria.

Em um instante a canoa estava cercada, e os selvagens, metade das suas igarités, metade de dentro das águas do rio, a que se atiraram, davam-lhe fácil abordagem, porque não trazia ela defensor, senão dois homens e duas mulheres, que tinham, para defesa, somente duas espingardas de caça.

Foi o caso que, tendo fundeado em Jaburá o vapor *Ariman*, da extinta Companhia Fluvial Paraense, devendo demorar-se naquele porto o dia de domingo, aquela família desejou dar um passeio à margem oposta do rio, para caçar guarás.

O comandante do vapor permitiu-lhe fazer o passeio num escaler de bordo, contanto que não desse tripulantes, de cujo serviço muito precisava para a carga e descarga.

## Capítulo XLV

Os infelizes foliões aceitaram a condição, mal pensando que se empenhavam por marchar a um fatal destino.

Ainda não era dia, e já eles estavam a remar para o ponto onde os selvagens, por sua parte, iam parar e ocultar suas embarcações.

Meia hora que se demorassem, teriam evitado o fatal encontro.

Quis, porém, sua triste sorte que viessem precisamente à hora de o fazerem.

A luta não durou nada, porque os dois homens reconheceram logo a impossibilidade de se defenderem e preferiram render-se a irritar o feroz inimigo.

Podiam vender caro a vida, pois eram corajosos; mas as duas mulheres?

Em menos de um quarto de hora os juburis cantavam o triunfo e faziam a bela presa de uma canoa, que era para seus igarités o que é para uma barcaça uma nau de linha.

Quanto aos tripulantes, nenhum mal lhes fizeram; mas tornaram-nos prisioneiros, para não irem denunciá-los.

O selvagem é suspicaz e previdente.

Quando amanheceu o dia, o rio estava limpo, de não se ver em suas águas nem uma embarcação.

Os do vapor nada suspeitaram até que chegou a noite, sem que voltassem os passeantes.

O que, porém, fazer?

Entre as mil conjeturas predominou a de terem sido levados pela corrente do rio, por não saberem remar nem dirigir o barco.

— Vão dar nalgum porto abaixo, e só os encontraremos na volta — disse o comandante.

Com isto ficou terminada a discussão, e o vapor seguiu sua rota.

Enquanto se davam estas coisas a bordo, na mata fronteira tinham lugar outras de maior interesse para o leitor.

Os selvagens tinham por costume guardar os prisioneiros à distância do acampamento, que diariamente faziam e levantavam, para que, em caso de ataque, não lhes servissem eles de embaraço.

A prisão era uma grande árvore, que roçavam por baixo, fazendo com os galhos e matos, que cortavam, uma cerca em torno.

No princípio, guardavam aquele reduto, porém a submissão dos prisioneiros e a longa distância em que já se achavam da terra, que lhes era conhecida, dispensavam aquela providência.

Assim, pois, tanto que se recolheram ao mato, prepararam antes de tudo a prisão e levaram para lá os velhos e novos prisioneiros, pondo-lhes, por causa destes, sentinelas à vista, e ficando todos os guerreiros de prontidão.

Seguiram os desgraçados para o reduto que lhes fora preparado, indo os recém-aprisionados de cabeça baixa, chorando sua infelicidade.

Os outros já estavam afeitos àquele modo de vida e, assim, já procuravam distrações, ao menos contemplando aqueles esplêndidos quadros naturais, que são ali arrebatadores.

Nhazinha, a mais abatida dentre os que foram tomados no Pará, porque era a única que não conhecia usos, costumes e modo de vida dos selvagens, também já ia acomodando seu espírito a esse futuro negro, que lhe parecia impossível evitar.

Só pedia a Deus uma coisa: que os selvagens lhe respeitassem o que faz a nobreza da mulher.

Ia, pois, marchando para o reduto, e ia pensando na sorte dos infelizes que acabavam de ser reduzidos à sua mísera condição.

## Capítulo XLV

A bela moça não seguia o rifão que diz: "mal de muitos consolo é."

Desejava, pelo contrário, que lhe dobrassem o seu, aliviando aquelas pobres criaturas das dores que as oprimiam e que ninguém melhor que ela podia aquilatar, pois que podia dizer como o poeta: *non ignara malis, miseris succurrere disco* (sei o que são estas dores porque as tenho experimentado).

Pensava, portanto, nos outros, esquecida de si, quando chegou ao reduto e teve liberdade de lançar a vista em torno.

Naturalmente desejou ver os novos companheiros de infelicidade e, tanto que encarou uma das mulheres, uma bela crioula, soltou um grito, que não se podia saber se era de dor ou de alegria.

— Honorina! Honorina, aqui?!

A este grito respondeu outro no mesmo diapasão.

— Meu Deus! Que desgraça! Nhazinha reduzida a este triste estado!

As duas moças, esquecidas de sua condição, atiraram-se aos braços uma da outra, e aí desafogaram o peito de largas saudades, como se se encontrassem em condições normais.

— Que fazes por esta terra, Honorina?
— Que veio aqui fazer, Nhazinha?

Cada uma tinha sede de saber a vida da outra, e encontravam-se na mesma pergunta a que nenhuma dava resposta, porque ansiavam ambas por saber o triste fado da amada criatura.

Era, porém, preciso que uma começasse, e coube a Honorina satisfazer primeiro a ansiedade de Nhazinha.

O dia foi curto para a narração dos episódios da vida da negrinha depois que deixara a casa de seu ex-senhor.

Não são somente os grandes da Terra que tem feitos dignos de longa biografia.

Na classe mais humilde da sociedade há muitas almas que merecem muito mais, porque a história dos grandes é a relação das vaidades humanas, ao passo que a dos pequenos compreende exemplos sublimes de virtudes domésticas.

Nhazinha ria e chorava, segundo a crioulinha lhe narrava os lances felizes e os contratempos de sua curta existência.

E, como se suas almas tivessem deixado a prisão corpórea, aqueles dois corações estreitavam-se e faziam projetos para o futuro!

Quando, porém, voltavam à realidade dura e triste, ainda mais se estreitavam lamentando sua desgraça.

A história de Nhazinha deu motivos para largas conversas, que as entretinham e lhes faziam curto o tempo e suave o cativeiro.

Em poucos dias a moça, filha de José Faustino, estava relacionada com José Gomes, com Jacó e com Lucrécia, que com Honorina constituíam o grupo dos novos prisioneiros dos juburis.

Os filhos da civilização formavam uma divisão, e os selvagens formavam outra, havendo, portanto, no grupo dos prisioneiros duas classes bem distintas, que dificilmente se entendiam, porque os tembés falavam mal o português.

*
* *

Nenhum fato notável ocorreu de Jaburá até a taba dos guerreiros juburis, que não ficava longe dali.

A volta da expedição foi festejada freneticamente pela nação, o que muito distraía os nossos amigos, se não fosse a contenção de seu espírito, receoso de ter pesada e dura a definição de seu destino no fim da viagem.

## Capítulo XLV

Efetivamente, no dia seguinte ao da chegada, reuniram-se os anciãos da taba e todos os guerreiros da nação juburi para resolver sobre o que convinha fazer dos prisioneiros.

Antes de falarmos do que se tratou naquela assembleia, porventura mais patriótica que as das nações civilizadas, permita o leitor que voltemos para lhe referirmos os sucessos que determinaram a viagem do capitão José Gomes àquelas paragens, onde teve o fatal encontro com os selvagens.

# CAPÍTULO

# XLVI

Enquanto os soldados batiam o mato em busca dos quilombolas, o capitão José Gomes e Jacó davam expansão aos sentimentos da alma comprimidos por tanto tempo e por tão desastrados sucessos.

Honorina nadava em júbilo por ver os entes que amava na Terra, e que julgara perdidos, porém principalmente por se ter livrado do miserável Rafael.

Foi sucinta a história que fez de seu rapto e de sua estada no quilombo, onde teria sido vítima se não fora o Simeão.

E falando deste infeliz, a moça apresentou a José Gomes a crioulinha que ia sendo causa involuntária de tantas desgraças.

— Já sei que perdeu sua viagem ao Quixadá, donde não voltou senão para tomar novos incômodos por minha causa.

— Voltei no mesmo dia, por ter tido certeza, em caminho, de haverem furtado Lucrécia, e, precisamente na manhã de tua saída da fazenda, chegava eu aí. Meia hora mais cedo que eu chegasse, teria burlado os planos do patife, que me há de pagar bem caro os incômodos e aflições destes longos dias.

— Não está bem pago com o favor do Céu, manifestado pelo êxito feliz de suas diligências? Para que perseguições? Para que vingança? Todos os homens são irmãos — e, entre irmãos, os mais fortes devem auxiliar, em vez de amargurar, os mais fracos. Não manche sua alma com um sentimento que só medra em Espíritos atrasados e tanto mais quanto mais atrasados são: a vingança. Perdoar é próprio das almas nobres — é um dos mais acentuados pontos de semelhança da criatura com o Criador. Tanto como a vingança se ceva no ódio, que envenena e corrompe, dando pasto a todas as paixões condenáveis, o perdão procede do amor, esse fluido universal, que prende nos elos de uma cadeia indissolúvel o homem, a natureza e Deus. Deixe o Rafael com suas maldades, aliás filhas das condições em que foi nascido e criado. O senhor queima o cardo porque não produz figos?

"Ah! Eu tremo é pela responsabilidade que lhe cabe, de ter deixado crescer e viver a seu lado, e sob sua imediata direção, desgraçados irmãos seus, que não lhe mereceram mais cuidados que os cavalos de sua sela!

"Esses negros, esse Rafael, que o senhor criou só para o trabalho, para lhe darem ouro à custa de seu suor e de seu sangue, têm uma alma tão boa como a sua, porque saiu como a sua das mãos de Deus, que marcou a todos o mesmo destino. E o senhor não viu neles seres perfectíveis, e, em vez de guiá-los para o alto destino humano, por uma educação intelectual e moral, só cuidou de tirar-lhes o útil — só viu neles as forças do corpo, que eram seu proveito, sem lobrigar sequer as potências do espírito, que era de seu dever desenvolver tanto como aquelas forças.

"Eu temo, senhor, pelas contas que tem de prestar ao Eterno Juiz, que se revela tão misericordioso quanto justo; tanto que nas obras de sua misericórdia se manifesta sua justiça, e nas de sua justiça brilha sua misericórdia. Senhor capitão José Gomes, esses desgraçados, vítimas do abandono em que o senhor os criou, são seus credores no indefectível tribunal onde não tem peso nem valor a superioridade que vem das riquezas e das posições da terra.

"Rafael, meu bom amigo, é o que o senhor o fez — e, pois, não tem o senhor razão de querer castigá-lo, porque obedeceu ao impulso que lhe deu quem lhe dirigiu a vida. Não agrave sua falta com esse plano de vingança. Deixe que o desgraçado siga seu triste destino."

Era uma pérola, pérola de inestimável valor, aquela alma que transpirava tanta bondade ao mesmo tempo que externava tão nobres quanto elevados conceitos.

José Gomes ficou assoberbado por aquela fluente revelação de ideias que, só naquele momento, lhe pareceram dignas de atenção.

Tremeu por sua alma, diante do quadro que lhe foi tão docemente desenhado, e fez propósito de resgatar o mal, que lhe pesava, permitindo ao menos a seus escravos que gozassem a liberdade.

Chamou, portanto, o comandante da escolta e convenceu-o a dar por finda a diligência com a boa presa que fizeram.

Na noite daquele mesmo dia, José Gomes entrava, satisfeito, na casa donde partira em desespero.

D. Maria Felícia é que estava assanhada como uma cascavel.

Desde a fuga dos escravos, e que José Gomes precisou de Jacó para a expedição de que voltava, ficou a cozinha completamente deserta, e a Sra. D. Maria Felícia criada de si mesma, se não preferisse morrer de fome.

O marido, preocupado com a empresa de reaver a querida filha, nem de leve cogitou das contrariedades que causava à esposa, levando consigo Jacó.

Vinha, pois, muito contente, quando enfrentou com a fúria.

Não teve nem tempo de cumprimentá-la, que o vulcão fez erupção logo que pôs o pé na soleira da porta, como se já o esperasse àquela hora.

Já viram um cão danado, que, em vertiginosa carreira, vai mordendo a quem e o que encontra: homens, mulheres, crianças e animais?

## Capítulo XLVI

Já leram a descrição da raiva com que o javali acuado, batendo os queixos, o pelo arrepiado, acomete a todos os que se lhe aproximam?

Pois D. Maria Felícia fez de cão danado e de javali acuado, avançando sobre o grupo que chegava, como louca, a descompor tudo, e indo para um canto da sala a jogar sobre todos o resto da bílis, que nunca se esgotava naquele infernal foco de todas as ruins paixões.

— Desaforo! — concluiu para se desafogar. — Quiseram matar-me à fome, porém esqueceram-se de que comigo morria o filho, que deve ser tão bom como o pai! Erraram o alvo! Eu sempre me arranjei e aqui estou viva e sã. E o tal mimoso? Podem ir vê-lo morrendo, se já não morreu, de fome!

Àquela cínica e perversa declaração, José Gomes e Honorina, que ouviram e suportaram todos os insultos com a maior paciência, deram um grito de dor, que assustou a própria fera.

Bem sabiam eles do que era capaz aquela mulher, e, pois, compreenderam o horror da situação em que se achava a pobre criança, se não tivesse já sucumbido.

De um salto penetraram no quarto do menino, onde seus corações sangravam de dor, vendo-o estendido no chão, morto ou dormindo!

José Gomes não teve coragem de tocá-lo para assegurar-se da terrível verdade! Ficou encostado à porta da entrada, como uma estátua de pedra!

Honorina, porém, alma superior em energia, foi à criança, tomou-a nos braços e cobriu-a de beijos.

O pobrezinho mal pôde abrir os lânguidos olhos e expandir os lábios em afetuoso sorrir.

Duas lágrimas lhe correram pelas faces, cuja significação só os anjos, seus companheiros, podiam compreender.

Seriam lágrimas de dor pela crueldade da perversa mãe?

Seriam de prazer, por ver junto de si a que lhe era dedicada?

— Está vivo! — exclamou Honorina, que só pensou no momento presente, que lhe destruía o medo de que estivesse morto, sem se preocupar com o momento seguinte, que bem podia trazer-lhe a triste realidade.

O desolado pai correu a beijar também o adorado menino, mas, vendo-o, recuou trêmulo e alucinado, exclamando: está vivo, porém moribundo!

E como o tigre, a quem roubaram o filho, o manso e pacífico homem atirou-se para a sala, onde a mulher o recebeu com um riso satânico de satisfação por seu triunfo.

— Mulher perversa! Mãe desnaturada — bradou o desgraçado, enfurecido ainda mais por aquele riso diabólico —, já que não tens nem alma, nem coração, serás castigada de tua perversidade no que tens unicamente de humano: o corpo.

Devia ser horrenda a figura de José Gomes, porque a fera, encarando-a, tremeu dos pés à cabeça.

Dizendo aquelas palavras, que manifestavam seu estado de loucura, o homem atirou-se como a águia sobre a presa.

— Perdão! — bradou esta, aterrorizada. — Perdão! Piedade!

No encarniçamento de uma batalha, em que o espírito só se preocupa de uma ideia, com a qual se identifica — vencer —, ninguém vê o que se passa em torno, ninguém ouve o que se diz algures, ninguém sente mesmo as dores da ferida que abriu seu corpo à morte.

José Gomes tinha se identificado com o pensamento de pedir à morte daquele dragão a vida do anjo, que fora o único laço de união a ela.

Não ouviu, pois, a súplica que, em seu terror, e talvez em seu sincero arrependimento, lhe fez ela, em voz de cortar corações.

## Capítulo XLVI

Ia estrangulá-la, quebrar-lhe os ossos, moê-la, reduzi-la a pó, se pudesse!

Ia saciar a sede de um demônio, que se apoderara de sua alma e o impelia para o mais horroroso precipício, depois do suicídio!

Quando, porém, já tinha a serpente lançada por terra e lhe calcava o peito com o pé de bronze, uns braços flexíveis como o aço, e fortes como o aço, envolveram-lhe o corpo e o arrastaram para trás.

Ao mesmo tempo, uma voz doce e sentida como uma nota das melodias do Céu soou a seus ouvidos, dizendo, modulando estas singelas palavras, que o fizeram cordeiro, de leão que estava:

— Só Deus pode dar a vida! Ai do que destruir sua divina obra!

Era Honorina que, tendo deposto no leito o corpo inanimado do amado menino, correu a dar consolação ao mais amado pai.

— Meu bom senhor — disse ela, vendo-o restituído à razão —, deixe ao Reto Juiz o julgamento das obras humanas, e não manche o leito funerário de seu filho com um crime, que lhe perturbará a paz de seu espírito. Os mortos levam para o Espaço todos os sentimentos que lhe encheram a alma na Terra. Não queira que seu filho, que o amou, que o ama ainda, sinta a dor de vê-lo um assassino, e assassino de quem? — justo Deus! — de sua mãe que, apesar de tudo, ele, lá da mansão dos Espíritos, amará sempre como se ama uma mãe.

— Amar-me! — exclamou D. Maria Felícia, levantando-se. — Amar a mãe que o assassinou, que lhe negou um pedaço de pão, quando lho pedia chorando, já quase sem forças para o pedir! Não. Isso não é possível!

"Dize-me antes, crioula, que ele me odeia de morte, que pede a Deus, como anjo que é, um castigo no inferno! Sim.

Eu estou no inferno! Matei à fome meu filho! Matei um anjo de Deus! Mas que importa! Satisfiz o que me pedia o coração! Vinguei-me!"

— Fez mal, minha senhora, fez mal somente a si, porque ele não perdeu senão a vida do corpo, que não a teve senão para perdê-la mesmo, ao passo que ganhou a vida real, a do espírito, que refulge a esta hora na glória do Senhor. Sua vingança só acabrunha de males a senhora, que há de ter uma vida de remorsos, uma morte de horríveis agonias e um castigo pior que o do inferno, depois da morte.

"Arranque sua alma a essa nuvem negra, que a tem sempre envolvida — arranque-a a esses tristes e dolorosos prazeres, que são os únicos que o mal é capaz de dar — experimente a prática do bem, de que se colhe prazeres inefáveis, mesmo no meio das desgraças da Terra, e comece daqui e já sua regeneração.

"Minha senhora: todos fomos criados para a perfeição, que dá a felicidade, mas uma felicidade que, em nosso atraso, nem podemos imaginar. O que segue o caminho do bem, amando a Deus e ao próximo, vai rápido àquele destino. O que segue o caminho do mal, cevando todas as paixões carnais, não chega lá senão depois de ter pago em dolorosos sofrimentos a dívida de sua desobediência à sublime lei do progresso. A senhora está neste caso, e saiba que quanto mais cedo se arrepende o pecador, mais depressa toma o caminho do progresso para a felicidade.

"Eia, senhora! Domine suas paixões ruins, curve a cabeça à sublime lei posta por Deus, renuncie ao mal com propósito firme de abraçar o bem, e ainda luzir-lhe-á, embora muito longe e por entre brumas, a estrela de Israel."

— Esta negra está com o demônio no couro, Sr. José Gomes. Tire-a da minha presença, senão eu a mato. Figa, demônio! Eu te esconjuro!

## Capítulo XLVI

— Eu saio, senhora, mas volto já.

E a angélica criatura, que só se entretinha no bem e que ardia por salvar aquela alma escrava do mal, saiu, com efeito, e voltou, como prometera; mas voltou trazendo no colo o corpo exangue da vítima da perversidade de sua senhora.

— Aqui está o anjinho, que a ama agora mais do que em vida, que lhe vem confirmar o que eu lhe disse.

— Tirem-me esta criança daqui! Eu não posso vê-la! Sinto todo o meu corpo tremer por dentro à sua vista!

— Ele vai sair, minha senhora, mas pede-lhe um beijo de amor, antes de desaparecer da Terra. Coitadinho! Nunca soube o prazer que dá um beijo de mãe! Dê-lho ainda depois de morto, e ele pedirá a Deus pela senhora, e Deus lhe perdoará o negro crime!

A perversa mulher ficou como magnetizada, a querer marchar para o cadáver, porém repelida por uma força invisível e porventura invencível.

— Marche e venha a ele com o coração na mão, com o arrependimento na alma. Venha, venha.

Àquelas palavras, D. Maria Felícia caiu de joelhos, banhada em lágrimas e exclamando:

— Meu crime não tem perdão!

E, erguendo-se, como por uma mola, tomou o corpo do filho e beijou-o com ardor, depois do que correu a José Gomes e abraçou-o ternamente.

— Será possível?! — exclamou este.

Ia prosseguir em considerações morais quando um grito rouco e um corpo tombado no chão o interrompeu.

Era a desgraçada mulher que gritara e que caíra.

Correu a ela para erguê-la, mas não teve nos braços senão um cadáver.

— Morta! — exclamou apavorado.

— Morta e regenerada — respondeu-lhe Honorina.

Agora, meu senhor, dê-lhe todo o amor que lhe devia e nunca lhe pôde dar. Dê um beijo de sincera saudade à mãe de seu filho, que ela o sentirá com o reconhecimento, assim como o filho sentiu o que lhe ela deu, para morrer."

José Gomes, enternecido, abraçou e beijou a um tempo os dois cadáveres, e caiu numa cadeira a soluçar:

— Perdi num momento a família que criei na Terra!

— Mas ficou-lhe a que havia criado em passada existência — disse Honorina —, porque Lucrécia também foi sua filha.

## CAPÍTULO XLVII

O anjo da dor e da tristeza pousou na casa da fazenda da Conceição.

José Gomes, que amara delirantemente sua mulher antes de casar — que sopitara aquele doce sentimento durante sua vida de casado, pelas razões que o leitor já conhece, abriu as válvulas de seu coração quando teve diante de si um corpo sem alma, aquele que sempre amara, agora sem motivo para sua repulsão, antes com os maiores para sua condolência.

Aquele homem de alma sensível e delicada sentiu duro pesar por ter perdido a mulher amada exatamente no momento em que se tornara digna de ser amada.

"Antes" — pensava ele às vezes, repelindo tal pensamento —, "antes ela não se tivesse regenerado, por não me dar tanta saudade."

De outro lado, ali junto ao seio regenerado da triste e mesquinha senhora, estava o cadaverzinho do filho, que tanto lhe causava dor pelo amor que tinha, como pelo pensamento que lhe trazia do fato horrível que devia pesar no destino da desgraçada.

Honorina, a pérola que o mundo desprezava porque era negra, estava ali sempre a cumprir sua missão de enxugar as lágrimas dos que têm dor — de ensinar o caminho aos que se perderam — de fazer a negra, escrava, superior aos olhos de

Deus à princesa orgulhosa, que tanto desmereceu àqueles olhos.

O Espírito de sua mãe, a filha de D. José de Navarra, que desceu de um trono a unir-se com um pobre campônio — o Espírito Olzman adejava por cima daquela quase angélica cabeça, respirando o precioso aroma de tão excelsas virtudes.

Ah! Se soubéssemos quanto sofrem e quanto gozam, por nossos pensamentos, palavras e obras, os entes queridos que choramos cá da Terra — e que estão sempre a nosso lado —, muito erro evitaríamos, muita falta remiríamos!

Honorina tinha a convicção de que sua mãe, em outra existência, a assistia, era presente e, quanto lhe permitia a respeito devido ao livre-arbítrio de cada um, inspirava-lhe os sentimentos e práticas que lhe valeram o apelido de "Pérola Negra".

E a bela crioula experimentava por aquele desconhecido Espírito, que entretanto era bem conhecido do seu, tanta ternura e afeto que não sabia distinguir entre ele e o que lhe dera a presente vida.

Disse a José Gomes que Lucrécia também era, ou tinha sido, sua filha — porque teve o mesmo sonho de Quixeramobim, que se harmonizava perfeitamente com o arrastamento que o bom homem sentiu para a negrinha, desde que Honorina lhe pedira para ir buscá-la.

Pelo caminho, ria de prazer, como se faz quando se vai encontrar um velho amigo, e, na volta, era tão triste seu espírito, como quando nos falta a esperada visita do ente amado.

Ficou, pois, certa de que Lucrécia era aquela segunda filha de que lhe falara Olzman em seu sonho, mas tinha pesar de reconhecer que esta não era nem a sombra de Honorina.

## Capítulo XLVII

Ao contrário, em sua humilde condição, a rapariguinha tinha os assomos da orgulhosa princesa que fora.

É que nem todos fazem o mesmo sincero propósito de emenda — o que determina a diferença no modo mais ou menos completo de satisfazer o fim da nova existência.

Lucrécia não fez a resolução decidida, que fez Honorina, de lavar-se da passada culpa — e por isso não ganhará os degraus da escada do progresso, que esta, com certeza, logrará.

É triste isso, porém Deus dá o tempo na eternidade para o Espírito fazer sua evolução, e, por conseguinte, o que não fez a pobre crioula nesta vida corpórea, fará em uma ou mais, no futuro.

Sua irmã era incansável em admoestá-la, mas quando o Espírito não traz a boa disposição inata, pouco avança.

Em todo caso, sempre aproveitam os conselhos e bons exemplos, que ora não faltam à rapariga.

Naquele dia tremendo, ela deu um passo, talvez o mais largo de sua vida, concorrendo com sua irmã para suavizar as penas de seu pai.

Este aceitou o decreto que lhe tirara de um golpe a família desta vida, e que, em compensação, lhe deu a família de outra vida.

Havia, porém, um espinho que lhe fazia sangrar o coração e tolhia o bom efeito das preces e súplicas daquelas duas almas amigas.

José Gomes não podia arrancar do pensamento o quadro de sua fúria contra a desgraçada, cuja perda tão largamente chorava.

Parecia-lhe aquele ato um crime imperdoável contra o amor, que agora era motivo de um culto, talvez até pecaminoso.

Este era o espinho que lhe causava profunda dor e lhe envenenava a vida.

Em vão as duas filhas, e principalmente Honorina, lhe faziam ver que fora tudo devido a um movimento espontâneo, em que a vontade foi subjugada pela dor, que apagou a luz da razão.

— Não — dizia ele com insistência —, se admitirmos esses fundamentos para justificação de atos criminosos, deixaremos impunes os verdadeiros culpados. Já não são poucos, minhas filhas, os que zombam por aí da justiça e ameaçam a sociedade, por se terem valido disso que os médicos de hoje chamam "loucura transitória" e que os advogados aproveitam com arte para cobrir com essa bandeira, que lhes fornece a Ciência, os mais repulsivos crimes. Como distinguir o juiz a verdade ou falsidade da alegação, em favor de um criminoso, de se achar em estado de loucura no momento em que perpetrou o crime?

— Tem razão quanto aos tribunais da Terra, que são obrigados a julgar por simples alegações; mas o seu caso é para ser julgado pelo tribunal de sua consciência, que não se pode enganar — e pelo supremo Tribunal do Eterno Juiz, que lê tudo o que está em nossas consciências.

José Gomes conformava-se com aquilo, porém lá dentro ficava sempre um ponto escuro onde toda a luz da lógica e da boa razão não podia penetrar, e tinha pesar de haver maltratado a que lhe era objeto de ternas saudades.

\*
\* \*

Corriam os dias como as águas de um rio: as dores passavam, mas eram substituídas por iguais dores.

Dominava na população do Ceará a febre da emigração para o Amazonas, onde, diziam alguns que tinham feito

## Capítulo XLVII

aquela excursão e que voltavam com alguns vinténs, se tinha descoberto o Eldorado de Orelana — ocultando, porém, malignamente que, de *mil, só dois ou três* faziam algum interesse na indústria da extração da borracha, ficando todos os mais sepultados na terra ou em estado de miséria.

Como estes não podiam mais voltar, só se ouvia o que contavam aqueles, e por essa razão não havia vapor da companhia que não saísse do Ceará cheio de retirantes.

Já vimos que foi esta a razão da viagem empreendida por José Faustino; agora temos diante de nós outra vítima da loucura de um povo.

— Tive uma ideia esta noite — disse José Gomes a suas filhas e a Jacó, todos três já libertados da escravidão por escritura passada no tabelião de Quixeramobim.

— Qual foi a sua ideia? — perguntou Honorina, que era de todos a mais familiar, exercendo até certo império sobre o ânimo do pai.

— Lembrei-me de ir fazer uma viagem ao Amazonas, e de lá organizar uma caravana para explorar a indústria da extração da borracha, que dizem ser o melhor negócio do mundo.

Honorina, encarando a questão pelo lado da higiene da alma de seu adorado pai, julgou feliz aquela ideia, e, como sua opinião prevalecia sempre no grupo, ficou resolvida a viagem.

Com a maior felicidade chegaram ao Amazonas, louvando-se muito a moça por ver que José Gomes já era outro homem, já ria e conversava, quase como antes dos terríveis sucessos que lhe enlutavam a vida.

Em Manaus não encontrou o nosso amigo quem o quisesse acompanhar na exploração que projetara, pela simples razão de que havia muitos empreendedores que abarcavam toda a gente de trabalho que aparecia.

Disseram-lhe, porém, que talvez pudesse encontrar em Tabatinga o que procurava — e que lá mesmo encontraria excelentes seringais — e eis a razão por que o vemos em viagem num vapor da Companhia Fluvial que fazia sua carreira para aquele ponto.

Quis deixar a família em Manaus, mas pareceu-lhe que uma longa distância daquela cidade a Tabatinga, 818 milhas, valia por uma separação eterna.

Resolveu, pois, ouvido o conselho de família, transportar-se com esta para o lugar de seu destino, e seguiu dali, só ele com sua gente de trabalho, deixando as moças confiadas à guarda de Jacó, que casaria com Honorina logo que chegasse lá.

Nunca se verificou mais exatamente o rifão que diz: *o homem põe — e Deus dispõe.*

CAPÍTULO

# XLVIII

Assim como se procuram os mais finos vasos para as mais preciosas essências, assim é o coração do verdadeiro amigo, em que se depositam os mais íntimos segredos de nossa alma.

Nhazinha quase abençoava o fato que a tinha trazido àquela miséria, porque dera isso causa ao seu encontro com Honorina.

Daquele dia em diante, as duas moças não se separaram um instante, e sua íntima convivência as fazia esquecer as tristezas de sua posição impossível.

Todo o passado — aquela vida plácida e feliz do Quixadá — o tempo de torturas, que se lhe seguiu desde o Aracati até seu cativeiro nos tembés — suas dores pela perda irreparável de Chiquinho — seus pesares pela morte do querido pai, e seus cuidados pela sorte de sua querida mãe — tudo que lhe pesava foi deposto naquele coração dedicado, que viera como por ato providencial suavizar-lhe a cruel vida de escrava dos selvagens.

— Se nos deixarem juntas — dizia em continuação a bela Nhazinha —, constituiremos um centro civilizado no meio destes bugres e, quem sabe, logremos fazer deles nossos escravos, chamando-os aos nossos princípios, aos nossos usos e costumes e, principalmente, à nossa religião.

— Mas por que nos hão de separar? — perguntava Honorina.

— Não sei, mas essa gente tem leis que não conhecemos, e pode bem ser que por elas nos mande para pontos diversos.

— Isto seria horrível! Mas não, não havemos de sofrer mais esta desgraça!

Os juburis não tinham o mesmo tratamento para todos os prisioneiros.

Aos dois brancos tratavam com um certo acanhamento, que indicava respeito, ou consciência de sua inferioridade.

Aos tembés faziam como os senhores bárbaros fazem com os escravos: eram eles que faziam todo o serviço pesado, principalmente o do movimento das embarcações do rio para a mata, e da mata para o rio.

Quanto aos negros, ninguém podia conhecer qual era o seu sentimento. Nem mostravam respeito, como aos brancos, nem desprezo, como aos índios, seus semelhantes.

Passaram os dias e Nhazinha, apesar da consolação que lhe trouxera a companhia de Honorina, sentia o coração negro de pesares, lembrando-se do miserando estado em que deixara D. Tereza.

"Que será de minha pobre mãe?", pensava soluçando, sempre que tinha um momento de concentração. "Supõe-me esta hora vítima do bandido que me arrancou de seus braços, e não sei se poderá resistir a este pensamento! Que sina a minha, meu Deus! Todos a quem amo e que me amam ignoram o fim que levei. Até aquele dia fatal em que o miserável Pena me arrancou de casa, eu tive fé em Deus de que o meu caro Chiquinho me descobriria, mais cedo ou mais tarde, e me compensaria, com seu amor, os cruéis transes por que tinha passado minha alma. Agora, e desde aquele dia, quem no mundo poderá descobrir os meus vestígios e vir abrir o sepulcro que me encerra em vida?! A Deus nada é impossível, mas não tenho eu merecimentos para lhe arrancar um milagre, pois que nada menos que um milagre seria preciso para voltar eu à minha mãe e... ao meu amado. Devo-lhe, porém, infinitas graças, por me ter livrado da

## Capítulo XLVIII

ignomínia da verdadeira morte, porque eu não sobreviveria à minha desonra.

"Oh! Aquilo foi um milagre! Quem ousaria pensar em salvação quando estavam cerradas todas as portas, quando minha voz em brado se perdia no deserto e meus esforços em defesa se quebravam contra o impossível?! Minha salvação foi um milagre!"

Estes pensamentos lhe volviam constantemente, e constantemente lhe acudiam a coragem e a esperança.

Esperança em quê? — perguntaria um incrédulo; e perguntaria com aparente fundamento, atentas as condições especiais em que se achava a pobre moça.

Se o incrédulo, em vez de passar pelos fatos que lhe não interessam materialmente, como passa a água pela superfície polida, demorasse sua atenção no exame de cada um deles, talvez colhesse provas irrecusáveis de que uma porta que se abre, ou se fecha, a tempo de salvar uma criatura — de que um vapor que demora sua marcha, enquanto conserta a máquina, pelo que evitou um abalroamento — de que a parada para falar a um amigo, a tempo de evitar um desastre, e mil e milhões de fatos desta ordem não são casuais, são providenciais.

E desde que um poder superior vela pelo ser humano quando este o invoca, nunca e em caso nenhum se terá razão para a pergunta: esperança em quê?

E é precisamente quando, segundo as vistas humanas, não há porta de salvação que a fé tem valor e merece o que, em nossa ignorância, chamamos milagre.

Dentre os prisioneiros dos juburis, só a família de José Gomes e Nhazinha cultivavam a semente da fé, esclarecida pela razão, que nos leva a crer porque julgamos por nós mesmos do poder, da justiça e do amor do Criador.

Aqueles não eram fanáticos — escravos da fé passiva que nos leva a crer porque assim o manda a santa Igreja romana.

Aqueles usavam, com seu livre-arbítrio, do instrumento que Deus deu a todos para conhecerem a verdade e o bem: a razão firmada na consciência.

Eram cristãos, porque tinham reconhecido, pela razão e pela consciência, o caráter divino da doutrina de Jesus; mas não porque tivessem recebido, com o batismo e com a confirmação da Igreja, a imposição de crerem, sem direito de pensar, de refletir e de raciocinar.

Tinham, pois, em suas almas os germes da verdadeira fé, cultivados pela razão e robustecidos pela consciência.

Sobre todos, a moça, filha de José Faustino, tinha razão para crer que tudo é possível quando se confia em Deus com fé viva, e ela, embora muitas vezes vacilasse, devido à fraqueza da carne, confiava na proteção do Senhor, que pedia para si e para seus companheiros de infortúnio.

\*
\* \*

Chegou, depois de longa e penosa viagem, a expedição dos juburis, que a nação já tinha por perdida, e de que acima fizemos menção.

A alegria na taba foi ruidosa e expansiva, como são todos os sentimentos naturais, gerados em peitos que não conhecem a arte da simulação.

Aqui, muito inimigo do rei tomaria a frente dos que o fossem cumprimentar, por qualquer motivo de regozijo público.

Lá, entre os selvagens, onde não se faz senão o que se sente, quem não partilhasse a pública satisfação não se envolveria na onda dos manifestantes.

Também aqui o que não simulasse sentimento de amor ao rei seria condenado a geena — ao passo que lá a nota

## Capítulo XLVIII

discordante não levantaria a cólera, nem provocaria a vingança de ninguém.

Dir-se-ia que a sociedade dos selvagens sabe respeitar melhor a consciência e a liberdade individual que a sociedade dos civilizados!

Entre os juburis não houve uma alma que não saísse a saudar os guerreiros que voltavam como os argonautas, trazendo à pátria, que os tinha por perdidos, a certeza da gloriosa vingança, que valia para eles mais que o velocino.

E, por cima daquele imenso resultado, ainda a satisfação de trazerem prisioneiros, que eram a mostarda do banquete patriótico!

Constava este de caças preparadas ao modo dos indígenas: enterradas com a pele ou com as penas, e assadas assim por meio do calor de uma fogueira acesa em cima da cova.

A esses saborosíssimos assados ajuntaram o mel e as frutas silvestres e a muito apreciada orchata do açaí, entremeada do espumante cauim, que é o néctar do silvícola.

Mas o que dá o verdadeiro sainete a um banquete nacional é o sacrifício dos prisioneiros feitos na guerra.

Estavam, pois, estes amarrados em postes fincados em frente do lugar do festim.

Eram eles os cinco nossos amigos e uns seis ou oito tembés.

Começando da direita para a esquerda, via-se Nhazinha, José Gomes, Honorina, Lucrécia e Jacó.

A estes seguiam-se os postes dos tembés.

Os cinco cristãos estavam resignados à sua sorte, e talvez alegres por ser-lhes dado concluírem mais cedo suas provações nesta vida cheia de dores e aflições.

Os tembés, ainda lembrados dos costumes selvagens, que tinham já mesclado com as ideias da gente civilizada, ostentavam sobranceria diante da morte, para honra e glória de sua nação.

Nhazinha estava pálida, porém firme.

Desde a véspera souberam os prisioneiros qual o destino que os esperava e, portanto, não foram surpreendidos pelo duro caso.

A bela moça, apesar de tudo, tinha um vivo sentimento de que sua hora não era chegada.

Mesmo depois de atada ao poste, onde devia receber o golpe fatal, ela ousava esperar!

Nem sequer fez as despedidas mentais do seu adorado noivo e de sua querida mãe!

O tempo, empregou-o todo em orar.

Honorina, tão crente como ela, guardava algum segredo, algum amuleto, porque animava os seus, dizendo com a mais firme convicção: não receiem nada; acima dos decretos humanos estão os do Senhor.

Em que se firmava a linda crioula para dar tão completa segurança de que ela mesma estava possuída?

Todos se convenceram de que se firmava na fé que lhe inspirava a misericórdia do Altíssimo; mas, se era esta a verdadeira causa de sua segurança, é preciso dizer que nunca houve na Terra quem tivesse tanta fé.

A crioula tratava com uma velha tembé, que se lhe afeiçoou desde o primeiro dia de seu cativeiro, e na véspera do festim notaram todos que as duas conversaram por longo tempo.

Ter-lhe-ia aquela índia dado algum filtro miraculoso que tinha o poder de transformar os algozes em inocentes animais, ou de dar asas às vítimas, para lhes escaparem, como pássaro escapa à criança que o prendeu em frágil gaiola?

Seja o que for, Jar ou Circe; a linda Pérola Negra parecia ter presa em suas mãos o fio regulador dos sucessos que todos tinham por inevitáveis.

À hora marcada, os prisioneiros seguiram para os postes, onde deviam sofrer a última e a maior de todas as expiações: a despedida da vida em plena força vital!

Oremos por aqueles desgraçados.

## CAPÍTULO XLIX

Orellana, de quem já citamos o nome, viajou pelo grande rio, que teve primeiro o nome de Maranhão, por ter sido Maranhan, da expedição de Pizarro, quem lhe descobriu as cabeceiras.

*Quarenta* anos depois da descoberta da foz desse rio por Pizarro, deu-lhe ele o nome de Amazonas, por haver encontrado na foz do Nhamundá mulheres guerreiras com as quais combateu.

O nome de amazonas dado a mulheres que vivem em república feminina, sem auxílio de homens, é antiquíssimo.

Na Cítia, refere Justino, houve um estado constituído por amazonas, de que nos ficaram os nomes das duas rainhas Marpesia e Lampedo.

É certo que Estrabão julga impossível que tenha jamais existido alguma nação somente constituída de mulheres, chegando a dizer que isso valeria por serem os homens mulheres — e as mulheres homens.

A despeito, porém, de Estrabão, a crença nas amazonas persistiu, e a relação de Orellana, reforçada por La Condamine, achou facilmente quem lhe prestasse fé.

As amazonas, que deram o nome ao *rio dos rios*, residiram, segundo pensa Orellana, nas cabeceiras do Nhamundá, onde não recebiam senão os guaranis, e uma vez por ano.

O padre Cristóvão de Acunha descreve essas visitas anuais, nos seguintes termos:

Essas mulheres se têm conservado sempre sem socorro de homens, e quando seus vizinhos lhes vêm fazer visita, no tempo assinalado, elas os recebem com armas na mão, que são arcos e flechas, para não serem surpreendidas; mas logo que os conhecem, vão todas de tropel às suas canoas, onde cada uma pega na primeira itamaca (rede) que encontra e vai prendê-la em sua casa, para nela receber o dono.

No fim de alguns dias, voltam os hóspedes para suas casas e não esquecem de fazer igual viagem na mesma estação do ano seguinte.

As filhas que nascem desse congresso são criadas pelas mães, e instruídas no trabalho e no manejo das armas.

Quanto aos filhos, não se sabe bem o que deles fazem, porém eu ouvi dizer a um índio que se tinha achado com seu pai nessa assembleia, sendo ainda rapaz, que no ano seguinte dão aos pais os filhos varões que pariram.

Contudo, comumente se crê que matam todos os machos; o que eu não sei decidir.

As amazonas, pois, afirmadas por uns e negadas por outros, ainda hoje dão testemunho de sua existência, apesar de extinta a república, por um dos seus primorosos artefatos, que se vai tornando raro com o tempo.

Pensa o cônego Francisco Bernardino de Souza, de cuja valiosa obra *Pará e Amazonas* extraímos esta ligeira notícia, que o fato da existência do aludido artefato e, principalmente, o de sua raridade logo que se extinguiu a república das amazonas, destroem todas as razões invocadas contra a existência de tal república, por vários sábios e especialmente pelo nosso imortal Gonçalves Dias.

O famoso artefato consiste numas pedras verdes, cilíndricas, de duas polegadas de comprimento e meia de diâmetro, sendo perfuradas longitudinalmente.

Os índios chamam-nas *muiraquitãs* e lhes atribuem propriedades miraculosas, quer para a cura de moléstias,

## Capítulo XLIX

como sejam a pedra da bexiga, a cólica nefrítica, a epilepsia, as moléstias do fígado e outras, quer para darem felicidade.

Será verdade que as *muiraquitãs* possuem tão estupendas virtudes? Gonçalves Dias pensa que talvez não haja nessa crença senão recordação da crença popular da Antiguidade a respeito de outras pedras verdes, com que se compraziam os gregos e romanos, como fosse a esmeralda, que Plínio achava mais bela que o verde da primavera — sempre brilhante, sempre acariciadora dos olhos, quer vista ao sol, quer à sombra, quer de noite ao reflexo do luar. Também se atribuíam inúmeras virtudes à esmeralda.

Gonçalves Dias pensa assim; mas perguntamos: quem deu ao índio selvagem a notícia das crenças gregas e romanas sobre as virtudes das pedras verdes, a que Plínio e Teofrasto deram o nome genérico de esmeralda?

Como quer que seja, a *muiraquitã*, designada por Buffon com o nome de *jade*, ou pedra nefrítica — por Omalius classificada como uma espécie de subgênero da família dos silícides, que guarda o nome de feldspato, e que Humboldt diz não ser nem uma nem outra coisa, mas uma saussurita — a *muiraquitã* era milagrosa para os índios, e valia a seus olhos o que vale para o cristão o crucifixo.

Quantos homens haverá, dentre os sectários da Cruz, que, levantando o braço armado de um punhal contra o inimigo, tenha a coragem de dar o golpe, uma vez que este erga nas mãos o sinal da redenção?

Pois assim acontecia com os selvagens em relação à *muiraquitã*.

Quem, no momento de ver suspensa sobre a cabeça a massa que o deve lançar por terra, erguer na mão uma daquelas pedras sagradas, não se tema de que lhe caia em cima o mortífero instrumento.

A mão que o segura, o braço que o eleva são tocados de paralisia, gerada pelo terror de violar o que é sagrado por Tupã.

A vítima preparada para o sacrifício transfigura-se aos olhos do selvagem, toma uma forma fantástica — um composto de luz e éter.

E aquela imaginação, crédula e ardente, faz que o sacrificador ouça o ribombo do trovão, que é a voz de Tupã, embora esteja o céu limpo e anilado!

Não estranhe o leitor o que vai de inverossímil nesta nossa ligeira exposição.

A natureza humana é suscetível de infinitas aberrações.

Sobre as dos índios, já que deles falamos aqui, referiremos uma, cuja notoriedade exclui qualquer dúvida.

As tribos indígenas das margens do Amazonas adoram como deus supremo a sucuriú, ou sucurujuba, serpente monstro que engole um boi.

Quando o imenso ofídio, ou por sentir fome, ou por aquecer-se ao Sol, mostra à tona das águas a massa enorme de seu volumoso corpo, semelhante aos das serpentes de Laocoonte, de que tão cruel impressão nos deixa a leitura do divino poema do Mantuano — quando a sucurujuba vem à flor d'água e dá o pavoroso ronco, que animais selvagens bem conhecem, os homens selvagens, ao invés daqueles, que fogem espavoridos, correm alegremente para as bordas do rio.

É um dia de festa, como nenhum, aqueles em que seu deus vem a falar-lhes por seus pajés, que são os intermediários e, por isso, os únicos que podem ter a glória e a felicidade de falar, face a face, com o Senhor, como Moisés no Sinai.

Há disputa séria entre eles para decidirem qual deve ser o bem-aventurado que deve ir ter com o deus.

## Capítulo XLIX

Decidida a questão, cobre-se o escolhido com suas vestes mais ricas, que são sempre as mais vistosas, e, no meio de cânticos e de danças, em louvor do deus, atira-se ao rio, em cujo abismo está o trono da monstruosa potestade. Braceja o feliz mortal, mergulha para romper em linha mais reta as águas correntes, que o arrastam, e chega, enfim, ao ponto onde o sagrado nume talvez esteja bem longe de pensar na ventura que o procura.

O que se passa entre os dois só Deus sabe; mas o que se vê, cá da margem, é um soberbo remoinhar das águas do rio, após o qual a corrente toma seu curso natural, o deus desce a seu empíreo e o pajé, sem dúvida, desceu com ele!

Moisés levou quarenta dias em colóquio com o Senhor; e seu povo, em tão curto espaço de tempo, esqueceu a lei e fez o bezerro de ouro, ao qual queimou o incenso da adoração.

O índio é mais seguro em sua fé, como prova o fato de esperar por um ano, sem vacilar, a volta do seu enviado.

Se este não volve à taba no tempo prescrito (e nunca volve), não há nisso motivo para a descrença.

Corre a fama, que adquire logo a autoridade do testemunho histórico, de que o pajé foi dar a uma praia longínqua, onde teve por missão revelar as sublimidades que aprendeu com o grande deus.

Outros povos foram mais felizes desta vez. Paciência. Logo chegará o dia de lhes ser concedida aquela graça.

E, nesta fé, enviam seus pajés à sucurujuba tantas vezes quantas ela lhes aparecer, sem de leve desconfiarem de que estão cevando o monstro.

Quiséramos que Duppuys, o sábio autor da *Origem dos cultos*,[23] tivesse, antes de publicar aquela obra, viajado pelo Amazonas e apreciado estas cenas.

---

[23] N.E.: Charles François Dupuis (1742-1809). *Origem de todos os cultos ou a Religião Universal*. Interpretação astrológico-mítica do Cristianismo (e de toda religião).

Se aquele sábio filósofo, diante do que acabamos de narrar, tivesse ainda a coragem de atribuir a fetichismo baseado no sistema planetário todas as religiões do mundo, inclusive o Cristianismo, teríamos a prova real de que seu fim foi unicamente expor erudição, e não dizer o que acreditava ser verdade.

Em todo caso, o fato narrado servirá ao leitor para prova de que não há limites às nossas aberrações, ou alucinações — tanto mais acentuadas e grosseiras quanto é mais baixo o nível da instrução social.

Não lhe surpreenderá, pois, saber que o índio selvagem considera uma pedra, fabricada por mãos humanas, como sinal infalível de predestinação divina.

Mais deveria surpreendê-lo a aberração de homens ilustrados, que olham para o majestoso espetáculo do universo e atribuem toda essa grandeza, toda essa beleza, toda essa força cega — à matéria bruta!

O selvagem, ao menos, tem a desculpa de seu atraso.

Fiquemos, pois, bem concordes neste ponto: que os juburis, como todos os selvagens das margens do Amazonas e de seus afluentes, ligavam mais que respeito — verdadeiro culto — a todo mortal que se lhes apresentasse com uma *muiraquitã*.

Falamos do passado, porque é a ele que se refere esta despretensiosa narração de coisas do nosso amado Brasil.

O que dissemos, porém, tanto se aplica ao passado como ao presente, pois que ainda hoje a *muiraquitã* goza dos seus velhos privilégios.

# CAPÍTULO

# L

Voltando ao fio da nossa história, julgamos desnecessário lembrar que uma das prisioneiras tembés se afeiçoou ternamente a Honorina, desde o momento em que se encontraram na desgraça.

É um fenômeno muito comum, e completamente desapreciado, esse de se encontrarem pela primeira vez duas pessoas e sentirem uma afeição ou uma repulsão, instintivas, que bem raras vezes deixam de regular as relações futuras daquelas duas almas.

Deve haver uma razão explicativa desse movimento físico, que, como tudo no mundo, prende-se a uma lei eterna e invariável.

Temos procurado aquela razão, ou esta lei, e quer na Ciência, quer na Religião, nada encontramos que elucide essa série de fatos bem dignos de atenção.

Assim como não é mais dado duvidar das ideias inatas, que levaram o sublime Platão a dizer: *aprender é recordar*, por que não se admitirem sentimentos inatos, de que se possa dizer: *de meus fogos mal extintos reconheço agora os traços?*

Mas como explicar-se o *reviver* de um sentimento, afetuoso ou repulsivo, por uma pessoa que se vê pela primeira vez?

Certamente a filosofia da Ciência humana não nos dá a ponta do fio desse labirinto.

Há, porém, uma nova filosofia, porventura destinada a revolucionar a Ciência humana, que explica perfeitamente o fato em questão.

É a que ensina o progresso indefinito do espírito humano, por meio de existências corporais sucessivas e solidárias.

Por essa doutrina, tendo cada um de nós passadas existências, é bem possível que se encontrem, na atual, amigos e inimigos de outras eras esquecidas.

O nosso "eu", isto é, o nosso misto de corpo e espírito, não tem consciência das passadas relações, mas o nosso espírito reconhece-as, e daí esse arrastamento ou essa repulsão do primeiro encontro, que não sabemos explicar.

Honorina e a tembé, tanto que se viram, sentiram-se atraídas uma para a outra por um vivo sentimento de afeição, que parecia cimentada por longa prática de íntimas relações.

A cabocla, segura de que a esperava irremediável fim trágico, ficou muito contente por ter consigo o meio de salvar a vida de sua querida amiga.

Era uma dessas pedras miraculosas fabricadas pelas amazonas, que o leitor já conhece com o nome de *muiraquitã*.

— Esta pedra — disse ela — torna invulnerável e sagrada a pessoa que a traz consigo. Eu ta ofereço, certa de que, no dia da matança dos prisioneiros, ela preservar-te-á de qualquer mal.

— Não posso aceitar teu presente — respondeu a moça, abraçando ternamente a índia e lhe agradecendo por lágrimas, que eram a transpiração de seu coração, aquela sublime prova de afeição e altruísmo. — Não posso aceitá-lo, porque seria eu, a meus próprios olhos, indigna da tua e da minha estima se te privasse do meio de salvação para me salvar com ele.

"Cada um, minha cara amiga, segue o seu destino como Deus o tem traçado, segundo sua justiça de par com seu amor por todos nós. Se esta pedra é a salvação de quem a possui, e se te coube ela por sorte, é que teu destino não é morrer como nós, outras vítimas destes pobres selvagens. Não te cabe, pois, o direito de contrariar a vontade suprema, quer em relação a ti, quer em relação a mim."

— Eu não sei destas coisas — redarguiu a cabocla —, mas sei que nenhum poder me pode salvar da morte que nos reservam os juburis. Meu filho já foi morto por eles no assalto à nossa aldeia — e meu filho me chama todas as noites quando durmo. Sem ele a vida me pesa horrivelmente — e, se os juburis não me fizessem a graça de matar-me gloriosamente, servindo de troféu a seu triunfo, eu me desembaraçaria da Terra obscura e indignamente. Se o teu Deus quer que eu me salve da morte, é bem mau; porque a morte é para mim o bálsamo a minhas dores. Recebe, pois, o que te ofereço, e fica tranquila em tua consciência, porque te digo: ainda que não recebesses esta pedra, eu nunca a apresentaria aos juburis. Além de que esses malvados, por seu ódio velho contra minha gente, matar-me-iam nos próprios braços de Tupã. Aceita, minha bela; e quando olhares para esta linda pedra, dá uma lágrima de saudade a quem te deu.

Honorina ainda relutou.

Aquele espírito, apenas preso à Terra pelo corpo, recusava-se a comprar a vida à custa de uma vida.

A índia, porém, insistiu com tanto empenho, jurando por Tupã que não lhe valia de nada a mágica relíquia, que se dissiparam os escrúpulos, deixando largo espaço ao reconhecimento.

\*
\* \*

Chegou o dia da festa dos juburis, e lá deixamos míseros prisioneiros atados aos postes, onde aguardam o momento assombrosamente solene.

Dissemos que a maior de todas as expiações é a despedida da vida em plena força vital — e acreditamos que os poderes da Terra nunca refletiram sobre tal fato, porque, se o tivessem feito, jamais teria havido, ou há muito teria desaparecido, a infame pena de morte.

A criatura humana — o próprio animal — e quem sabe se também o vegetal — tem o sentimento inato do amor à vida sobre todas as coisas, a que chamamos "instinto da conservação".

Pode-se viver num constante e crudelíssimo martírio, que nem assim deixa de ser aterradora a ideia da morte!

Pois bem; é contra este imperioso sentimento, que domina todas as forças vivas de nossa natureza, que em nome da justiça humana se atenta tranquila e friamente!

O que sofre de mal incurável, agudo ou crônico, vai gastando aquele sentimento na medida do descaimento de suas forças orgânicas, e, quando chega o momento decisivo, pode-se dizer: não havendo mais que conservar, tem naturalmente desaparecido o instinto que repele com horror a morte.

O que acaba repentinamente, por ataque ou por desastre, não tem tempo para pensar na morte.

Assim, pois, os processos naturais para a extinção da vida respeitam em maior ou menor grau o instinto da conservação, tornando a passagem, senão suave, ao menos suportável.

O que horroriza, ao ponto de sentir-se parar o coração, é pensar nas torturas sem qualificação que sofre aquele que, sentindo-se animado do pleno vigor da vida, recebe a intimação de que em tal dia e a tais horas terá de sofrer *morte natural*!

## Capítulo L

É — deve ser — um aniquilamento a cada momento, desde a intimação até a execução!

São mil mortes precedendo a morte real, que se pode, em tal caso, chamar a morte das mortes.

Meu Deus! Como se nos confrange a alma, pensando nas torturas inimagináveis daqueles desgraçados!

Porém mais, muito mais do que nos acabrunha o quadro pavoroso da vítima antes do suplício, esmaga-nos o coração o horror que nos inspira o sangue-frio com que a sociedade impõe semelhante pena a um de seus membros, por mais degenerado que seja ele!

Execrado de Deus e dos homens seja aquele que condenar seu irmão a pena última!

Execrada para sempre seja a sociedade que conservar em seus códigos essa pena bárbara, que pune o crime com o crime, e que, em vez da regeneração do que delinquiu, não produz senão o desespero da alma e a perdição!

Volvamos à festa dos juburis, onde vamos assistir à lúgubre cena com que os povos civilizados edificam as presentes e futuras gerações.

Um arauto, com suas mais ricas vestimentas de penas brilhantes pelas variedades de cores, deu o sinal de suspender-se o banquete para passar-se ao sacrifício dos prisioneiros, que é um sublime *toast*[24] dos selvagens.

Soou o boré, e sibilou a muçurana.

Um a um, caíram os tristes tembés, mas caíram alegres, ufanos, como em mais elevado plano, caíam corretamente, envoltos em suas togas, os senadores romanos.

O selvagem americano tem a respeito da morte uma ideia mais racional que os civilizados.

Para eles, a morte, sendo um fenômeno natural e inevitável, nenhuma repugnância nem terror inspira.

---

[24] Brinde (inglês).

O que unicamente os preocupa em relação ao último passo da vida é saber dá-lo — é dá-lo gloriosamente para si e para sua gente.

E como a morte do guerreiro é a mais nobre, o prisioneiro de guerra encara o carrasco com alegre sobranceria.

Quando a massa bateu no crânio da índia que se dedicara a Honorina, sentiu esta romper-se-lhe umas das fibras do coração e uma sublime visão passou-lhe pelo cérebro.

O que foi, ninguém o soube, mas deve ter sido alguma revelação de eras esquecidas, porque a linda crioula pareceu transfigurar-se, tal foi a surpresa e admiração que manifestou.

O *toast* dos selvagens estava satisfatoriamente regado com o sangue dos prisioneiros inimigos.

Os outros, quer brancos, quer negros, não tinham incorrido nos ódios daquela gente, e, portanto, seu sacrifício não causava entusiasmo como causou o dos tembés, que chegou ao frenesi.

Entretanto, era preciso que em tudo se cumprisse o rito.

O executor da sentença, que era mais filha dos usos que da vontade dos selvagens, aproximou-se de Nhazinha, por dever começar pelos brancos, visto que os pretos são por eles considerados inferiores.

Haverá algum fundamento natural para tal apreciação, visto como os próprios selvagens a fazem?

E não é somente o civilizado, como já dissemos anteriormente, nem o selvagem, como acabamos de dizer, mas até os próprios animais, que fazem aquela classificação.

Nos sertões do Brasil é crença geral que a onça, cuja sede de sangue se sacia em qualquer vivente que lhe cai nas garras, respeita o homem branco se tem um caboclo — respeita o caboclo se tem um negro.

CAPÍTULO L

A superioridade de uma raça sobre outras não pode ser explicada senão pelo modo como já o fizemos: pelo grau mais elevado da cultura intelectual e moral de seu espírito.

Se alguma coisa, proveniente da origem de tais raças, influi para aquele resultado, é sempre pela razão da maior ou menor elevação daquela origem.

A opinião mais correta sobre a formação do nosso globo é a que o considera resultado da incrustação de quatro satélites de um planeta que subiu de grau, deixando seu lugar à Terra.

Por aí temos a explicação da existência de quatro raças em nosso mundo, pois que cada um daqueles satélites tinha seus habitantes de condições físicas especiais.

Por aí explica-se ainda a diferença moral e intelectual de cada uma das quatro raças para com as outras: pois que a humanidade é mais ou menos atrasada, mais ou menos adiantada, conforme o grau de desenvolvimento do planeta que habita.

Os habitantes do satélite *África* eram os mais atrasados; os do satélite *América* já estavam em grau mais adiantado. E por aí seguiram-se os do satélite *Ásia* e *Europa*.

Se isto não é verdade, isto é bem combinado; pois que não há meio tão satisfatório de explicar a existência dos caracteres típicos do branco, do malaio, do americano e do preto, procedendo todos da mesma origem, do mesmo tronco.

O executor da cruel sentença parou, pois, diante do vulto angélico de Nhazinha, em homenagem à sua superioridade como branca.

Honorina sentiu o frio da morte correr-lhe pela espinha, mais gelado que se o instrumento homicida estivesse pendente sobre sua cabeça.

A bela crioula esqueceu, naquele momento, tudo o que lhe dissera a índia, cujo corpo caíra, desfalecido, a seus olhos.

Só se lembrava de que sua querida irmã colaça tinha a vida apenas segura por um fio de seda.

Com um movimento rápido, que surpreendeu aos que a tinham ligado ao poste com laços, que ela quebrou como se fossem de papel, ou se lhe tivessem dado a força de um gigante, foi meter-se entre a vítima e o algoz.

Abrindo os braços, em desespero, com uma fisionomia que exprimia mais eloquentemente seus sentimentos do que poderia fazê-lo por palavras, indicou bem claro à indiada: que ela estava ali para receber primeiro o golpe mortal.

Aquilo foi tão inesperado que os filhos das selvas ficaram estatelados!

Ninguém se moveu; e sentia-se que todos os corações palpitavam aceleradamente!

Assistia-se a uma cena quase fantástica!

Quando os índios voltaram a si do atordoamento, e faziam plano de reagir, punindo rudemente a temerária que viera interromper o cumprimento de um dos seus mais acatados ritos, um brado rouco e grave, como o ribombar do trovão, partiu do seio da multidão e foi ecoar pelas serras e matas vizinhas.

"Muiraquitã! Muiraquitã!"

Foi o tuchana quem deu aquele brado, que alvoroçou toda a tribo.

Honorina, com o movimento desordenado que fez, tinha deixado saltar do seio a pedra miraculosa, que lhe pusera ao pescoço a infortunada amiga.

A não ser aquele acaso, acabaria — veria acabarem os entes mais amados, sem se lembrar do prodigioso presente, em que tanta confiança pusera.

A lúgubre cena que presenciou — e, principalmente, a dor que sentiu vendo cair a que tanto se lhe prendera nos

## Capítulo L

poucos dias de triste convivência, tiraram-lhe a memória, senão a consciência.

No desespero pelo iminente perigo de Nhazinha, teve força hercúlea para quebrar os laços que a prendiam, mas concentrando todas as faculdades naquele ponto, não se recordou da muiraquitã.

Viu-a, felizmente, o tuchana dos juburis — e soltou aquele grito, que deixou estatelada toda a gente da tribo.

Olhavam-se uns para os outros, sem se compreenderem; mas o braço levantado sobre a cabeça da bela filha de José Faustino caiu inerte.

O tuchana, abrindo caminho por entre os seus, foi prostar-se aos pés de Honorina.

CAPÍTULO

LI

Foi só em face do chefe da tribo, curvado diante dela, por obra da muiraquitã, que a linda crioula pôde reunir seus pensamentos e lembrar-se do que lhe dissera a índia, cujo cadáver tinha à vista.

Exultou de satisfação, como quem descobre o remédio para a cruel moléstia que vai arrebatando a vida ao ente mais querido.

Nhazinha era para ela a amada do coração, que só pulsava com mais força por José Gomes e por Jacó.

Era sua irmã mais velha, como Lucrécia era a mais moça.

Naquele momento, porém, quando o algoz tinha o braço suspenso sobre a cabeça da adorada amiga, não havia para ela quem lhe fosse tão caro.

Só cogitou de salvá-la, sem se advertir de que havia ali outros por quem daria a vida.

O tuchana fez sinal a um índio velho para se aproximar e, tendo-lhe dito algumas palavras, ficou em posição humilde, com os olhos no chão e braços cruzados sobre o peito.

Foi o velho, chamado pelo chefe, quem dirigiu a palavra à moça.

— Tucumã, pai de Hauana, o mais valente guerreiro dos juburis, quer vos dizer, em nome deste, que é o tuchana, duas únicas palavras: saúde e glória ao que achou graça diante de Tupã.

## Capítulo LI

Os juburis se curvam em tua presença, como se curva a coma de anoso tronco diante do tufão. Fala, e dize-me o que queres.

O que era natural, no estado de espírito de Honorina, à vista do perigo que ameaçava diretamente sua cara Nhazinha, era procurar salvá-la do perigo. E, pois, sem mais refletir, respondeu ao velho nestas singelas palavras:

— Não é minha, e sim desta moça, que me deu para guardá-la, a pedra que tanto respeito vos causa. Pedi-lhe, pois, a ela que vos diga o que quer.

Falando assim, tirou do pescoço o cordão que prendia a pedra e, sem dar tempo a qualquer resistência, aliás impossível, por ter a moça os braços presos, passou-o ao pescoço dela.

O tuchana deu um passo à frente — e, curvando a cabeça diante da que fora investida do miraculoso amuleto, cortou-lhe, num momento, as cordas que a ligavam ao poste de sacrifício.

Um brado geral de toda a tribo saudou a privilegiada, como tinha saudado Honorina.

Deu-se então uma luta de comover entre as duas moças, recusando ambas a salvação à custa da vida da outra.

— Teu coração é grande como o mundo, minha Honorina, mas por isso mesmo não quererá que se amesquinhe, diante dele, o de tua amiga. Que papel me destinas, querendo que eu aceite a tábua de salvação que a Providência pôs em tuas mãos? Que prazer poderei encontrar na vida, tendo sempre na memória a lembrança e na consciência o espinho de te haver roubado a vida?

"Não, minha cara amiga, a vida em tais condições é um suplício, e eu prefiro mil mortes a isso. Fomos condenadas: salve-se aquela a quem Deus assinalou para a salvação. Foste tu a que lhe mereceu esse favor; não podes, nem eu devo, contrariar os decretos do Altíssimo. Toma tua relíquia, e que se cumpram nossos destinos."

— Não tem razão, Nhazinha. Eu recebi este talismã na intenção de salvar com ele a todos nós. Em mim é que menos pensei.

"Não creia que desprezo a vida; mas o que me vale ela sem nenhum dos entes a quem dediquei na Terra afetos amorosos? A senhora tem pai, tem mãe, tem noivo, tem quem a ame e a proteja, tem a quem levar felicidade, escapando a morte, que a tem em suas garras. Eu para onde ir? Para quem recorrer se aqui acabarem todos a quem amo e aqui se acham? A senhora, escapando à morte, vai completar um ciclo de alegrias e felicidades. Eu vou, triste peregrina da vida, começar um ciclo de misérias — chorar saudades — sofrer as dores do isolamento.

"Demais, se este talismã me veio às mãos, foi por engano. Deus pôs em mim o selo da condenação.

"Entre o branco e o negro Ele pôs, desde o princípio, o sinal de suas preferências por um e de seu desprezo por outro! Eu pertenço a uma raça degradada; sou um puro animal, e não há quem relute entre a morte de uma criatura humana e a do animal o mais estimado. Nhazinha, viva para a felicidade, que eu, para ser feliz, preciso morrer. Fomos condenadas, como bem o disse há pouco; salve-se aquela a quem Deus assinalou para a salvação."

As duas moças choravam de quase não poderem articular palavra.

Nhazinha, porém, respondeu por entre soluços:

— Bem sabes que não é como dizes. A alma, que é a essência humana, não tem cor, e vale cada uma segundo seus merecimentos. Há brancos que são desprezíveis, como há negros que são dignos do maior respeito.

— Na estima de alguns — interrompeu a crioula —, mas não na estima da humanidade.

— Na estima de Deus — respondeu a moça branca —, que é quem sabe o que merece cada um. Se a sociedade

## Capítulo LI

repele os filhos de uma raça, nem por isso ficam repelidos de Deus. Eu seria indigna de pertencer a uma raça superior se comprasse a vida à custa da vida de outrem — e de outrem que me é tão caro ao coração. Toma, pois, tua joia: não me obrigues a uma vida envenenada.[25]

— Por nada no mundo faria o que me pede, até porque, salvando-me, perco estes outros a quem amo. Se um deles aceitasse a salvação sem mim, eu relutaria; mas sei que não o farão, porque somos uma família, e só nos faz prazer vivermos juntos, ou juntos morrermos. Não posso viver sem eles, e meu maior gozo está em morrer com eles. Se a senhora não quiser salvar-se, para ir à felicidade que a espera, pior para mim, porque atirarei ao ar esta prenda, para acompanhar os meus, e levarei a dor de vê-la acompanhar-me quando chamam-na à vida os entes mais caros ao seu coração. Já vê que não é de valia o presente que lhe faço, embora lhe valha tudo. Não é de valia, porque ele não me serve para nada. Se, porém, quiser a senhora dar-lhe algum valor, ouça-me — receba o testamento da que lhe é devotada desde a tenra idade.

"Eu sei que Deus não tem preferências nem exclusões, que não criou grandes nem pequenos, que criou todos iguais, para a herança de seu amor, que é a suma felicidade. Eu sei que a humanidade é perfectível; vai, no correr dos séculos, lavando-se dos prejuízos e preconceitos, que inquinaram seus pensamentos e seus sentimentos. Essas desigualdades sociais, que esmagam uma raça inteira, são obra do atraso humano, que não permite ver no negro uma alma remida pelo sangue do Redentor. A perfectibilidade humana, porém, há de ir elevando a sociedade, até que se

---

[25] Os conceitos referidos com tanta ênfase de pureza e honra femininas eram inerentes à época.

plante na Terra a igualdade que existe no Céu. Então será título de distinção, não a cor, não o nascimento, não a riqueza, mas unicamente o merecimento moral e intelectual.

"Daqui até lá, porém, quanto têm de sofrer as vítimas dos preconceitos humanos! Esses míseros escravos, meus irmãos na expiação terrestre, quanto não terão que suportar de seus duros senhores, que os consideram simples máquinas de trabalho! Se uns, se alguns, encontram mais suave cativeiro, a massa geme sob a pressão física e principalmente sob a pressão moral! Não têm direitos e, portanto, não podem amar; e, se amarem, verão um dia seus mais puros afetos aniquilados pelo poder do senhor! O pai vai para um lado, a mãe vai para outro; cada filho segue sua direção! Menos dura é a sorte dos judeus, da raça deicida, que ao menos pode constituir família! Pode haver maior pena do que a privação do amor?!

"Pois ainda pesa uma maior sobre a raça negra. O bárbaro senhor impõe-lhe a da privação de conhecer a Deus! Nascido para o trabalho, o escravo só tem na senzala quem lhe ensina a trabalhar. Da salvação, dos conhecimentos que todo ser humano precisa ter para encaminhar-se ao bem, ninguém se preocupa! Dores físicas, sem conforto moral!

"Quando se tem diante dos olhos da alma o quadro da vida escrava, sente-se horror tal que se chega a duvidar da justiça do Eterno! Ali estão esculpidas em sangue humano todas as variações da perversidade, todas as notas dos gemidos que arrancam as dores, todas as angústias dos que não têm onde procurar consolação, todos os desesperos dos que nada podem esperar, todos os gêneros de morte numa vida de trevas sem aurora!

"Nhazinha, pelo bem que sempre me quis, pelo amor de seus pais e de seu noivo, por esse sentimento doce e suave que prende a alma a seu Criador, dedique sua vida à

## Capítulo LI

remissão dos cativos. Um mosquito talvez tenha sido o primeiro motor da grande máquina do universo, disse-o o maior poeta da França, em nosso século — seja esse mosquito a mover os corações em favor do pobre escravo, desse meu irmão nas misérias. Se Deus me conceder a graça de poder vir à Terra ajudar os trabalhadores dessa grande obra de salvação, eu serei contente de estar sempre a seu lado, inspirando-lhe coragem e resolução, sugerindo-lhe os meios práticos de levar por diante a incomparável cruzada, que fará a glória de uns, a felicidade de outros e o progresso de todos. Quando raiar o dia, que antevejo daqui, através da casca material que envolve e prende meu espírito, eu descerei com as legiões dos Espíritos que se comprazem com o bem, a cingir de luz a fronte dos batalhadores. A senhora sentirá nossa presença e gozará nossas alegrias na paz e bem-estar de sua consciência.

"Este é o meu testamento da última hora — é a derradeira aspiração de uma alma, que veio negra para aprender a ser humilde, e que em sua humildade eleva o pensamento ao Criador, pedindo-lhe com fé e amor: Senhor! Mandai vosso anjo tocar os corações deste povo endurecido, para que sinta as doçuras da sublime lei do amor, que só vinga onde reina a igualdade e a fraternidade."

A bela crioula estava extenuada.

A voz extinguiu-se-lhe com o sentimento da vida, como se extingue o sopro vital com a última nota do rouxinol, descantando à límpida claridade da Lua.

A Pérola Negra rememorando, no momento extremo, as misérias e degradações de uma raça infeliz, da qual fizera parte, identificou-se tão vivamente com as torturas dos desgraçados que sua alma, limpa por aquele sentimento de sublime caridade, desprendeu-se da matéria, branca alvéola dos rios, em busca de sua pátria — que é a pátria de todos os Espíritos.

O corpo inanimado oscilou no espaço e, como se ainda sentisse o pudor da que lhe dera a vitalidade, rolou por terra com a compostura das virgens do Cristianismo.

Nhazinha caiu sobre aqueles restos de quem lhe fora tão cara, julgando que a vida ainda os aquecia; mas de pronto reconheceu que só apertava contra o peito um cadáver — um corpo negro.

A alma — a pura essência — da que fora uma escrava subia àquela hora em uma nuvem de jaspe eterizado, rindo de inefável prazer ao lado do seu Olzman, e orando ao Senhor de misericórdia pelos mais desgraçados que os escravos: os que eram seus senhores.

Os índios estavam estáticos diante da conversa das duas moças, que lhes pareciam inspiradas por Tupã, e os cristãos, seus prisioneiros, ficaram sem consciência diante daquele desfecho.

CAPÍTULO

# LII

Sem que se possa dar uma razão que a todos satisfaça, começou a germinar no coração dos brasileiros o sentimento fraternal da emancipação.
    O Dr. Pedro Pereira da Silva Guimarães, deputado pelo Ceará, foi o primeiro que se atreveu a propor no parlamento a abolição da escravidão, que era instituição nacional, com raízes de três séculos.
    O projeto do deputado cearense fez rir a muitos e escandalizou a todos.
    Passaram anos, e Zacharias de Góes e Vasconcelos incluiu na fala do trono um trecho referente ao mesmo assunto.
    Aqui já a ideia não fez rir, porque o chefe do gabinete de 3 de agosto era talvez o primeiro vulto de seu tempo; mas os ânimos, por isso mesmo, se irritaram contra o grande homem de Estado.
    Menos tempo decorreu daquela época à da organização do ministério Paranhos, mais tarde Visconde de Rio Branco, que formulou e apresentou às câmaras o projeto da libertação do ventre.
    A luta foi terrível, porém o triunfo coube à boa causa.
    A lei de 28 de setembro de 1871 secou a fonte da escravidão no Brasil, realizando em parte o sonho político do patriarca da independência, o sábio José Bonifácio.
    Como se operou esta súbita mudança nas disposições de uma sociedade toda aferrada ao escravismo, que era o fundamento da fortuna pública e particular?

Foi obra natural do nosso progresso intelectual e moral? Por todos os modos como consultarmos as manifestações do espírito nacional, encontraremos sempre trevas com relação a esta questão.

Não se descobre traço algum de um passo mais alentado, arriscado pela sociedade, quer no terreno do progresso material, quer no do moral.

Parecerá até que se achava ela em verdadeira estagnação, de que somente saiu para se atirar, ousada como vemo-la hoje, aos grandes cometimentos, depois que germinou em nosso solo a semente daquela abençoada revolução.

Não foi, portanto, a ideia emancipadora efeito, senão causa, do movimento progressista, acelerado de 1863 para cá.

Talvez o leitor nos leve a mal descobrirmos-lhe a verdadeira causa da rápida mudança que se operou no ânimo dos brasileiros em relação ao que se chamou "elemento servil"; mas como romance é poesia, queremos dizer, produtos da imaginação — e os poetas gozam de licença ilimitada para suas concepções, pedimos para nós o mesmo favor, e vamos explicar o mistério.

No momento em que a Pérola Negra desferiu o voo para as regiões etéreas, seus companheiros de infortúnio, incluindo a própria Nhazinha, ficaram sem consciência de si, tão profunda foi a dor que paralisou quase as pulsações daqueles amantes corações.

Os juburis, voltando a si de seu torpor, restabeleceram a corrente de seus instintos naturais, e por eles, assim como levaram cercada de homenagens a moça que tinha em si a muiraquitã, do mesmo modo prontificaram-se a concluir a cerimônia da festa.

A muçurana não teve grande trabalho, porque três quartos da extinção da vida dos restantes prisioneiros tinham sido feitos pela morte de Honorina.

## Capítulo LII

José Gomes, Jacó e Lucrécia nem viram nem sentiram o golpe que lançou por terra seus corpos.

Do Espaço é que lhes vieram alegrias inefáveis, reconstituindo-se, nas mais sólidas condições de felicidade — na felicidade que é o prêmio das boas obras na vida — a família que descendia do cruel D. José de Navarra.

Olzman ligou-se pelos laços do amor universal ao que lhe tivera, na Terra, o amor carnal e, por ele e com ele, às duas puras almas, que lhe tinham sido filhas.

Nhazinha, porém, ficou esmagada pelo peso de sua dor e pela própria adoração dos índios, que lhe tirava toda a esperança de poder um dia voltar à pátria de seus amores. Como viver no meio daquela gente? Como sair daquele infinito deserto, constituído por florestas inacessíveis?

A bela moça definhava dia por dia, e a tristeza macerava-lhe tanto o corpo que a morte tinha perdido para ela todos os seus horrores.

É bem certo, porém, que de hora em hora Deus melhora, no que devemos confiar, para nunca desesperarmos.

Barbosa Rodrigues, notável botânico brasileiro, que teve a feliz ideia de associar a catequese dos índios ao estudo do reino vegetal, dirigiu seus trabalhos para as margens do Purus.

Não precisamos referir ao leitor, instruído em nossas coisas, os maravilhosos resultados da catequese que tem colhido aquele humanitário sábio, empregando o amor, em vez da guerra, que emprega o governo imperial naquele intuito.

Se este país fosse realmente cristão e civilizado, Barbosa Rodrigues já teria recebido, com um título de marquês ou duque, amplos recursos para chamar à civilização as tribos indígenas que ocupam a vastíssima extensão que vai do Pará e Amazonas à província de Goiás e muitas outras.

O homem, porém, não toma largura no passo, e o Tesouro está tão vazio para serviços que não entendem com a política, que será injusto condenar o que o nosso governo tem feito, ou não tem feito, sobre catequese.

Há de chegar, porém, o dia dos índios, como afinal chegou o dos negros.

Em uma das excursões do sábio brasileiro, foi ele ter às terras dos juburis, e aí, depois de fazer-se amigo da tribo, encontrou a moça da muiraquitã quase a expirar de nostalgia.

Dirigindo-lhe a palavra por saber como ali se achava, ficou encantado de nela encontrar dotes intelectuais muito superiores aos que são comuns ao geral das mulheres brasileiras, que são educadas para donas de casa, dizem os pais, mas que não passam de criadas de casa.

O que pode dar uma mulher, futura mãe de família — célula geradora do organismo social —, quando por única cultura intelectual aprende mal a ler e escrever, e, por toda a cultura moral lhe ensinam a doutrina cristã, como a papagaio?

O Brasil está muito longe de ser uma nação civilizada, e só enveredará para aí quando compreender que a mulher é tudo no mecanismo do progresso humano.

Deixemos, porém, estas reflexões, que melhor cabem aos que *dirigem* nossa sociedade, e vamos ao nosso rasteiro trabalho.

Barbosa Rodrigues deleitou-se com a conversa de Nhazinha, que, por sua parte, animou-se com o aparecimento de um homem de sua raça ali, onde pensou que nenhum pudesse penetrar.

Já via a triste criatura estrelas do firmamento, onde uma nuvem negra lhe encobria, até ali, os límpidos horizontes.

E isto fez voltar-lhe, com a fagueira esperança, os ademanes de seu espírito.

## Capítulo LII

Desse curto entretenimento resultou saber o botânico a história da moça, donde o ardente desejo de restituí-la à família.

Falou com o tuchana, e este recusou-lhe a graça de vender-lhe o ídolo da tribo, mas o ilustre apóstolo da Ciência ofereceu-lhe tanto e declarou-lhe deixar a muiraquitã, e por aí conseguiu seu intento.

Não se pode descrever o que sentiu a moça quando seu salvador lhe comunicou que era livre de partir com ele.

Há emoções da alma que se amesquinham pela descrição.

Nhazinha, ainda agora imersa em trevas, que limitavam seu horizonte ao estreito círculo de tristes recordações, sentiu-se nadando em luz, num oceano de ondas de cristal, que se perlustra, como a poética piroga, ao sopro suave e encantador das brisas da esperança.

Saiu dos juburis, como entravam em Roma os triunfadores: — saiu alegre e feliz, prelibando as alegrias de seu encontro com a querida e terna mãe, com... — ia a crer que também com seu adorado noivo, mas, fatalidade, na Terra não há alegrias completas: no meio de todo festim aparece sempre a mão que escreve as três palavras de desolação!

A moça, quase restituída à sua primitiva beleza, por efeito só daqueles momentos de felicidade, fez suas despedidas ao túmulo onde havia mandado encerrar os restos de seus companheiros — tosco monumento, que só tinha por adorno uma cruz de madeira bruta.

Os índios a acompanharam até o limite da taba, e aí o tuchana lhe dirigiu, comovido, estas palavras:

— Filha da Aurora, querida de Tupã, roga por nós ao que deu peixe aos rios e caça às matas, e nos fala pelo trovão. Se lá, na tua gente, te for adverso o fado, volta aos juburis, que sempre terão vazio o trono em que te sentaste.

A moça enterneceu-se com aquela manifestação da estima dos selvagens, e respondeu em soluços:

— Eu rogo a Deus, meus bons amigos, que apresse o advento da aurora do gracioso dia em que os filhos das selvas entrarão para o seio da grande família humana, partilhando os saborosos frutos da civilização.

No momento da separação, o tuchana tirou do saco de couro, que fora de José Faustino, um punhado das pedras que a enchiam e deu-o, para lembrança de si e de sua gente, à moça, que foi seu ídolo.

Eram as melhores pedras preciosas do farnel que seu pai tinha preparado, e que lhe fora tomado quando lhe restituíram a liberdade.

Valiam algumas centenas de contos.

\*
\* \*

Foi mortificante a viagem, por causa do calor e dos mosquitos, que eram as pragas daquela quadra do ano, em que baixam as águas do rio.

Depois de uma longa travessia pelo meio das matas que tinham a coma onde pairam as nuvens, descobriram os viajantes as torres da cidade de Manaus.

Se ao que está ausente da família, do lar, por viagem de curta duração, é grato descobrir o fumo da chaminé do ninho seu, quanto não deve exaltar-se e comover-se o que, perdido no deserto, sem mais esperança de volver à pátria, tendo por certo deixar o corpo em terra estranha, divisa ao longe o teto de uma habitação!

Pouco importa quem o ocupe. Ali há vida — há gente — acaba ali o deserto!

Sente-se o que se passa na alma do que caiu ao mar, afundou, lutou com as ondas, esmoreceu, mas é salvo quando já

## Capítulo LII

não espera salvação e respira sofregamente o ar, quando já estava a asfixiar-se.

Nhazinha sentiu, à vista da cidade, o que sente a criatura perdida nos desertos, e o que sente a que se afundou nos abismos do mar, quando são salvas.

Ria e chorava como um louco; erguia-se na canoa e batia palmas como uma criança; tinha ímpetos de saltar do barco para correr por cima das águas, a chegar mais depressa.

Estava ali a terra — a sua terra — terra de seus pais e de... Pensava sempre no noivo.

Ah! Se não fora a nuvem carregada que lhe passava pela alma a este pensamento, quem seria no mundo mais feliz que ela, naquele delírio de prazer?

Chiquinho, porém, era seu ídolo e seu duende.

Ídolo, porque, em todas as vicissitudes de sua atribulada existência, nunca lhe saía da alma sua imagem — e do coração o fogo de um amor que guardava como vestal.

Duende, porque, depois de tudo o que se dera, tinha razão para crer que o moço a tivesse esquecido por outra.

Este pensamento envenenava-lhe as fontes da existência.

Barbosa Rodrigues içou no mastro da barca a bandeira auriverde, tanto que chegou a ponto de poder ser ela vista de terra, e começou a salvar à cidade com tiros de espingarda, em falta de artilharia.

Em pouco, o porto de Manaus tinha atraído toda a população da cidade.

A curiosidade, sentimento inato do coração humano e, porventura, de todo ser que possui um coração, foi o motor do grande ajuntamento.

Tinha-se curiosidade de saber que barco era aquele, que descia o Amazonas trazendo a bandeira brasileira e salvando a terra.

Uns pensavam que era algum sábio, empenhado na descoberta das origens do grande rio.

Outros diziam que era o cônsul brasileiro no Peru, que trazia alguma notícia favorável sobre o conflito levantado pela invasão do rio por dois vapores de guerra da nação vizinha.

Cada um formulava um juízo, que dava como coisa sem contestação.

É assim que sucede sempre que se dão ajuntamentos populares.

Ninguém fica calado — cada um dá sua regra, qual mais disparatada.

Enquanto se formulavam conjecturas em terra, aproximavam-se os viajantes do porto.

Por fim, rompeu do meio da multidão um brado: é o Barbosa Rodrigues! Lá vem ele à popa, segurando o leme!

O reconhecimento do ilustre botânico desmanchou todos os juízos feitos, mas levantou nova poeira.

Impossível nos foi colher tudo o que se disse haver ele conseguido em sua exploração, bastando consignar este sensato parecer de um velho sem pretensões a sabichão: ele que vem dando salvas, é que traz alegre notícia, e a notícia mais alegre que pode trazer do país dos bugres é a de ter amansado alguma tribo.

Sensato e humano, até ser altamente civilizador, foi aquele conceito de um pobre velho, que podia, naquele momento, dar lição aos nossos governantes.

A barca chegou à ponte — e despejou a gente que trazia.

A família do intrépido e humanitário propagandista da catequese dos índios foi a que se adiantou para recebê-lo.

Quem era, porém, aquela moça, bela como a estrela da manhã, e cuja fisionomia tinha impresso os característicos da elevação intelectual e moral de seu espírito?

## Capítulo LII

Barbosa Rodrigues desfez mais esta curiosidade, apresentando a moça à mulher, pouco mais ou menos nestes termos:

— Trago-te uma amiga digna de tua estima; é uma desgraçada moça que resgatei do cativeiro dos juburis, que, entretanto, a respeitavam como rainha e a adoravam como deusa. Tem mãe no Pará, para onde prometi-lhe remetê-la, mas, enquanto estiver aqui, será nossa hóspede e te encantará com suas raras qualidades.

Nhazinha ia a cumprimentar aquela a quem fora apresentada, quando foi surpreendida, como foram todos, por um brado, que parecia partido de algum louco:

— Nhazinha! É ela! Graças, meu Deus, que a encontro afinal!

Todos se voltaram para donde vinha aquela voz e viram um moço de nobre aparência e elegantemente vestido, que rompia a massa popular como a anta rompe o mato, tocada pela matilha.

Não há árvore que contenha aquele animal disparado.

Pelo mesmo modo o moço rompia, repelindo diante de si todos os que lhe ficavam na tangente que seguia para chegar até Nhazinha.

Foi coisa de um momento o que se passou daquele brado a achar-se quem o deu ao pé da moça.

Esta sentiu todo o sangue refluir-lhe ao coração e paralisarem-se-lhe todos os movimentos.

Olhava para o moço como se fosse uma estátua de carne, na qual tivessem posto olhos de vidro.

Olhava-o, mas não podia falar.

Por fora aquela mudez — por dentro um vulcão de sentimentos, que não tinham por onde fazer erupção.

A rola dos bosques, a que roubaram o terno companheiro, nem carpiria mais dorida a viuvez de seu coração, nem sentiria menos tumultuosa a comoção, se, no meio de seu triste canto, lhe aparecesse, como por milagre, a causa de seus longos dias de luto.

O moço parecia querer devorar com os olhos a beleza daquela figura angélica e não se fartava de clamar: "É ela, sim, é ela! Encontrei-a finalmente!"

Depois, vendo que sua amada não lhe respondia, não lhe correspondia à ruidosa explosão de suas alegrias, estacou tomado de surpresa.

— Não me conheces mais, Nhazinha? A dor terá tão profundamente alterado minha fisionomia que já me não reconheças? Ou teve o tempo o poder de apagar em teu coração o sentimento, como pôde apagar da casca da nossa árvore querida a inscrição que lhe imprimiste?

A esta apóstrofe, que valia pelo ferro em brasa para o coração da moça, agitou-se-lhe o corpo, como o da pitonisa atuada pelo espírito profético.

Seus olhos moveram-se tão lânguida e amorosamente que, se muda ficasse para sempre, neles poderia o moço ler, como em livro aberto, todos os segredos daquele amante coração.

Foi só depois de ter recebido aquela manifestação, nula para os outros, porém eloquente para ele, que o Dr. Francisco Correia caiu em si e reconheceu o ridículo de uma cena amorosa no centro de um ajuntamento popular, e voltando-se para o povo, disse:

— Peço-lhes, meus senhores, que me relevem a expansão irrefletida de quem amou loucamente e julgou perdido para sempre o objeto de seu amor.

Se o público aceitou a desculpa não sabemos; o que podemos assegurar é que a parte feminina do ajuntamento aproveitou o caso para atirar tão propício exemplo à cara dos maridos e namorados.

## Capítulo LII

Nem Hero e Leandro, nem Heloísa e Abelardo valerão tanto para os casos de arrufos como Nhazinha e o Dr. Correia.

Não era história das que se escrevem em livros: era uma realidade que se podia dizer de carne e osso, visível, sensível, palpável.

O doutor declarou então quem era e pediu licença a Barbosa Rodrigues para acompanhar sua noiva a casa.

Com a retirada da família, cessou o espetáculo, e em breve o porto estava deserto, não ficando do inesperado sucesso senão a fama, que, lá por aquelas terras, passa de filhos a netos.

Ainda depois de um século, quem queira falar em exemplos de constância em amor cita o nome do Dr. Francisco Correia.

Este teve, em casa de Barbosa Rodrigues, celestiais alegrias pelas provas que lhe deu sua amada de que seu coração nunca mudou, nem descreu.

A história das infelicidades da moça foi a nuvem que sempre na vida empana o brilho do céu.

Conversando sobre o modo como descobrira D. Tereza, e por ela soubera do crime praticado pelo Pena, Nhazinha, ofegante, perguntou o que era feito da boa mãe.

— Deixei-a como pode calcular, mas confiada na misericórdia de Deus.

— Mas por que deixou-a vosmecê tão só e desamparada?

— Porque seu pai nos revelou o que se dera com os tembés, e por aí chegamos a descobrir o cadáver do Pena, donde a certeza de que tinhas sido aprisionada pelos juburis. Eu então parti para aqui, a fim de organizar uma bandeira para libertar-te à força das armas, o que não foi tão fácil como se me antolhava, por não haver aqui força disponível.

A moça ouviu falar de seu pai, sem fixar nesse ponto a atenção, tão segura estava da morte do desgraçado.

Voltando, pois, à questão, perguntou com quem ficara a mãe, visto que sozinha era crueldade deixá-la, no estado de abatimento de seu espírito.

Só então é que ocorreu ao doutor que sua amada julgava morto José Faustino, e, pois, deu-lhe a grata notícia de seu reaparecimento, que foi uma ressurreição.

Lágrimas de pura alegria inundaram as faces da sublime mártir, que, elevando os olhos, disse com sentido reconhecimento:

— Obrigada, meu Deus! Destes-me a beber o cálice de amarguras, porque assim o exigia vossa indefectível justiça, mas hoje me ofereceis o de delícias inefáveis, porque vossa justiça é inseparável do amor que votais a vossos filhos.

Em três dias os dois noivos seguiram, com Barbosa Rodrigues, para Belém, onde levaram a felicidade à casa tão perseguida pela sorte.

## CAPÍTULO LIII

Em poucos dias fez-se o casamento, tão retardado e quase frustrado, de Nhazinha com seu Chiquinho. No momento em que o padre deitava as bênções esponsais, um mimoso colibri, preto da cor do azeviche, penetrando no templo, veio a sugar o suco das flores de laranjeira que adornavam o vestido da noiva. Muitos se impressionaram com aquilo, atribuindo a mau agouro a aparição de um passarinho negro; Nhazinha, porém, sentiu, mais que compreendeu, que o mimoso beija-flor era uma forma material que tomara o Espírito de Honorina para lhe manifestar seu prazer, vendo-a feliz.

E a linda moça arrancou de sua alegria uma lágrima de sentida saudade pela sublime criatura a quem devia toda a felicidade.

Enxugando aquela pérola líquida que lhe umedecera as pálpebras, voltou-se para o marido e disse-lhe com a voz trêmula:

— Tenho uma história a contar-te e um pedido a fazer-te.

— Será a história deste passarinho, que parece ter-te impressionado? — disse o moço, por meter à bulha o que supunha mesmo ter impressionado sua amada.

— É, com efeito, a história deste passarinho, meu amigo, e a missão que por ele me impus.

— Já sei. Queres afastar o agouro, fazendo uma romaria a Nossa Senhora de Nazaré.

— Não há agouro no que viste: há simplesmente uma sublime lição para mim, para ti, para o mundo. Mas deixemos isto para depois.

*
* *

Achava-se a ditosa família, por uma tarde de agosto, gozando a frescura da viração que varre os campos ao pôr do sol, debaixo do frondoso cumaru, onde os dois moços sagraram com juras seu amor.

O pai de Chiquinho tinha vindo, como de costume, passar a noite com seus adorados filhos, para quem havia comprado a casa onde nascera Nhazinha.

Conversava-se sobre mil coisas fúteis, mas a moça quase não prestava atenção ao que se dizia, tanta era a concentração de seu espírito em algum pensamento que o dominava.

— Que tens, Nhazinha, que pareces triste?

— Estou evocando as reminiscências do passado e coordenando meus pensamentos, para te contar a história do colibri negro que me beijou as flores do vestido no dia do nosso casamento.

— Não penses mais nisso, minha boa amiga, que me parece perturbar a paz de tua alma.

— Ao contrário. Sinto a mais grata satisfação, evocando a memória de um morto, a quem devo a vida e a felicidade.

— Quem é esse, que também quero amar e agradecer?

— É aquele colibri, negro como a pele do anjo que me salvou, ou antes, é a alma mais pura e santa que perlustrou a vida, e que me veio dar o parabém, sob a forma daquele mimoso passarinho.

— Oh! temos um conto de Hoffman!

## Capítulo LIII

— Não, meu amigo. Temos um conto real de que resulta o maior ensino, como já te disse, para mim, para ti e para o mundo. Meus bons pais ainda se lembram de Honorina, aquela negrinha que me era presa por amizade de irmã ou de filha, e que nos foi arrancada pelo cruel credor de nossa casa?

— Perfeitamente; mas ao que vem esta lembrança?

— Vem a explicar a visita do colibri negro no momento de receber eu às bênçãos esponsais.

— Deixa-te de ideias supersticiosas, minha filha.

— Ouçam — ouçam, e depois digam-me o que quiserem. Salva das garras do meu perverso perseguidor, pela intervenção miraculosa dos juburis, eu me julguei, naquele momento, a criatura mais feliz da Terra. Conduzida, porém, para o deserto, sem saber que destino me reservavam meus salvadores, julguei-me novamente desgraçada.

— É a prova de que a felicidade nesta vida é como a gota de orvalho, que se evapora num momento.

— Chorava minhas misérias, metida no meio de selvagens, quando estes fizeram uma presa: um homem branco, um negro e duas moças também negras. Calculem da minha surpresa e, poderei dizer, da minha satisfação, reconhecendo numa das duas negrinhas a minha querida Honorina. Ao menos já tinha com quem trocar mágoas! Egoísmo do coração humano, que se regozija com o mal de outrem, quando isso dá alívio ao seu!

"Em poucos dias estávamos na taba dos juburis, onde fomos atados, todos, a postes mortuários para servirmos de troféus triunfais aos nossos apreensores. Já eu tinha sobre minha cabeça a maça, que num segundo teria acabado com os laços que me prendem à vida, já tinha feito mentalmente minhas despedidas aos que amo na Terra e encomendado a Deus minha alma, quando Honorina, num esforço supremo, que só pode dar uma dedicação sem limites, conseguiu romper as cordas que a prendiam e, metendo-se entre mim e o meu algoz, exclamou como louca que me poupassem a vida.

"Nesse momento, o chefe da tribo descobriu, pendente do pescoço da moça negra, uma pedra verde, que ele tem por sinal de predestinação, e bradou a todos: "muiraquitã!", que é o nome daquela pedra. Todos se curvaram respeitosos diante do sinal dos favores de Tupã, e Honorina, por aquela pedra, ia passar de condenada a ídolo daqueles selvagens. Ela, porém, tomou-a nas mãos e pô-la ao meu pescoço, dizendo que aquilo era meu e que eu era a favorita de Tupã. Foram inúteis todas as minhas razões para demovê-la de tão sublime abnegação. Firme em sua resolução, pediu-me, em testemunho de minha afeição, que empregasse toda a minha vida no trabalho da remissão dos cativos, prometendo-me assistir-me nesse grande empenho. Aquilo ela chamou o seu testamento, e eu digo-lhes que o testamento de Honorina é sagrado para mim, e eu lhes peço que me ajudem a cumprir a última vontade da que deu a vida para salvar a minha."

Todos aqueles bons corações sentiram-se enternecidos com a breve história de um rasgo de heroísmo que o mundo nunca poderá conhecer, como não conhece tantos e tantos que se consumam nos recônditos de obscuras famílias.

— O colibri negro foi a prova que me quis dar a minha excelsa amiga — continuou a moça — de que pode fazer efetiva a hipótese que figurou de me auxiliar do Espaço. E eu lhes digo que terei mais de uma prova visível de sua presença junto de mim, se perseverar na resolução de cumprir sua última vontade.

Ninguém podia interromper o fio de pensamentos e raciocínios que tinha provocado aquele singelo conto.

## Capítulo LIII

E mal terminou a moça a sua narração, surgiu um colibri como o do dia do casamento, como a festejá-la, para de súbito desaparecer.

— Não há dúvida — exclamaram simultaneamente todos os membros da família —, não há dúvida sobre ser o mimoso pássaro a manifestação do Espírito de Honorina!

— E juremos todos — exclamou o doutor — dedicar fortuna e vida ao resgate da dívida contraída por Nhazinha.

O juramento foi solene: — surgiu o primeiro foco de luz, que, irradiando, esclareceu toda a bela província do Ceará, a qual por isso teve o bem merecido nome de "terra da luz".

*
* *

O Dr. Correia começou a propaganda abolicionista, que salientou assaz com seu talento e com sua grande fortuna, obra do presente do tuchana a Nhazinha.

No dia 25 de março de 1884 a província do Ceará vestiu-se de gala para receber, na terra de Cabral, o primeiro ósculo da fraternidade! No meio do delirante entusiasmo, acendido nos corações de todos os filhos da pátria de Iracema, via-se um lindo colibri negro esvoaçando por cima das cabeças do povo em procissão.

Quando chegou ao grupo onde se achava a família Correia, o lindo pássaro fez três circunvoluções e pousou no ombro de Nhazinha.

Os meios sábios da terra explicaram o fato que impressionou a multidão, dizendo que o passarinho negro era o gênio da pobre raça, que vinha tomar parte na festa de sua libertação.

Nhazinha, porém, conhecia a verdade e, sem se mover, porém muito comovida, disse por pensamento: "Teu testamento foi fielmente cumprido em nossa terra; resta que o seja em toda a terra brasileira."

O pássaro, como para indicar que estava satisfeito, circunvolveu três vezes em torno da cabeça da bela moça — e desferiu o voo para o lado do mar, desaparecendo no límpido oceano aéreo.

O movimento, que tão glorioso desfecho teve no Ceará, comunicou-se a todas as províncias do Império, mais largamente naquelas que eram mais adiantadas, mais limitado nas que eram mais atrasadas.

Em matéria de evolução de ideias, o de mais é começar a efervescência.

Em breve a corte ardia ao fogo do entusiasmo, sustentado com uma dedicação digna da grande causa por Clapp, Patrocínio, Ennes de Souza, Joaquim Serra, Joaquim Nabuco e muitos outros, que agiam sem ruído, formando o exército de que aqueles beneméritos foram generais.

A opinião abolicionista, partida das camadas inferiores, foi subindo, como a maré enchente, até dominar os píncaros sociais, até conseguir um ministério abolicionista.

O ilustre conselheiro Dantas, presidente do conselho do ministério de 6 de junho de 1884, formulou em termos claros e precisos a solução do problema, que já agitava toda a nação, e caiu gloriosamente aos golpes do obscurantismo, encastelado na Câmara dos Deputados, e dirigido pelos representantes do Rio de Janeiro sob o comando do conselheiro Paulino de Souza.

O ministério Dantas sucumbiu na luta, porém a grande ideia não retrocedeu em sua marcha triunfante.

A província do Amazonas foi declarada livre; o Rio Grande do Sul começou nobremente aquele trabalho por municípios: São Paulo tomou posição na liça, e por todo o país cresceram admiravelmente as libertações espontâneas.

## Capítulo LIII

O ministério Saraiva julgou ter cortado a questão, sem lembrar-se de que um povo não sabe parar na marcha pela conquista de uma ideia nobre.

O barão de Cotegipe, com seus couraceiros, não fez mais que apressar o advento da maior conquista que tem feito a liberdade no Brasil.

São Paulo tomou a frente do movimento; Pernambucano seguiu-lhe os passos, e dessa dupla manifestação surgiu o ministério de 10 de março de 1888.

No dia 3 de abril daquele ano, abriram-se as câmaras, voando aos ares, por entre flores, as palavras da ínclita princesa regente, que diziam: *abolição imediata e incondicional*.

Os Espíritos das trevas se revolveram no ódio, mas a mão do Senhor fê-los rojarem no pó.

No dia 13 maio, a corte e todas as capitais do vasto império nadavam em frenético júbilo pelo glorioso ato da libertação da escravidão no Brasil.

Foi a obra do povo sancionada pelos poderes do Estado!

Foi a chama que alastrou por toda a terra do império americano, acendida na heroica província do Ceará!

Foi, em suma, o movimento dado por um mosquito — Nhazinha — em cumprimento do testamento sagrado de Honorina — a Pérola Negra!

Quando os nossos batalhões cívicos desfilavam, ardentes de entusiasmo, pelas ruas da nossa capital, aparelhada em festa — por cima de nossas cabeças, nas alturas onde pairam as nuvens, outros batalhões, não menos jubilosos, enchiam os espaços com seus hinos ao Pai de justiça e de misericórdia, que permitiu aos brasileiros sagrarem naquele dia o mais glorioso triunfo da humanidade.

Do meio daqueles excelsos Espíritos, baixou uma legião à Terra para cingir com auréola de luz a fronte dos que se bateram pela causa santa.

E a Pérola Negra, tomando a forma do negro colibri, veio a Nhazinha, como havia prometido, e deixou-lhe a alma banhada em celestes alegrias.


FIM

APONTAMENTOS BIOBIBLIOGRÁFICOS

# Adolfo Bezerra de Menezes

A Federação Espírita Brasileira entrega ao público novas edições dos romances — antes publicados em folhetins em *Reformador* — e dos estudos religiosos, científicos e filosóficos da autoria de Adolfo Bezerra de Menezes, quando ainda encarnado.

A *Coleção Bezerra de Menezes* prestará homenagem a esse importante vulto do Espiritismo brasileiro, que representou para os espíritas o verdadeiro paradigma de trabalho, caridade e tolerância.

A seguir alguns dados biobibliográficos daquele que, pela projeção do seu trabalho, foi cognominado *o Kardec brasileiro, o médico dos pobres*, entre outros.

Adolfo Bezerra de Menezes Cavalcanti nasceu em 29 de agosto de 1831 na fazenda Santa Bárbara, no lugar chamado Riacho das Pedras, município cearense de Riacho do Sangue, hoje Jaguaretama, estado do Ceará.

Descendia Bezerra de Menezes de antiga família, das primeiras que vieram ao território cearense. Seu avô paterno, o coronel Antônio Bezerra de Souza e Menezes, tomou parte da Confederação do Equador e foi condenado à morte, pena comutada em degredo perpétuo para o interior do Maranhão, e que não foi cumprida porque o coronel faleceu a caminho do desterro, sendo seu corpo sepultado em Riacho do Sangue. Seus pais, Antônio Bezerra de Menezes, capitão das antigas milícias e tenente-coronel da Guarda Nacional, desencarnou em Maranguape, em 29 de setembro de 1851, de febre amarela; a mãe, Fabiana Cavalcanti de Alburquerque, nascida em 29 de setembro de 1791, desencarnou em Fortaleza, aos 90 anos, perfeitamente lúcida, em 5 de agosto de 1882.

Desde estudante, o itinerário de Bezerra de Menezes foi muito significativo. Em 1838, no interior do Ceará, conheceu as primeiras letras, em escola da Vila do Frade, estando à altura do saber de seu mestre em 10 meses.

Já na Serra dos Martins, no Rio Grande do Norte, para onde se transferiu em 1842 com a família, por motivo de perseguições políticas, aprendeu latim em dois anos, a ponto de substituir o professor.

Em 1846, já em Fortaleza (CE), sob as vistas do irmão mais velho, Manoel Soares da Silva Bezerra, conceituado intelectual e líder católico, efetuou os estudos preparatórios, destacando-se entre os primeiros alunos do tradicional Liceu do Ceará.

Bezerra queria tornar-se médico, mas o pai, que enfrentava dificuldades financeiras, não podia custear-lhe os estudos. Em 1851, aos 19 anos, tomou ele a iniciativa de ir para o Rio de Janeiro, a então capital do Império, a fim de cursar Medicina, levando consigo a importância de 400 mil-réis, que os parentes lhe deram para ajudar na viagem.

No Rio de Janeiro, ingressou, em 1852, como praticante interno no Hospital da Santa Casa de Misericórdia.

Para poder estudar, dava aula de Filosofia e Matemática. Doutorou-se em 1856 pela Faculdade de Medicina do Rio de Janeiro.

Em março de 1857, solicitou sua admissão no Corpo de Saúde do Exército, sentando praça em 20 de fevereiro de 1858, como cirurgião-tenente.

Ainda em 1857, candidatou-se ao quadro dos membros titulares da Academia Imperial de Medicina com a memória "Algumas considerações sobre o cancro, encarado pelo lado do seu tratamento", sendo empossado em sessão de 1º de junho. Nesse mesmo ano, passou a colaborar na *Revista da Sociedade Físico-Química*.

Em 6 de novembro de 1858, casou-se com Maria Cândida de Lacerda, que desencarnou no início de 1863, deixando-lhe um casal de filhos.

Em 1859, passou a atuar como redator dos *Anais Brasilienses de Medicina*, da Academia Imperial de Medicina, atividade que exerceu até 1861.

Em 21 de janeiro de 1865, casou-se, em segundas núpcias, com Cândida Augusta de Lacerda Machado, irmã materna de sua primeira esposa, com quem teve sete filhos.

Já em franca atividade médica, Bezerra de Menezes demonstrava o grande coração que iria semear — até o fim do século, sobretudo entre os menos favorecidos da fortuna — o carinho, a dedicação e o alto valor profissional.

Foi justamente o respeito e o reconhecimento de numerosos amigos que o levaram à política, que ele, em mensagem ao deputado Freitas Nobre, seu conterrâneo e admirador, definiu como "a ciência de criar o bem de todos".

Elegeu-se vereador para Câmara Municipal do Rio de Janeiro em 1860, pelo Partido Liberal.

Quando tentaram impugnar sua candidatura, sob a alegação de ser médico militar, demitiu-se do Corpo de Saúde do Exército. Na Câmara Municipal, desenvolveu grande trabalho em favor do Município Neutro[26] e na defesa dos humildes e necessitados.

---

[26] Após a transferência da Corte portuguesa para a cidade do Rio de Janeiro, a autonomia político-administrativa que a província tanto reivindicava, conforme as demais, ficou prejudicada. No entanto, em 1834, a cidade seria transformada em Município Neutro, continuando como capital do Império, enquanto a província ganhava a requerida autonomia e passava a ter como capital a Vila Real da Praia Grande, que no ano seguinte viria a se chamar Niterói.

Foi reeleito com simpatia geral para o período de 1864–
–1868. Não se candidatou ao exercício de 1869 a 1872.

Em 1867, foi eleito deputado geral (correspondente hoje a deputado federal) pelo Rio de Janeiro. Dissolvida a Câmara dos Deputados em 1868, com a subida dos conservadores ao poder, Bezerra dirigiu suas atividades para outras realizações que beneficiassem a cidade.

Em 1873, após quatro anos afastados da política, retomou suas atividades, novamente como vereador.

Em 1878, com a volta dos liberais ao poder, foi novamente eleito à Câmara dos Deputados, representando o Rio de Janeiro, cargo que exerceu até 1885.

Neste período, criou a Companhia de Estrada de Ferro Macaé a Campos, que lhe proporcionou pequena fortuna, mas que, por sua vez, foi também o sorvedouro de seus bens, deixando-o completamente arruinado.

Em 1885, atingiu o fim de suas atividades políticas. Bezerra de Menezes atuou 30 anos na vida parlamentar. Outra missão o aguardava, esta mais nobre ainda, aquela da qual o incumbira Ismael, não para coroá-lo de glórias, que perecem, mas para trazer sua mensagem à imortalidade.

O Espiritismo, qual novo maná celeste, já vinha atraindo multidões de crentes, a todos saciando na sua missão de consolador. Logo que apareceu a primeira tradução brasileira de *O Livro dos Espíritos*, em 1875, foi oferecido a Bezerra de Menezes um exemplar da obra pelo tradutor, Joaquim Carlos Travassos, que se ocultou sob o pseudônimo de Fortúnio.

Foram palavras do próprio Bezerra de Menezes, ao proceder à leitura de monumental obra: "Lia, mas não encontrava nada que fosse novo para meu espírito, entretanto tudo aquilo era novo para mim [...]. Eu já tinha lido ou ouvido tudo o que se achava em *O livro dos espíritos* [...]. Preocupei-me seriamente com este fato maravilhoso e a mim mesmo dizia: parece que eu era espírita inconsciente, ou mesmo, como se diz vulgarmente, de nascença."

Contribuíram também, para torná-lo um adepto consciente, as extraordinárias curas que ele conseguiu, em 1882, do famoso médium receitista João Gonçalves do Nascimento.

Mais que um adepto, Bezerra de Menezes foi um defensor e um divulgador da Doutrina Espírita. Em 1883, recrudescia, de súbito, um movimento contrário ao Espiritismo e, naquele mesmo ano, fora lançado, por Augusto Elias da Silva, *Reformador* — periódico mais antigo do Brasil em circulação e órgão oficial da Federação Espírita Brasileira. Elias, não raro, consultava Bezerra de Menezes sobre as melhores diretrizes a serem seguidas em defesa dos ideais espíritas. O venerável médico aconselhava-o a contrapor ao ódio o amor e a agir com discrição, paciência e harmonia.

Bezerra não ficou, porém, no conselho teórico. Com as iniciais A. M., principiou a colaborar com *Reformador*, emitindo comentários judiciosos sobre o Catolicismo.

Fundada a Federação Espírita Brasileira em 1884, Bezerra de Menezes não quis inscrever-se entre os fundadores, embora fosse amigo de todos os diretores e, sobremaneira, admirado por eles.

Embora sua participação tivesse sido marcante até então, somente em 16 de agosto de 1886, aos 55 anos, Bezerra de Menezes — perante grande público, cerca de duas mil pessoas, no salão de Conferência da Guarda Velha — justificou, em longa alocução, a sua opção definitiva de abraçar os princípios da consoladora Doutrina.

Daí por diante, Bezerra de Menezes foi o catalisador de todo o movimento espírita na Pátria do Cruzeiro, exatamente como preconizara Ismael. Com sua cultura privilegiada, aliada ao descortino de homem público e ao inexcedível amor ao próximo, conduziu o barco de nossa Doutrina por sobre as águas atribuladas pelo iluminismo fátuo, pelo cientificismo presunçoso, que pretendia deslustrar o grande significado da Codificação Kardequiana.

Presidente da FEB em 1889, foi reconduzido ao espinhoso cargo em 1895, quando mais se agigantava a maré da discórdia e das radicalizações no meio espírita, nele permanecendo até 1900, quando desencarnou.

O Dr. Bezerra de Menezes foi ainda membro da Sociedade de Geografia de Lisboa, da Sociedade Auxiliadora da Indústria Nacional, da Sociedade Físico-Química, sócio e benfeitor da Sociedade Propagadora das Belas-Artes, membro do Conselho do Liceu de Artes e presidente da Sociedade Beneficente Cearense.

Escreveu em jornais como *O Paiz*, e *Sentinela da Liberdade*, e para os *Anais Brasilienses de Medicina*, além de colaborar na *Reforma,* na *Revista da Sociedade Físico--Química* e em *Reformador*, valendo-se, algumas vezes, dos pseudônimos de Max e Frei Gil.

O dicionarista J. F. Velho Sobrinho alinha extensa bibliografia de Bezerra de Menezes, relacionando para mais de quarenta obras escritas e publicadas. São teses, romances, biografias, artigos, estudos, relatórios etc.

Bezerra de Menezes desencarnou em 11 de abril de 1900, às 11h30, tendo ao lado a dedicada companheira de tantos anos, Cândida Augusta.

Morreu pobre, embora seu consultório estivesse cheio, mas de uma clientela que nenhum médico queria: eram pessoas pobres, sem dinheiro para pagar consultas. Foi preciso constituir-se uma comissão para angariar donativos visando à manutenção da família. A comissão fora presidida por Quintino Bocaiúva.

Por ocasião de sua morte, assim se pronunciou Léon Denis, um dos maiores discípulos de Kardec: "Quando tais homens deixam de existir, enluta-se não somente o Brasil, mas os espíritas de todo o mundo."

BIBLIOGRAFIA

# Ordem cronológica crescente

## OBRAS MÉDICAS[27]

MENEZES, Bezerra de. *Diagnóstico do cancro:* tese inaugural. Rio de Janeiro: Typ. de M. Barreto, 1856.

_____. Tratamento do cancro. *Annaes Brasilienses de Medicina*: Jornal da Academia Imperial de Medicina do Rio de Janeiro, p. 181 e 198 [entre 1857 e 1858].

_____. *Das operações reclamadas pelo estreitamento da uretra:* tese para o concurso a uma cadeira de oppositor da Secção Cirurgica da Faculdade de Medicina. Rio de Janeiro: Typ. Nacional, 1858. 63 p.

_____. Curare. *Annaes Brasilienses de Medicina*: Jornal da Academia Imperial de Medicina do Rio de Janeiro, p. 182 [entre 1859 e 1860].

_____. Parecer sobre a memória do Dr. Portela relativamente a contato e infecção. *Annaes Brasilienses de Medicina*: Jornal da Academia Imperial de Medicina do Rio de Janeiro, p. 238 [entre 1859 e 1860].

_____. Tétano. *Annaes Brasilienses de Medicina*: Jornal da Academia Imperial de Medicina do Rio de Janeiro, p. 121 e 139 [entre 1859 e 1860].

_____. Accessos de hysteria dependendo d'um estado gastrico. *Annaes Brasilienses de Medicina*: Jornal da Academia Imperial de Medicina do Rio de Janeiro, p. 75 [entre 1860 e 1861].

---

[27] Em 1857 passou a colaborar na *Revista da Sociedade Físico-Química*. E, de 1859 até meados de 1861, foi o redator do periódico: *Annaes Brasilienses de Medicina*: Jornal da Academia Imperial de Medicina do Rio de Janeiro.

_____. Erysipelas periódicas. *Annaes Brasilienses de Medicina*: Jornal da Academia Imperial de Medicina do Rio de Janeiro, p. 136 e 218 [entre 1860 e 1861].

_____. Grippe. *Annaes Brasilienses de Medicina*: Jornal da Academia Imperial de Medicina do Rio de Janeiro, p. 621 [entre 1860 e 1861].

_____. Lactucario e thridaceo. *Annaes Brasilienses de Medicina*: Jornal da Academia Imperial de Medicina do Rio de Janeiro, p. 34 [entre 1860 e 1861].

_____. Puncção da bexiga. *Annaes Brasilienses de Medicina*: Jornal da Academia Imperial de Medicina do Rio de Janeiro, p. 14 [entre 1860 e 1861].

## OBRAS POLÍTICAS[28]

BEZERRA, Menezes de. *Câmara Municipal*: parecer que em sessão de 11 de março leu o vereador Dr. Bezerra em resposta à portaria do Ministério do Império de 26 de fevereiro último. Rio de Janeiro: Typ. do Correio Mercantil [1863?], 222 p.

_____. *A escravidão no Brasil e as medidas que convem tomar para extinguil-a sem damno para a Nação*. Rio de Janeiro: Typ. Progresso, 1869. 80 p.

_____. *Relatorio apresentado a Illma. Camara Municipal da Côrte*. Rio de Janeiro: Typ. Progresso, 1869.

_____. *Breves considerações sobre as sêccas do Norte*. Rio de Janeiro: Typ. Guimarães & Irmãos, 1877. 44 p.[29]

---

[28] O volume 33 da série "Perfis Parlamentares", publicada pela Câmara dos Deputados em 1986, apresenta a vida e a obra do parlamentar Bezerra de Menezes: MENEZES, Bezerra de. *Discursos parlamentares*. Seleção e introdução do Deputado Freitas Nobre. Brasília: Câmara dos Deputados, Coordenação de Publicações, 1986. 414 p. ("Perfis parlamentares", v. 33.) Entre 1869 e 1870, sob o pseudônimo de Frei Gil, publicou artigos nos periódicos: *Sentinela da Liberdade* e *Reforma*, defendendo ideais liberais.

[29] Outra edição: MENEZES, Bezerra. *Breves considerações sobre as secas do Norte*. 2ª ed. Natal: Fundação Guimarães Duque, 1986. p. 127--149. (Coleção "Mossoroense", v. 242.)

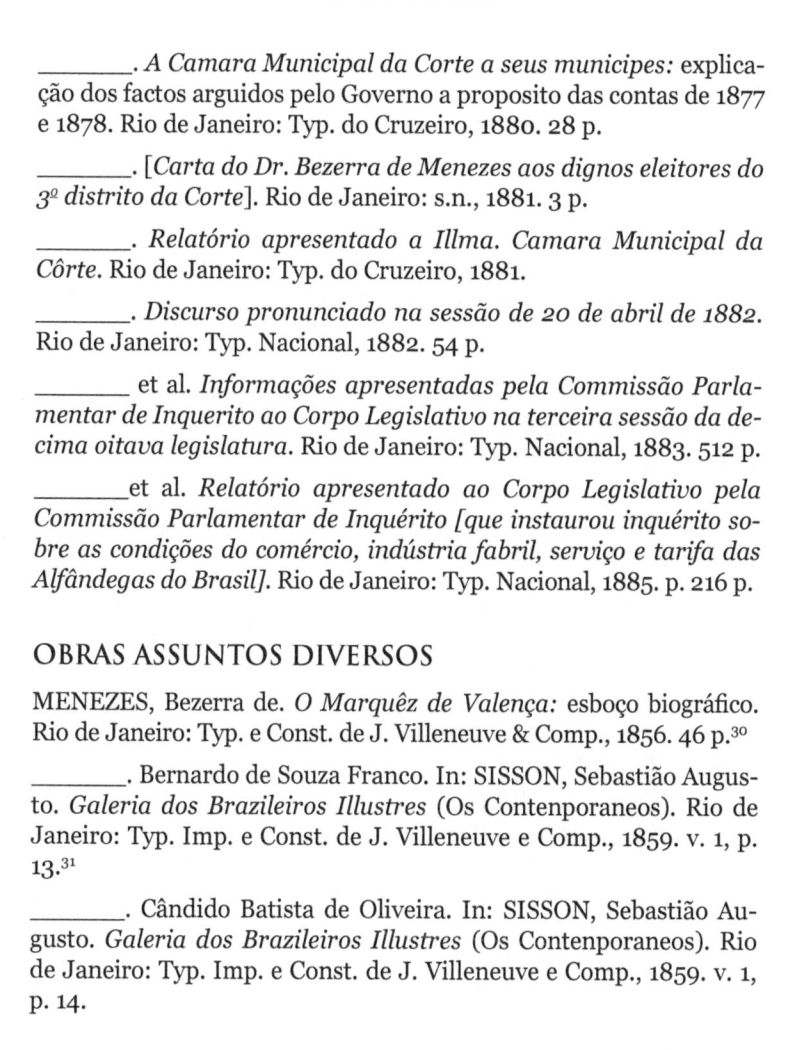

_____. *A Camara Municipal da Corte a seus municipes*: explicação dos factos arguidos pelo Governo a proposito das contas de 1877 e 1878. Rio de Janeiro: Typ. do Cruzeiro, 1880. 28 p.

_____. [*Carta do Dr. Bezerra de Menezes aos dignos eleitores do 3º distrito da Corte*]. Rio de Janeiro: s.n., 1881. 3 p.

_____. *Relatório apresentado a Illma. Camara Municipal da Côrte*. Rio de Janeiro: Typ. do Cruzeiro, 1881.

_____. *Discurso pronunciado na sessão de 20 de abril de 1882*. Rio de Janeiro: Typ. Nacional, 1882. 54 p.

_____ et al. *Informações apresentadas pela Commissão Parlamentar de Inquerito ao Corpo Legislativo na terceira sessão da decima oitava legislatura*. Rio de Janeiro: Typ. Nacional, 1883. 512 p.

_____et al. *Relatório apresentado ao Corpo Legislativo pela Commissão Parlamentar de Inquérito [que instaurou inquérito sobre as condições do comércio, indústria fabril, serviço e tarifa das Alfândegas do Brasil]*. Rio de Janeiro: Typ. Nacional, 1885. p. 216 p.

## OBRAS ASSUNTOS DIVERSOS

MENEZES, Bezerra de. *O Marquêz de Valença*: esboço biográfico. Rio de Janeiro: Typ. e Const. de J. Villeneuve & Comp., 1856. 46 p.[30]

_____. Bernardo de Souza Franco. In: SISSON, Sebastião Augusto. *Galeria dos Brazileiros Illustres* (Os Contenporaneos). Rio de Janeiro: Typ. Imp. e Const. de J. Villeneuve e Comp., 1859. v. 1, p. 13.[31]

_____. Cândido Batista de Oliveira. In: SISSON, Sebastião Augusto. *Galeria dos Brazileiros Illustres* (Os Contenporaneos). Rio de Janeiro: Typ. Imp. e Const. de J. Villeneuve e Comp., 1859. v. 1, p. 14.

---

[30] Outra edição: MENEZES, Bezerra de. Marquez de Valença. In: SISSON, Sebastião Augusto. *Galeria dos Brazileiros Illustres* (Os Contenporaneos). Rio de Janeiro: Typ. Imp. e Const. de J. Villeneuve e Comp., 1859. v. 1, p. 15.

[31] Outras edições: SISSON, Sebastião Augusto. *Galeria dos Brazileiros Ilustres*: os contemporâneos. São Paulo: Martins, 1948. 2 v. SISSON, Sebastião Augusto. *Galeria dos Brasileiros Ilustres*. Brasília: Senado Federal, 1999. 2 v. (Coleção "Brasil 500 anos".)

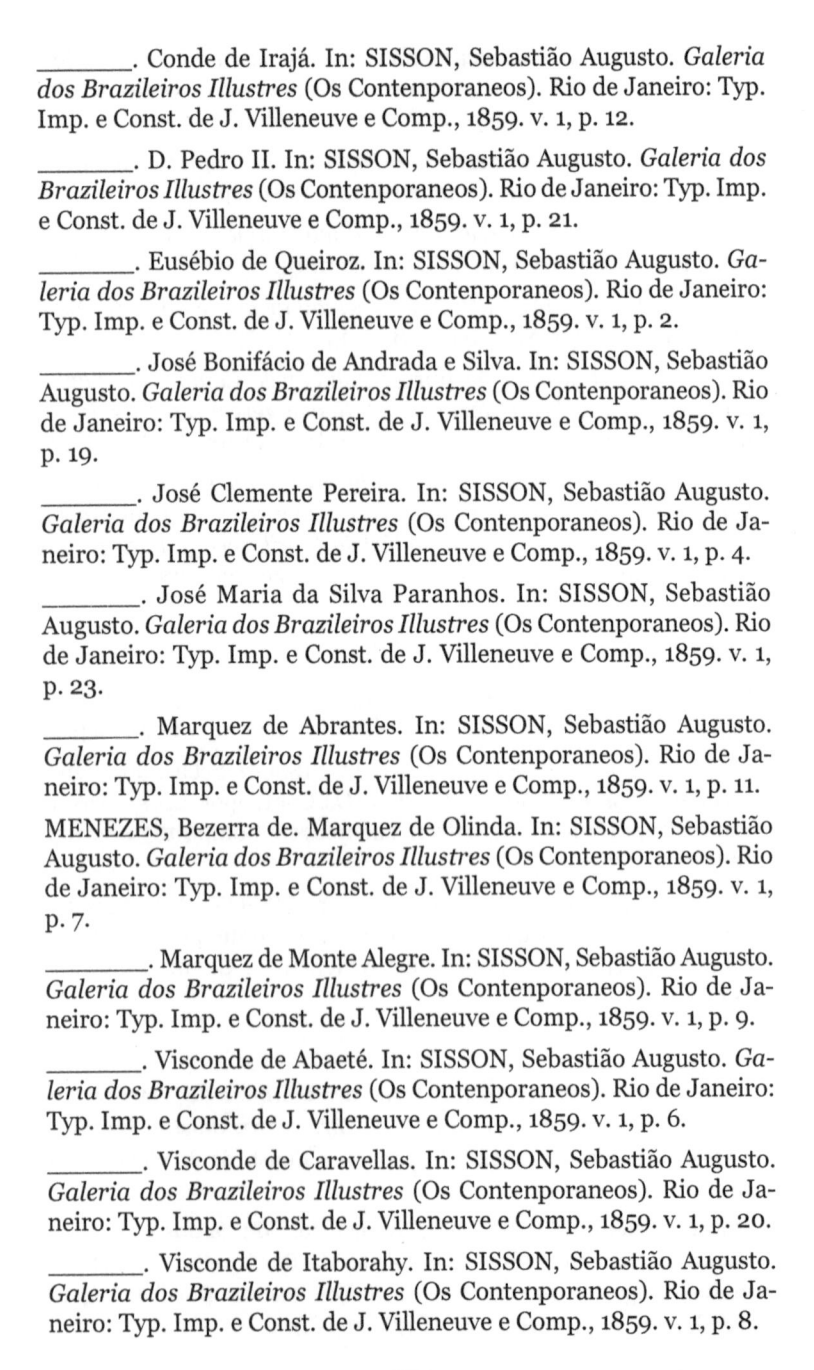

_____. Conde de Irajá. In: SISSON, Sebastião Augusto. *Galeria dos Brazileiros Illustres* (Os Contenporaneos). Rio de Janeiro: Typ. Imp. e Const. de J. Villeneuve e Comp., 1859. v. 1, p. 12.

_____. D. Pedro II. In: SISSON, Sebastião Augusto. *Galeria dos Brazileiros Illustres* (Os Contenporaneos). Rio de Janeiro: Typ. Imp. e Const. de J. Villeneuve e Comp., 1859. v. 1, p. 21.

_____. Eusébio de Queiroz. In: SISSON, Sebastião Augusto. *Galeria dos Brazileiros Illustres* (Os Contenporaneos). Rio de Janeiro: Typ. Imp. e Const. de J. Villeneuve e Comp., 1859. v. 1, p. 2.

_____. José Bonifácio de Andrada e Silva. In: SISSON, Sebastião Augusto. *Galeria dos Brazileiros Illustres* (Os Contenporaneos). Rio de Janeiro: Typ. Imp. e Const. de J. Villeneuve e Comp., 1859. v. 1, p. 19.

_____. José Clemente Pereira. In: SISSON, Sebastião Augusto. *Galeria dos Brazileiros Illustres* (Os Contenporaneos). Rio de Janeiro: Typ. Imp. e Const. de J. Villeneuve e Comp., 1859. v. 1, p. 4.

_____. José Maria da Silva Paranhos. In: SISSON, Sebastião Augusto. *Galeria dos Brazileiros Illustres* (Os Contenporaneos). Rio de Janeiro: Typ. Imp. e Const. de J. Villeneuve e Comp., 1859. v. 1, p. 23.

_____. Marquez de Abrantes. In: SISSON, Sebastião Augusto. *Galeria dos Brazileiros Illustres* (Os Contenporaneos). Rio de Janeiro: Typ. Imp. e Const. de J. Villeneuve e Comp., 1859. v. 1, p. 11.

MENEZES, Bezerra de. Marquez de Olinda. In: SISSON, Sebastião Augusto. *Galeria dos Brazileiros Illustres* (Os Contenporaneos). Rio de Janeiro: Typ. Imp. e Const. de J. Villeneuve e Comp., 1859. v. 1, p. 7.

_____. Marquez de Monte Alegre. In: SISSON, Sebastião Augusto. *Galeria dos Brazileiros Illustres* (Os Contenporaneos). Rio de Janeiro: Typ. Imp. e Const. de J. Villeneuve e Comp., 1859. v. 1, p. 9.

_____. Visconde de Abaeté. In: SISSON, Sebastião Augusto. *Galeria dos Brazileiros Illustres* (Os Contenporaneos). Rio de Janeiro: Typ. Imp. e Const. de J. Villeneuve e Comp., 1859. v. 1, p. 6.

_____. Visconde de Caravellas. In: SISSON, Sebastião Augusto. *Galeria dos Brazileiros Illustres* (Os Contenporaneos). Rio de Janeiro: Typ. Imp. e Const. de J. Villeneuve e Comp., 1859. v. 1, p. 20.

_____. Visconde de Itaborahy. In: SISSON, Sebastião Augusto. *Galeria dos Brazileiros Illustres* (Os Contenporaneos). Rio de Janeiro: Typ. Imp. e Const. de J. Villeneuve e Comp., 1859. v. 1, p. 8.

_____. Visconde de Maranguape. In: SISSON, Sebastião Augusto. *Galeria dos Brazileiros Illustres* (Os Contenporaneos). Rio de Janeiro: Typ. Imp. e Const. de J. Villeneuve e Comp., 1859. v. 1, p. 16.

_____. Visconde de Sapucahy. In: SISSON, Sebastião Augusto. *Galeria dos Brazileiros Illustres* (Os Contenporaneos). Rio de Janeiro: Typ. Imp. e Const. de J. Villeneuve e Comp., 1859. v. 1, p. 17.

_____. Visconde de Uruguay. In: SISSON, Sebastião Augusto. *Galeria dos Brazileiros Illustres* (Os Contenporaneos). Rio de Janeiro: Typ. Imp. e Const. de J. Villeneuve e Comp., 1859. v. 1, p. 5.

_____ et al. *Discursos pronunciados [por Augusto Saturnino da Silva Diniz, Ruy Barbosa, Adolpho Bezerra de Menezes e Vicente de Souza] no saráo artistico-literario que a directoria e professores do Lyceo de Artes e Ofícios dedicaram ao Exmo. Sr. Conselheiro Rodolpho Epiphanio de Sousa Dantas em 23 de novembro de 1882.* Rio de Janeiro: Typ. Hildebrandr, 1882. 58 p.

## OBRAS ESPÍRITAS[32]

MENEZES, Bezerra de. *A casa assombrada:* romance espírita. Edição sob os auspícios da Federação Espírita Brasileira — FEB. Pelotas: Ed. Echenique Irmãos, 1903. 362 p. Publicado originalmente em *Reformador*, entre 1888 e 1891.[33]

_____. *Os carneiros de Panurgio:* romance philosophico-politico. Rio de Janeiro: Typ. Liv. de Serafim José Alves, 1890. 240 p.[34]

_____. Lázaro, o leproso. *Reformador* [entre 1892 e 1896].

---

[32] A partir de 1887, usando o pseudônimo de Max, Bezerra de Menezes passou a publicar artigos divulgando a Doutrina Espírita nos periódicos: *O Paiz* (entre 1887 a 1894), *Jornal do Brasil* (em 1895), *Gazeta de Notícias* (entre 1895 a 1897) e *Reformador*, órgão da Federação Espírita Brasileira.

[33] Outras edições: MENEZES, Bezerra de. *A casa assombrada*: romance espírita. 2ª ed. Rio de Janeiro: Federação Espírita Brasileira — FEB, 1948. 334 p. MENEZES, Bezerra de. *A casa assombrada*: romance espírita. 2ª ed. São Paulo: Ed. Camille Flammarion, 2001. 247 p.

[34] Outra edição: MENEZES, Bezerra. *Os carneiros de Panúrgio*: romance filosófico-político. 2ª ed. São Paulo: Federação Espírita do Estado de São Paulo, 1983. 184 p.

_____. *União Spirita do Brasil. Spiritismo. Estudos philosophicos*. Rio de Janeiro: Typ. Moreira, Maximiano, Chagas & Comp., 1894. 318 p. Coletânea de 69 artigos publicados em *O Paiz*.³⁵

_____. *A história de um sonho*. São Paulo: Madras, 2003. 168 p. Publicado originalmente em *Reformador*, entre 1896 e 1897.

_____. Casamento e mortalha. *Reformador* [entre 1898 e 1901]. Obra inacabada.

_____. A Pérola Negra. *Reformador* [entre 1901 e 1905].

_____. Evangelho do futuro. *Reformador* [entre 1905 e 1911].

_____. *Uma carta de Bezerra de Menezes*. 2ª ed. Rio de Janeiro: Federação Espírita Brasileira [1953?]. 97 p. Publicado originalmente em *Reformador*, entre 1920 e 1921 com o título: Valioso autógrafo.³⁶

_____. *A loucura sob novo prisma*: estudo psychic physiologico. Rio de Janeiro: Typ. Bohemia, 1920. 170 p.³⁷

---

³⁵ Outras edições, estas contendo 316 artigos: MENEZES, Bezerra de. *Espiritismo*: estudos philosophicos. 2. ed. Rio de Janeiro: Federação Espírita Brasileira, 1907. 3 v. MENEZES, Bezerra de. *Espiritismo*: estudos filosóficos. 2ª ed. São Paulo: Edicel, 1977. 2 v. Edição incompleta. MENEZES, Bezerra de. *Espiritismo*: estudos filosóficos. 4ª ed. São Paulo: Fraternidade Assistencial Esperança — FAE, 2001. 3 v.

³⁶ Em 1921 foi publicada pela Federação Espírita Brasileira sob o título: *A Doutrina Espírita como Filosofia Teogônica*. Em 1977, foi publicada pela editora Edicel sob o título: *A Doutrina Espírita*. Outras edições: MENEZES, Bezerra de. *Uma carta de Bezerra de Menezes*. 3ª ed. Rio de Janeiro: Federação Espírita Brasileira — FEB, 1963. 97 p. MENEZES, Bezerra de. *Uma carta de Bezerra de Menezes*. 4ª ed. Rio de Janeiro: Federação Espírita Brasileira — FEB, 1984. 100 p. MENEZES, Bezerra de. *Uma carta de Bezerra de Menezes*. 7ª ed. Rio de Janeiro: Federação Espírita Brasileira — FEB, 2006. 97 p.

³⁷ Outras edições: MENEZES, Bezerra de. *A loucura sob novo prisma*: estudo psíquico-fisiológico. 2ª ed. Rio de Janeiro: Federação Espírita Brasileira — FEB, 1946. 186 p. MENEZES, Bezerra de. *A loucura sob novo prisma*: estudo psíquico-fisiológico. 2ª ed. São Paulo: Federação Espírita do Estado de São Paulo, 1982. 165 p. MENEZES, Bezerra de. *A loucura sob novo prisma*: estudo psíquico-fisiológico. 3ª ed. Rio de Janeiro: Federação Espírita Brasileira — FEB, 1963. 184 p. MENEZES, Bezerra de. *A*

BIBLIOGRAFIA

## TRADUÇÃO DE BEZERRA DE MENEZES

Amigó y Pellicer, José. *Roma e o Evangelho:* estudos filosóficos-religiosos e teórico-práticos. Tradução de Bezerra de Menezes; capa de Cecconi. 7ª ed. Rio de Janeiro: Federação Espírita Brasileira — FEB, 1982. 346 p. Estudos feitos pelo círculo Cristiano Espiritista de Cérida. Primeira edição de 1899.

KARDEC, Allan. *Obras póstumas.* Tradução da 1ª ed. francesa de 1890 por Bezerra de Menezes. Rio de Janeiro: Typ. Moreira Maximiano & Comp., 1892. 338 p.[38]

## ROMANCES ESPÍRITAS INÉDITOS E AINDA NÃO LOCALIZADOS

*Os mortos que vivem*

*Segredos da natura*

*O banido*

---

*loucura sob novo prisma:* estudo psíquico-fisiológico. 4ª ed. Rio de Janeiro: Federação Espírita Brasileira — FEB, 1983. 184 p. MENEZES, Bezerra de. *A loucura sob novo prisma:* estudo psíquico-fisiológico. 9ª ed. Rio de Janeiro: Federação Espírita Brasileira — FEB, 1996. 184 p. MENEZES, Bezerra de. *A loucura sob novo prisma:* estudo psíquico-fisiológico. 12ª ed. Rio de Janeiro: Federação Espírita Brasileira — FEB, 2005. 184 p.

[38] Esta obra foi publicada sob o pseudônimo de Max, quando Bezerra de Menezes era vice-presidente da Federação Espírita Brasileira. O primeiro fascículo foi publicado em janeiro de 1891, sob o patrocínio da União de Propaganda Espírita do Brasil. A primeira edição em livro é a de 1892. Outra edição: MENEZES, Bezerra de. *Obras póstumas.* Tradução de Bezerra de Menezes. 2ª ed. em idioma português, revisada e em nova composição. Rio de Janeiro: Liv. Psychica, 1900. A Federação Espírita Brasileira — FEB publicou esta tradução até 1925, quando adotou a tradução de Guillon Ribeiro.

Por se tratar de um romance de época, esta obra apresenta alguns trechos que podem ser entendidos equivocadamente como discriminatórios ou preconceituosos, então, reproduzimos aqui a Nota Explicativa — que consta em todos os livros da Codificação Espírita — a qual esclarece que os princípios da Doutrina abolem qualquer tipo de preconceito entre os homens e promove sempre o amor e a caridade.

## NOTA EXPLICATIVA[39]

Hoje creem e sua fé é inabalável, porque assentada na evidência e na demonstração, e porque satisfaz à razão. [...] Tal é a fé dos espíritas, e a prova de sua força é que se esforçam por se tornarem melhores, domarem suas inclinações más e porem em prática as máximas do Cristo, olhando todos os homens como irmãos, sem acepção de raças, de castas, nem de seitas, perdoando aos seus inimigos, retribuindo o mal com o bem, a exemplo do divino modelo. (KARDEC, Allan. *Revista Espírita* de 1868. 1. ed. Rio de Janeiro: FEB, 2005. p. 28, janeiro de 1868.)

A investigação rigorosamente racional e científica de fatos que revelavam a comunicação dos homens com os Espíritos, realizada por Allan Kardec, resultou na estruturação

---

[39] **Nota da Editora:** Esta "Nota Explicativa", publicada em face de acordo com o Ministério Público Federal, tem por objetivo demonstrar a ausência de qualquer discriminação ou preconceito em alguns trechos das obras de Allan Kardec, caracterizadas, todas, pela sustentação dos princípios de fraternidade e solidariedade cristãs, contidos na Doutrina Espírita.

da Doutrina Espírita, sistematizada sob os aspectos científico, filosófico e religioso.

A partir de 1854 até seu falecimento, em 1869, seu trabalho foi constituído de cinco obras básicas: *O livro dos espíritos* (1857), *O livro dos médiuns* (1861), *O evangelho segundo o espiritismo* (1864), *O céu e o inferno* (1865), *A gênese* (1868), além da obra *O que é o espiritismo* (1859), de uma série de opúsculos e 136 edições da *Revista Espírita* (de janeiro de 1858 a abril de 1869). Após sua morte, foi editado o livro *Obras póstumas* (1890).

O estudo meticuloso e isento dessas obras permite-nos extrair conclusões básicas: a) todos os seres humanos são Espíritos imortais criados por Deus em igualdade de condições, sujeitos às mesmas leis naturais de progresso que levam todos, gradativamente, à perfeição; b) o progresso ocorre através de sucessivas experiências, em inúmeras reencarnações, vivenciando necessariamente todos os segmentos sociais, única forma de o Espírito acumular o aprendizado necessário ao seu desenvolvimento; c) no período entre as reencarnações o Espírito permanece no Mundo Espiritual, podendo comunicar-se com os homens; d) o progresso obedece às leis morais ensinadas e vivenciadas por Jesus, nosso guia e modelo, referência para todos os homens que desejam desenvolver-se de forma consciente e voluntária.

Em diversos pontos de sua obra, o Codificador se refere aos Espíritos encarnados em tribos incultas e selvagens, então existentes em algumas regiões do Planeta, e que, em contato com outros polos de civilização, vinham sofrendo inúmeras transformações, muitas com evidente benefício para os seus membros, decorrentes do progresso geral ao qual estão sujeitas todas as etnias, independentemente da coloração de sua pele.

## NOTA EXPLICATIVA

Na época de Allan Kardec, as ideias frenológicas de Gall, e as da fisiognomonia de Lavater, eram aceitas por eminentes homens de Ciência, assim como provocou enorme agitação nos meios de comunicação e junto à intelectualidade e à população em geral, a publicação, em 1859 — dois anos depois do lançamento de *O livro dos espíritos* — do livro sobre a *Evolução das espécies*, de Charles Darwin, com as naturais incorreções e incompreensões que toda ciência nova apresenta. Ademais, a crença de que os traços da fisionomia revelam o caráter da pessoa é muito antiga, pretendendo-se haver aparentes relações entre o físico e o aspecto moral.

O Codificador não concordava com diversos aspectos apresentados por essas assim chamadas ciências. Desse modo, procurou avaliar as conclusões desses eminentes pesquisadores à luz da revelação dos Espíritos, trazendo ao debate o elemento espiritual como fator decisivo no equacionamento das questões da diversidade e desigualdade humanas.

Allan Kardec encontrou, nos princípios da Doutrina Espírita, explicações que apontam para leis sábias e supremas, razão pela qual afirmou que o Espiritismo permite "resolver os milhares de problemas históricos, arqueológicos, antropológicos, teológicos, psicológicos, morais, sociais etc." (*Revista Espírita*, 1862, p. 401). De fato, as leis universais do amor, da caridade, da imortalidade da alma, da reencarnação, da evolução constituem novos parâmetros para a compreensão do desenvolvimento dos grupos humanos, nas diversas regiões do Orbe.

Essa compreensão das Leis divinas permite a Allan Kardec afirmar que:

> O corpo deriva do corpo, mas o Espírito não procede do Espírito. Entre os descendentes das raças apenas há consanguinidade. (*O livro dos espíritos*, item 207, p. 176.)

[...] o Espiritismo, restituindo ao Espírito o seu verdadeiro papel na Criação, constatando a superioridade da inteligência sobre a matéria, faz com que desapareçam, naturalmente, todas as distinções estabelecidas entre os homens, conforme as vantagens corporais e mundanas, sobre as quais só o orgulho fundou as castas e os estúpidos preconceitos de cor. (*Revista Espírita*, 1861, p. 432.)

Os privilégios de raças têm sua origem na abstração que os homens geralmente fazem do princípio espiritual, para considerar apenas o ser material exterior. Da força ou da fraqueza constitucional de uns, de uma diferença de cor em outros, do nascimento na opulência ou na miséria, da filiação consanguínea nobre ou plebeia, concluíram por uma superioridade ou uma inferioridade natural. Foi sobre este dado que estabeleceram suas leis sociais e os privilégios de raças. Deste ponto de vista circunscrito, são consequentes consigo mesmos, porquanto, não considerando senão a vida material, certas classes parecem pertencer, e realmente pertencem, a raças diferentes. Mas se se tomar seu ponto de vista do ser espiritual, do ser essencial e progressivo, numa palavra, do Espírito, preexistente e sobrevivente a tudo, cujo corpo não passa de um invólucro temporário, variando, como a roupa, de forma e de cor; se, além disso, do estudo dos seres espirituais ressalta a prova de que esses seres são de natureza e de origem idênticas, que seu destino é o mesmo, que todos partem do mesmo ponto e tendem para o mesmo objetivo; que a vida corporal não passa de um incidente, uma das fases da vida do Espírito, necessária ao seu adiantamento intelectual e moral; que em vista desse avanço o Espírito pode sucessivamente revestir envoltórios diversos, nascer em posições diferentes, chega-se à consequência capital da igualdade de natureza e, a partir daí, à igualdade dos direitos sociais de todas as criaturas

## NOTA EXPLICATIVA

humanas e à abolição dos privilégios de raças. Eis o que ensina o Espiritismo. Vós que negais a existência do Espírito para considerar apenas o homem corporal, a perpetuidade do ser inteligente para só encarar a vida presente, repudiais o único princípio sobre o qual é fundada, com razão, a igualdade de direitos que reclamais para vós mesmos e para os vossos semelhantes. (*Revista Espírita*, 1867, p. 231.)

Com a reencarnação, desaparecem os preconceitos de raças e de castas, pois o mesmo Espírito pode tornar a nascer rico ou pobre, capitalista ou proletário, chefe ou subordinado, livre ou escravo, homem ou mulher. De todos os argumentos invocados contra a injustiça da servidão e da escravidão, contra a sujeição da mulher à lei do mais forte, nenhum há que prime, em lógica, ao fato material da reencarnação. Se, pois, a reencarnação funda numa lei da natureza o princípio da fraternidade universal, também funda na mesma lei o da igualdade dos direitos sociais e, por conseguinte, o da liberdade. (*A gênese*, cap. I, item 36, p. 42-43. Vide também *Revista Espírita*, 1867, p. 373.)

Na época, Allan Kardec sabia apenas o que vários autores contavam a respeito dos selvagens africanos, sempre reduzidos ao embrutecimento quase total, quando não escravizados impiedosamente.

É baseado nesses informes "científicos" da época que o Codificador repete, com outras palavras, o que os pesquisadores europeus descreviam quando de volta das viagens que faziam à África negra. Todavia, é peremptório ao abordar a questão do preconceito racial:

Nós trabalhamos para dar a fé aos que em nada creem; para espalhar uma crença que os torna melhores uns para os outros, que lhes ensina a perdoar aos inimigos, a se olharem como irmãos, sem distinção de raça, casta, seita, cor, opinião política ou religiosa; numa palavra, uma crença que faz nascer o verdadeiro sentimento de caridade, de fraternidade e deveres sociais. (KARDEC, Allan. *Revista Espírita* de 1863 – 1. ed. Rio de Janeiro: FEB, 2005. – janeiro de 1863.)

> O homem de bem é bom, humano e benevolente para com todos, sem distinção de raças nem de crenças, porque em todos os homens vê irmãos seus. (*O evangelho segundo o espiritismo*, cap. XVII, item 3, p. 348.)

É importante compreender, também, que os textos publicados por Allan Kardec na *Revista Espírita* tinham por finalidade submeter à avaliação geral as comunicações recebidas dos Espíritos, bem como aferir a correspondência desses ensinos com teorias e sistemas de pensamento vigentes à época. Em Nota ao capítulo XI, item 43, do livro *A gênese*, o Codificador explica essa metodologia:

> Quando, na *Revista Espírita* de janeiro de 1862, publicamos um artigo sobre a "interpretação da doutrina dos anjos decaídos", apresentamos essa teoria como simples hipótese, sem outra autoridade afora a de uma opinião pessoal controversível, porque nos faltavam então elementos bastantes para uma afirmação peremptória. Expusemo-la a título de ensaio, tendo em vista provocar o exame da questão, decidido, porém, a abandoná-la ou modificá-la, se fosse preciso. Presentemente, essa teoria já passou pela prova do controle universal. Não só foi bem aceita pela maioria dos espíritas, como a mais racional e a mais concorde com a soberana justiça de Deus, mas também foi confirmada pela generalidade das instruções que os Espíritos deram sobre o assunto. O mesmo se verificou

## NOTA EXPLICATIVA

com a que concerne à origem da raça adâmica. (*A gênese*, cap. XI, item 43, Nota, p. 292.)

Por fim, urge reconhecer que o escopo principal da Doutrina Espírita reside no aperfeiçoamento moral do ser humano, motivo pelo qual as indagações e perquirições científicas e/ou filosóficas ocupam posição secundária, conquanto importantes, haja vista o seu caráter provisório decorrente do progresso e do aperfeiçoamento geral. Nesse sentido, é justa a advertência do Codificador:

> É verdade que esta e outras questões se afastam do ponto de vista moral, que é a meta essencial do Espiritismo. Eis por que seria um equívoco fazê-las objeto de preocupações constantes. Sabemos, aliás, no que respeita ao princípio das coisas, que os Espíritos, por não saberem tudo, só dizem o que sabem ou o que pensam saber. Mas como há pessoas que poderiam tirar da divergência desses sistemas uma indução contra a unidade do Espiritismo, precisamente porque são formulados pelos Espíritos, é útil poder comparar as razões pró e contra, no interesse da própria doutrina, e apoiar no assentimento da maioria o julgamento que se pode fazer do valor de certas comunicações. (*Revista Espírita*, 1862, p. 38.)

Feitas essas considerações, é lícito concluir que na Doutrina Espírita vigora o mais absoluto respeito à diversidade humana, cabendo ao espírita o dever de cooperar para o progresso da humanidade, exercendo a caridade no seu sentido mais abrangente ("benevolência para com todos, indulgência para as imperfeições dos outros e perdão das ofensas"), tal como a entendia Jesus, nosso Guia e Modelo, sem preconceitos de nenhuma espécie: de cor, etnia, sexo, crença ou condição econômica, social ou moral.

A EDITORA

**FEB editora**
Livro espírita para um novo mundo
www.febeditora.com.br
@febeditoraoficial
@febeditora

Conselho Editorial:
*Carlos Roberto Campetti*
*Cirne Ferreira de Araújo*
*Evandro Noleto Bezerra*
*Geraldo Campetti Sobrinho – Coord. Editorial*
*Jorge Godinho Barreto Nery – Presidente*
*Maria de Lourdes Pereira de Oliveira*
*Miriam Lúcia Herrera Masotti Dusi*

Produção Editorial:
*Elizabete de Jesus Moreira*

Capa e Projeto Gráfico:
*Fátima Agra*

Normalização Técnica:
*Biblioteca de Obras Raras e Documentos Patrimoniais do Livro*

Esta edição foi impressa no sistema de Impressão pequenas tiragens, em formato fechado de 140x210 mm e com mancha de 100x170 mm. Os papéis utilizados foram o Off white 80 g/m² para o miolo e o Cartão 250 g/m² para a capa. O texto principal foi composto em fonte Georgia 11/14,7 e os títulos em Trajan Pro 14/15,3. Impresso no Brasil. *Presita en Brazilo.*